赤シート×直前対策！

ぴた
トレ

note book

重要語句
チェック
＆
ぴたトレ
専用ノート

社会公民

赤シートでかくしてチェック！

◀ 「ぴたトレ note book」は取り外してお使いください。

ぴたトレ notebook の使い方

重要語句チェックと専用ノートが1冊になっています。ぴたトレとセットで使って，学習に役立てましょう。

1 重要語句チェック 赤シートを使って，重要語句を覚えよう！

図解チェック
テストによくでる重要資料を確認しよう！

一問一答チェック
左の答えを赤シートでかくして，右の問題文を読もう！
重要語句を覚えているか確認しよう！

ファイナルチェック
テスト直前に一問一答の答えを書いて最終確認をしよう！

2 専用ノート 自分の学習コース（ぴたトレp. 2 - 3 参照）に合わせてノートを活用しよう！

学習日とぴたトレのページ数を記入しよう！

ぴたトレの解答をノートに書こう！
問題をくり返し解くことで，知識が定着するよ！

自分がノートを見返す時に
わかりやすいように学習した範囲を書き込もう！
例：ぴたトレp.20-25の範囲の問題を解いた場合，
　　「ぴたトレp.20-25」と書き込む。

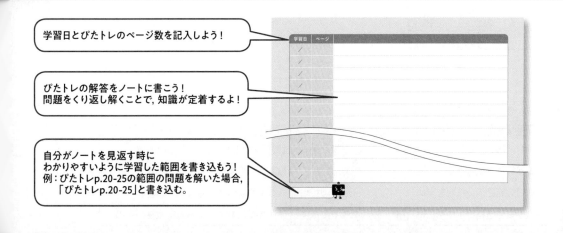

図解チェック

■物事の採決の方法

採決の方法	長所	短所
[全会一致] （全員の意見が一致 するまで話し合う）	・全員が納得する	・決定までに時間がかかる ことがある
[多数決]	・一定時間内で決定できる ・意見が反映される人の数 が多い	・少数意見が反映されにく い

■法の構成

■人権思想の発達

西暦	国	ことがら
1689	[イギリス]	権利章典が出される
1690	イギリス	[ロック]の「統治二論」
1748	[フランス]	モンテスキューの「[法の精神]」
1762	フランス	[ルソー]の「社会契約論」
1776	アメリカ	[独立]宣言が出される
1789	[フランス]	人権宣言が出される
1919	ドイツ	[ワイマール]憲法が制定される

■日本国憲法の三つの基本原理

■大日本帝国憲法と日本国憲法の比較

大日本帝国憲法（1890年11月29日施行）		日本国憲法（1947年5月3日施行）
[天皇]／君主が定める[欽定]憲法	主権／形式	[国民]／国民が定める[民定]憲法
神聖不可侵で統治権をもつ元首	天皇	日本国・日本国民統合の[象徴]
[法律]の範囲内で権利を認める	国民の権利	永久不可侵の基本的人権を保障
天皇が軍隊を指揮・命令，徴兵制	戦争と軍隊	戦争放棄，戦力不保持と交戦権の否認

一問一答チェック

- □ ❶ 少子高齢社会
- □ ❷ 核家族
- □ ❸ グローバル化
- □ ❹ 情報通信技術（ICT）
- □ ❺ 情報リテラシー
　（メディアリテラシー）
- □ ❻ 伝統文化
- □ ❼ 宗教
- □ ❽ 年中行事
- □ ❾ 多数決
- □ ❿ 効率と公正
- □ ⓫ モンテスキュー
- □ ⓬ ルソー
- □ ⓭ 社会権
- □ ⓮ 立憲主義
- □ ⓯ 国民主権
- □ ⓰ 象徴
- □ ⓱ 国事行為
- □ ⓲ 平和主義
- □ ⓳ 非核三原則
- □ ⓴ 集団的自衛権
- □ ㉑ 沖縄県

□ ❶ 総人口にしめる15歳未満の年少人口の割合が低く，65歳以上の[高齢者]の割合が高い社会。

□ ❷ 夫婦と子ども，夫婦のみ，ひとり親と子どもから構成される家族の形態。

□ ❸ 世界が一体化すること。

□ ❹ コンピューターやモバイル端末，通信など，情報社会を支えている技術のこと。

□ ❺ [情報]を正しく活用する力。

□ ❻ 長い歴史の中で形づくられ，受けつがれてきた[文化]。

□ ❼ 神や仏などの人間の能力をこえた存在を信じること。

□ ❽ 毎年，同じ時期に家族や地域で行われている行事。

□ ❾ 物事を決定するとき，より多くの人が賛成する案を採用する方法。

□ ❿ 対立からよりよい合意に結びつけるために必要な二つの考え方。

□ ⓫ フランスの思想家。『[法の精神]』で，[三権分立]を唱えた人物。

□ ⓬ フランスの思想家。『[社会契約論]』を著し，人民主権を唱えた人物。

□ ⓭ 20世紀になって認められた，ドイツの[ワイマール憲法]で初めて明記された人権。

□ ⓮ [憲法]によって政治権力を制限するという考え方。

□ ⓯ [日本国憲法]の三つの基本原理の一つ。政治の最終的な決定権は国民にあるということ。

□ ⓰ 日本国憲法における[天皇]の地位。

□ ⓱ 天皇が行う形式的・儀礼的な行為。

□ ⓲ 日本国憲法の三つの基本原理の一つ。戦争はしないということ。

□ ⓳ 核兵器を「[持たず，作らず，持ちこませず]」という日本の基本方針。

□ ⓴ 同盟関係にある他国が攻撃を受けた場合に，自国を攻撃されていなくても，その国とともに防衛活動に当たる権利。

□ ㉑ 日本にあるアメリカ軍施設の約40％が集中している県。

■憲法改正の手続き

国会議員 → 憲法改正案 ← 内閣

発案 →

国会
衆議院 総議員の[2/3]以上の賛成が必要
参議院 総議員の[2/3]以上の賛成が必要

[発議] →

国民
[国民投票]（有効投票の過半数の賛成）

承認 →

天皇
天皇が[国民]の名で公布

ファイナルチェック
□ ❶ _____
□ ❷ _____
□ ❸ _____
□ ❹ _____
□ ❺ _____
□ ❻ _____
□ ❼ _____
□ ❽ _____
□ ❾ _____
□ ❿ _____
□ ⓫ _____
□ ⓬ _____
□ ⓭ _____
□ ⓮ _____
□ ⓯ _____
□ ⓰ _____
□ ⓱ _____
□ ⓲ _____
□ ⓳ _____
□ ⓴ _____
□ ㉑ _____

図解チェック

■基本的人権

[自由]権　[社会]権　人権を守るための権利

[平等]権

個人の尊重（そんちょう）

■平等権と自由権

平等権		法の下の平等，両性の本質的平等 →男女共同参画社会基本法など
自由権	精神の自由	思想・良心の自由，信教の自由など
	身体の自由	奴隷的拘束（どれい）・苦役（こうえき）からの自由（くえき）など
	経済活動の自由	居住・移転・職業選択（せんたく）の自由など

■新しい人権

[環境権]（かんきょう）	日照権など良好な環境を求める権利 [環境アセスメント]（環境影響評価）の実施など
[自己決定権]	自分の生き方などについて自由に決定する権利 インフォームド・コンセント 臓器提供意思表示カード
[知る権利]	政治に関わる情報を手に入れることができる権利 国や地方では[情報公開制度]が設けられている
[プライバシーの権利]	個人の私生活に関する情報を公開されない権利 [個人情報保護制度]により個人情報を管理

■主な人権条約

採択年（さいたく）	日本の批准年（ひじゅん）	条約名
1965	1995	[人種差別撤廃]条約
1966	1979	国際人権規約
1979	1985	[女子]差別撤廃条約（てっぱい）
1984	1999	拷問等禁止条約（ごうもん）
1989	1994	[子ども（児童）]の権利条約
1989	未批准	死刑廃止条約（しけいはいし）
2006	2014	障害者権利条約

一問一答チェック

- ☐ ❶ 基本的人権
- ☐ ❷ 精神の自由
- ☐ ❸ 身体の自由
（生命・身体の自由）
- ☐ ❹ 経済活動の自由
- ☐ ❺ 平等権
- ☐ ❻ 社会権
- ☐ ❼ 生存権
- ☐ ❽ 教育を受ける権利
- ☐ ❾ 勤労の権利
- ☐ ❿ 団結権
- ☐ ⓫ 団体交渉権
- ☐ ⓬ 団体行動権
- ☐ ⓭ 労働基本権（労働三権）
- ☐ ⓮ 参政権
- ☐ ⓯ 請願権
- ☐ ⓰ 裁判を受ける権利
- ☐ ⓱ 請求権
- ☐ ⓲ 新しい人権
- ☐ ⓳ 知る権利
- ☐ ⓴ 公共の福祉
- ☐ ㉑ 世界人権宣言
- ☐ ㉒ 納税の義務

□ ❶ 人間が生まれながらにしてもっている，不可欠の権利。

□ ❷ ［自由権］のうち，思想・良心の自由，信教の自由，集会・結社・表現の自由，学問の自由などのこと。

□ ❸ ［自由権］のうち，奴隷的拘束・苦役からの自由，法定手続きの保障，拷問・残虐な刑罰の禁止などのこと。

□ ❹ ［自由権］のうち，居住・移転の自由，職業選択の自由，財産権の保障などのこと。

□ ❺ 個人の尊重，［法の下の平等］などの権利のこと。

□ ❻ 人間らしい生活を営む権利のこと。

□ ❼ ❻のうち，健康で文化的な最低限度の生活を営む権利。

□ ❽ ❻のうち，だれもが学校へ行き，教育を受けられる権利。

□ ❾ ❻のうち，だれもが仕事について働くことができる権利。

□ ❿ 労働者が団結して労働組合をつくることができる権利。

□ ⓫ 労働組合が賃金などの労働条件の改善を求めて使用者と交渉することができる権利。

□ ⓬ 労働組合が使用者に対する要求を実現するため，［ストライキ］などを行う権利。

□ ⓭ ❿，⓫，⓬の三つの権利の総称。

□ ⓮ ［選挙権］や［被選挙権］など，政治に参加する権利。

□ ⓯ ⓮にふくまれる，国や地方公共団体（地方自治体）に対して，要望をする権利。

□ ⓰ 人権を保障するための権利の一つで，裁判所に訴え，公正な裁判によって救済を受けることができる権利。

□ ⓱ ⓰や［国家賠償請求権］，［刑事補償請求権］の総称。

□ ⓲ ［環境権］，［プライバシーの権利］，［自己決定権］など憲法に規定されていないが，近年認められるようになった人権。

□ ⓳ ⓲の人権のうち，国・地方公共団体などがもっている情報の公開を求める権利。

□ ⓴ 社会全体の利益のことで，自由や権利の濫用を制限する場合に使われる言葉。

□ ㉑ 1948年に国際連合の総会で採択された，達成すべき人権保障の水準を定めた宣言。

□ ㉒ ［勤労の義務］，子どもに［普通教育を受けさせる義務］とならぶ，国民の三大義務の一つ。

□ ❶ ＿＿＿＿＿＿

□ ❷ ＿＿＿＿＿＿

□ ❸ ＿＿＿＿＿＿

□ ❹ ＿＿＿＿＿＿

□ ❺ ＿＿＿＿＿＿

□ ❻ ＿＿＿＿＿＿

□ ❼ ＿＿＿＿＿＿

□ ❽ ＿＿＿＿＿＿

□ ❾ ＿＿＿＿＿＿

□ ❿ ＿＿＿＿＿＿

□ ⓫ ＿＿＿＿＿＿

□ ⓬ ＿＿＿＿＿＿

□ ⓭ ＿＿＿＿＿＿

□ ⓮ ＿＿＿＿＿＿

□ ⓯ ＿＿＿＿＿＿

□ ⓰ ＿＿＿＿＿＿

□ ⓱ ＿＿＿＿＿＿

□ ⓲ ＿＿＿＿＿＿

□ ⓳ ＿＿＿＿＿＿

□ ⓴ ＿＿＿＿＿＿

□ ㉑ ＿＿＿＿＿＿

□ ㉒ ＿＿＿＿＿＿

図解チェック

■選挙の基本原則

普通選挙	一定年齢以上の全ての国民に選挙権
平等選挙	一人一票
直接選挙	直接選出
秘密選挙	投票先を知られないよう無記名で投票

■主な選挙制度

	投票先	得票数	結 果
小選挙区制	候補者に投票	A候補10票 B候補 6票 C候補 2票	最多得票の1人が当選 A候補 B候補 C候補
比例代表制（定数合3）	政党に投票	A党20票	政党の得票数に応じて当選
		B党10票	
		C党 5票	

■衆議院と参議院

[衆議院]	項目	[参議院]
[465]人 小選挙区289人 比例代表176人	議員定数	[245]人 ※2022年の選挙で248人になる予定。 選挙区147人 比例代表98人
4年	任期	6年（3年ごとに半数を改選）
18歳以上	選挙権	18歳以上
[25]歳以上	被選挙権	[30]歳以上
[あり]	解散	[なし]

一問一答チェック

- ☐ ❶ 普通選挙
- ☐ ❷ 小選挙区制
- ☐ ❸ 比例代表制
- ☐ ❹ 小選挙区比例代表並立制
- ☐ ❺ 一票の格差
- ☐ ❻ 政党
- ☐ ❼ 与党
- ☐ ❽ 野党
- ☐ ❾ 連立政権（連立内閣）
- ☐ ❿ 世論
- ☐ ⓫ 国会
- ☐ ⓬ 常会（通常国会）
- ☐ ⓭ 二院制（両院制）
- ☐ ⓮ 衆議院の優越
- ☐ ⓯ 両院協議会
- ☐ ⓰ 公聴会
- ☐ ⓱ 内閣
- ☐ ⓲ 国務大臣
- ☐ ⓳ 議院内閣制
- ☐ ⓴ 行政改革

■法律ができるまで

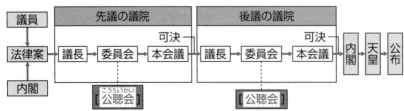

□ ❶ 一定年齢以上の全ての国民が，財産や性別にかかわりなく[選挙権]をもつという原則。 ☐ ❶ _____

□ ❷ 一つの選挙区から1名を選ぶ選挙制度。 ☐ ❷ _____

□ ❸ 得票数に応じて各政党に議席を割り当てる選挙制度。 ☐ ❸ _____

□ ❹ ❷と❸を組み合わせた[衆議院]議員の選挙制度。 ☐ ❹ _____

□ ❺ 各選挙区の議員1人あたりの有権者数の差のこと。 ☐ ❺ _____

□ ❻ 政治に対する考え方が同じ人々が政策などを実現するために作った団体。 ☐ ❻ _____

□ ❼ 選挙で多数の議席を得て，政権を担当する❻のこと。 ☐ ❼ _____

□ ❽ 政権を担当せず，政権への批判や監視を行う❻のこと。 ☐ ❽ _____

□ ❾ 複数の❻によって運営される政権([内閣])。 ☐ ❾ _____

□ ❿ 政治や社会に関して，国民の多数がもっている意見。 ☐ ❿ _____

□ ⓫ [国権の最高機関]で，国の[唯一の立法機関]である国の機関。 ☐ ⓫ _____

□ ⓬ 毎年1月に召集される⓫のこと。 ☐ ⓬ _____

□ ⓭ 審議を慎重に行うため，⓫に[衆議院]と[参議院]の二つの議会が置かれている仕組み。 ☐ ⓭ _____

□ ⓮ 衆議院のほうが参議院よりも強い権限があること。 ☐ ⓮ _____

□ ⓯ 衆議院と参議院の議決が一致しないときに開かれる会議。 ☐ ⓯ _____

□ ⓰ ⓫の委員会で，議題について，専門家を招いて意見を聞く会。 ☐ ⓰ _____

□ ⓱ ⓫で決めた法律や予算に従って実際の仕事である[行政]を行う国の機関。 ☐ ⓱ _____

□ ⓲ ⓱で，[内閣総理大臣]以外の大臣の総称。 ☐ ⓲ _____

□ ⓳ ⓱が⓫の信任によって成立し，国の政治について連帯して責任を負う仕組み。 ☐ ⓳ _____

□ ⓴ 行政の組織や業務の無駄を省いて効率化し，行政の簡素化を目指す改革。 ☐ ⓴ _____

■議院内閣制の仕組み

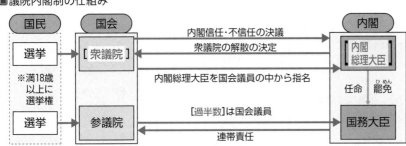

7

図解チェック

■[三権分立]

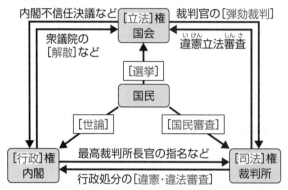

■[選挙権]と被選挙権

		選挙権	被選挙権
国	衆議院議員	[18]歳以上	[25]歳以上
	参議院議員		[30]歳以上
地方公共団体	市(区)町村長		[25]歳以上
	市(区)町村議会議員		[25]歳以上
	都道府県知事		[30]歳以上
	都道府県議会議員		[25]歳以上

■[直接請求権]

内容	必要な署名	請求先
条例の制定・改廃	有権者の[1/50]以上	[首長]
事務の監査		監査委員
議会の解散	有権者の[1/3]以上	[選挙管理委員会]
議員・首長の解職		
主要な職員の解職		首長

一問一答チェック

- □ ❶ 裁判所
- □ ❷ 三審制
- □ ❸ 控訴
- □ ❹ 上告
- □ ❺ 司法権の独立
- □ ❻ 民事裁判
- □ ❼ 刑事裁判
- □ ❽ 裁判員制度
- □ ❾ 国民審査権
- □ ❿ 違憲審査権
  (違憲立法審査権, 法令審査権)
- □ ⓫ 地方自治
- □ ⓬ 地方分権
- □ ⓭ 地方議会
- □ ⓮ 条例
- □ ⓯ 首長
- □ ⓰ 直接請求権
- □ ⓱ 住民投票
- □ ⓲ 地方債
- □ ⓳ 地方交付税交付金
  (地方交付税)
- □ ⓴ 国庫支出金
- □ ㉑ NPO(非営利組織)

□ ❶ 法に基づいて争いごとを解決する権限である[司法権]をもつ国の機関。

□ ❷ 一つの事件で，3回まで裁判を受けられる制度。

□ ❸ 第一審の判決に不服がある場合，第二審を求めること。

□ ❹ 第二審の判決に不服がある場合，第三審を求めること。

□ ❺ 裁判官は憲法・法律と自らの良心にのみ従って裁判を行うという原則。

□ ❻ 私人間の争いごとを解決するために行われる裁判。訴えた人が[原告]，訴えられた人が[被告]と呼ばれる。

□ ❼ 犯罪行為があったかどうかを判断し，有罪の場合には刑罰を決める裁判。[検察官]が起訴し，訴えられた人が[被告人]。

□ ❽ 重大な❼において，国民の中から選ばれた[裁判員]が裁判官とともに審理し，有罪か無罪かを判断する制度。

□ ❾ [最高裁判所]の裁判官に対して，国民が直接投票することで審査を行う権利。

□ ❿ 国会や内閣の定めた法律などが憲法に違反していないかどうかを審査する権限。最高裁判所は「[憲法の番人]」。

□ ⓫ 地域の問題を，地域住民自らの手で解決し，地域住民の意思に基づいて地域を運営していくこと。

□ ⓬ 国が地域の問題にあまりかかわらず，仕事や財源を国から地方公共団体へ移すこと。

□ ⓭ 都道府県議会や市(区)町村議会の総称。

□ ⓮ ⓭が法律の範囲内で定める，その[地方公共団体]だけに適用されるきまりのこと。

□ ⓯ 地方公共団体の長の総称。都道府県知事。市(区)町村長。

□ ⓰ 一定の署名数があれば，⓮の制定・改廃，⓭の解散，⓯や⓭の議員の解職([リコール])を求めることができる権利。

□ ⓱ 地域の重要な課題について，住民の意見を問うために行われる投票。

□ ⓲ 地方公共団体の依存財源のうち，地方公共団体が発行する[公債]で，地方公共団体の借金に当たるもの。

□ ⓳ 地方公共団体の依存財源のうち，地方公共団体間の財政格差をなくすため，国が使い方を定めずに配分する財源。

□ ⓴ 地方公共団体の依存財源のうち，使い方を指定して，国が地方公共団体に支出する財源。

□ ㉑ 社会への貢献活動を，利益の追求を目的とせず行う民間団体。

ファイナルチェック

□ ❶ _____

□ ❷ _____

□ ❸ _____

□ ❹ _____

□ ❺ _____

□ ❻ _____

□ ❼ _____

□ ❽ _____

□ ❾ _____

□ ❿ _____

□ ⓫ _____

□ ⓬ _____

□ ⓭ _____

□ ⓮ _____

□ ⓯ _____

□ ⓰ _____

□ ⓱ _____

□ ⓲ _____

□ ⓳ _____

□ ⓴ _____

□ ㉑ _____

図解チェック

■[株式会社]の仕組み

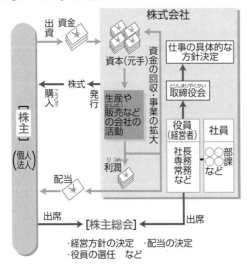

■需要・供給・価格の関係

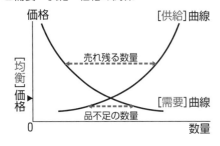

■[景気]変動

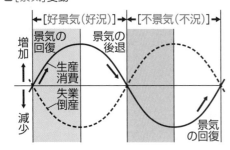

■景気変動

円の価値が高くなる

円の価値が低くなる

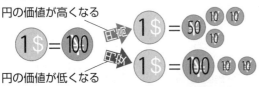

一問一答チェック

- □ ❶ 家計
- □ ❷ 消費支出
- □ ❸ 貯蓄

- □ ❹ 製造物責任法（PL法）

- □ ❺ クーリング・オフ
  （クーリングオフ制度）
- □ ❻ 消費者基本法

- □ ❼ 消費者庁
- □ ❽ 流通
- □ ❾ 卸売業
- □ ❿ 企業

- □ ⓫ 株式会社

- □ ⓬ 労働基準法
- □ ⓭ 需要（量）
- □ ⓮ 供給（量）
- □ ⓯ 均衡価格
- □ ⓰ 市場価格
- □ ⓱ 独占
- □ ⓲ 独占禁止法

- □ ⓳ 公正取引委員会
- □ ⓴ 公共料金

- □ ㉑ 直接金融
- □ ㉒ クレジットカード

- □ ㉓ 発券銀行
- □ ㉔ インフレーション
- □ ㉕ 為替相場（為替ルート）

□ ❶ 一つの家庭の収入と支出を合わせたもの。消費生活を営む単位。

□ ❷ ❶のうち，生活に必要な[財]・[サービス]への支出。

□ ❸ ❶の収入(所得)から税金などや，❷を差し引いた残りのこと。将来に備えて蓄えておくこと。

□ ❹ 欠陥がある商品によって消費者が被害を受けた場合，製造した企業に賠償責任を負わせる法律。

□ ❺ 訪問販売で契約した場合，一定の期間内であれば，無条件に契約を取り消すことを業者に要求できる制度。

□ ❻ 消費者の権利を守るために，国や地方公共団体，企業の責任を定めた法律。

□ ❼ 2009年に，消費者保護政策に取り組むために設置された省庁。

□ ❽ 商品が生産者から消費者に届くまでの流れのこと。

□ ❾ 生産者から商品を買い，小売店に売る業種。

□ ❿ 利益を得ることを目的として，商品を製造したり販売したりしている組織や個人のこと。

□ ⓫ [株式]を発行して資金を集め，株式を買った[株主]に利潤の一部を[配当]として配る企業。

□ ⓬ 労働三法の一つで，労働条件の基準を定めた法律。

□ ⓭ 消費者が買おうとする量のこと。

□ ⓮ 生産者が売ろうとする量のこと。

□ ⓯ ⓭と⓮がつり合って決まる価格のこと。

□ ⓰ [市場]で売買されている価格のこと。

□ ⓱ 物やサービスの供給が一つの企業に集中し，競争がない状態のこと。

□ ⓲ 消費者の利益を守るため，⓱の状態を解消し，競争をうながすことを目的とした法律。

□ ⓳ ⓲の法律を実際に運用する機関のこと。

□ ⓴ 水道・電気・ガスの料金などのように，国や地方公共団体が決定したり，認可したりする価格のこと。

□ ㉑ [金融]のうち，出資者から直接資金を借りること。

□ ㉒ カード会社が利用者に代わって一時的に代金を店に支払い，後日利用者の銀行口座から引き落とされるカード。

□ ㉓ [日本銀行]の役割のうち，紙幣を発行する役割。

□ ㉔ [物価]が上昇し続ける現象。

□ ㉕ 通貨と通貨を交換する比率。

□ ❶ ＿＿＿＿＿＿
□ ❷ ＿＿＿＿＿＿
□ ❸ ＿＿＿＿＿＿
□ ❹ ＿＿＿＿＿＿
□ ❺ ＿＿＿＿＿＿
□ ❻ ＿＿＿＿＿＿
□ ❼ ＿＿＿＿＿＿
□ ❽ ＿＿＿＿＿＿
□ ❾ ＿＿＿＿＿＿
□ ❿ ＿＿＿＿＿＿
□ ⓫ ＿＿＿＿＿＿
□ ⓬ ＿＿＿＿＿＿
□ ⓭ ＿＿＿＿＿＿
□ ⓮ ＿＿＿＿＿＿
□ ⓯ ＿＿＿＿＿＿
□ ⓰ ＿＿＿＿＿＿
□ ⓱ ＿＿＿＿＿＿
□ ⓲ ＿＿＿＿＿＿
□ ⓳ ＿＿＿＿＿＿
□ ⓴ ＿＿＿＿＿＿
□ ㉑ ＿＿＿＿＿＿
□ ㉒ ＿＿＿＿＿＿
□ ㉓ ＿＿＿＿＿＿
□ ㉔ ＿＿＿＿＿＿
□ ㉕ ＿＿＿＿＿＿

6 財政・国民の福祉・経済社会

図解チェック

■税金の種類

		[直接]税	[間接]税
[国]税		[所得]税 法人税 相続税	[消費]税 揮発油税 酒税　関税
[地方]税	(都)道府県税	(都)道府県民税 事業税 自動車税	(都)道府県たばこ税 ゴルフ場利用税 地方消費税
	市(区)町村税	市(区)町村民税 固定資産税	市(区)町村たばこ税

■日本の社会保障制度

種類	仕事の内容
[社会保険]	医療保険　介護保険　年金保険 雇用保険　労災保険
[公的扶助]	生活保護
[社会福祉]	高齢者福祉　児童福祉 障がい者福祉　母子・父子・寡婦福祉
[公衆衛生]	感染症対策　上下水道整備 廃棄物処理　公害対策など

■労働者を守る法律

[労働基準]法	労働条件の最低基準を定めた法律
[労働組合]法	労働三権を具体的に保障した法律
[労働関係調整]法	労働者と使用者の対立を調整し、 両者の関係を正常にするための法律

■四大公害

[新潟水俣病]

[イタイイタイ病]

[四日市ぜんそく]

[水俣病]

一問一答チェック

- [ ] ❶ 財政
- [ ] ❷ 歳入
- [ ] ❸ 歳出
- [ ] ❹ 国債
- [ ] ❺ 間接税
- [ ] ❻ 国税
- [ ] ❼ 地方税
- [ ] ❽ 累進課税
- [ ] ❾ 社会資本
- [ ] ❿ 財政政策
- [ ] ⓫ 社会保障
- [ ] ⓬ 社会保険
- [ ] ⓭ 公的扶助
- [ ] ⓮ 社会福祉
- [ ] ⓯ 公衆衛生
- [ ] ⓰ 介護保険
- [ ] ⓱ イタイイタイ病
- [ ] ⓲ 環境省
- [ ] ⓳ 環境基本法
- [ ] ⓴ 国内総生産（GDP）

□ ❶ 政府が行う経済活動のこと。　　　　　　　　　　□ ❶ _____

□ ❷ 政府の1年間の収入のこと。　　　　　　　　　　□ ❷ _____

□ ❸ 政府の1年間の支出のこと。　　　　　　　　　　□ ❸ _____

□ ❹ 政府が❷の不足を補うために発行する債券のこと。地方公共団体　□ ❹ _____
　　が発行するものを[地方債]という。

□ ❺ [消費税]のように，税金を納める人と，実際に負担する人が違う　□ ❺ _____
　　税のこと。

□ ❻ 国に納める税のこと。　　　　　　　　　　　　　□ ❻ _____

□ ❼ 地方公共団体へ納める税のこと。　　　　　　　　□ ❼ _____

□ ❽ 税の公平性を確保するため，所得の多い人ほど税率が高くなる仕　□ ❽ _____
　　組み。

□ ❾ 政府が経済活動で提供する，道路・公園・水道などのこと。　□ ❾ _____

□ ❿ ❷や❸を通じて景気の安定を図る政府の役割。　□ ❿ _____

□ ⓫ 憲法25条に定められている[生存権]（健康で文化的な最低限度の　□ ⓫ _____
　　生活を営む権利）を保障するための仕組み。

□ ⓬ ⓫の一つで，加入者が前もってかけ金を積み立てておき，病気や　□ ⓬ _____
　　失業など必要なときに給付を受ける仕組み。

□ ⓭ ⓫の一つで，生活に困っている人に，生活費や教育費を支給する　□ ⓭ _____
　　仕組み。[生活保護]ともいう。

□ ⓮ ⓫の一つで，児童・高齢者・障がいのある人など，社会的弱者を　□ ⓮ _____
　　支援するための仕組み。

□ ⓯ ⓫の一つで，人々が健康な生活を送れるよう，環境衛生の改善や　□ ⓯ _____
　　感染症の予防などを行うこと。

□ ⓰ ⓬の一つで，40歳以上の人が加入し，介護が必要となったときに　□ ⓰ _____
　　サービスが受けられる仕組み。

□ ⓱ 富山県の神通川流域で，水質汚濁が原因で発生した公害病。　□ ⓱ _____

□ ⓲ 公害病や自然環境の保護を専門にあつかう，2001年に設置された　□ ⓲ _____
　　省庁。

□ ⓳ 公害問題に取り組むために制定された公害対策基本法を発展させ，　□ ⓳ _____
　　1993年に制定された法律。

□ ⓴ 国内で一定期間に生産された，財やサービスの付加価値の合計。　□ ⓴ _____

図解チェック

■日本の領域と領土問題

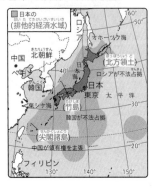

■日本の北端・東端・南端・西端

北端	[択捉島]	東端	南鳥島
南端	沖ノ鳥島	西端	与那国島

■領域の模式図

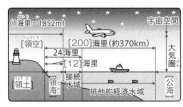

■[国際連合]の主な仕組み

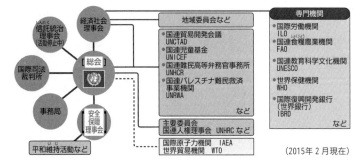

(2015年2月現在)

■世界の主な地域統合 (2020年7月現在)

[ヨーロッパ連合](EU)	1993年発足, 共通通貨[ユーロ]を一部の加盟国で導入
[東南アジア諸国連合] (ASEAN)	1967年発足, 東南アジア10か国が加盟
アジア太平洋経済協力会議(APEC)	1989年発足, アジア太平洋地域の21の国と地域が加盟

一問一答チェック

- □ ❶ 主権国家
- □ ❷ 排他的経済水域 (経済水域)
- □ ❸ 日章旗(日の丸)
- □ ❹ 国際法
- □ ❺ 総会
- □ ❻ 安全保障理事会
- □ ❼ 拒否権
- □ ❽ 国連児童基金(ユニセフ)
- □ ❾ 平和維持活動(PKO)
- □ ❿ ヨーロッパ連合(EU)
- □ ⓫ 東南アジア諸国連合(ASEAN)
- □ ⓬ 南北問題
- □ ⓭ 南南問題
- □ ⓮ 地球環境問題
- □ ⓯ 地球温暖化
- □ ⓰ 化石燃料
- □ ⓱ 再生可能エネルギー
- □ ⓲ 地域紛争
- □ ⓳ 政府開発援助(ODA)
- □ ⓴ 核拡散防止条約 (核兵器不拡散条約(NPT))

□ ❶ [領域](領土・領海・領空)，[国民]，[主権]をもつ国のこと。

□ ❷ 沿岸国がその資源を利用することができる，海岸線から領海をのぞく[200海里]以内の海域のこと。

□ ❸ 法律で定められた日本の[国旗]。(日本の国歌は「[君が代]」)

□ ❹ 条約や国際慣習法など，国際社会のルールのこと。

□ ❺ 全加盟国によって構成される国際連合の最高機関。

□ ❻ 15の理事国で構成されている，世界の平和と安全の維持に最も重要な役割を果たす国連機関。

□ ❼ ❻の[常任理事国](米・英・仏・露・中)がもつ，１か国でも反対すると決議できないという権限のこと。

□ ❽ 国連の機関の一つで，世界の子どもたちの命と健康と教育を守るための活動を行う機関。

□ ❾ 国連が戦争や内戦で苦しむ地域で行う，停戦や選挙の監視などの活動。

□ ❿ ヨーロッパの地域統合を目指す組織。[ユーロ]を導入。

□ ⓫ 東南アジア10か国から構成される，政治・経済・安全保障などの分野で協力を進める組織。

□ ⓬ 北半球に多い[先進国]と，南半球に多い[発展途上国]との経済格差問題のこと。

□ ⓭ 経済発展が著しい[NIES]などの国々とその他の発展途上国との間で見られる経済格差問題のこと。

□ ⓮ 地球規模で起こっている，オゾン層の破壊・酸性雨・砂漠化などの総称。

□ ⓯ ⓮のうち，二酸化炭素などの[温室効果ガス]が原因で起こっている，地球全体の気温が上昇している現象。

□ ⓰ 世界で最も多く消費されている，原油(石油)・石炭・天然ガスなどのエネルギー資源の総称。

□ ⓱ 太陽光・風力・地熱・バイオマスなどの枯渇する心配がないエネルギー資源の総称。

□ ⓲ 国家間での戦争ではなく，民族や宗教上の対立から起こる争いのこと。[難民]の発生。

□ ⓳ [先進国]が[発展途上国]に行う資金援助や技術協力のこと。

□ ⓴ 1968年に採択された，核兵器を保有していない国が，新たに核兵器を持つことを禁止する条約。

□ ❶ _____
□ ❷ _____
□ ❸ _____
□ ❹ _____
□ ❺ _____
□ ❻ _____
□ ❼ _____
□ ❽ _____
□ ❾ _____
□ ❿ _____
□ ⓫ _____
□ ⓬ _____
□ ⓭ _____
□ ⓮ _____
□ ⓯ _____
□ ⓰ _____
□ ⓱ _____
□ ⓲ _____
□ ⓳ _____
□ ⓴ _____

学習日	ページ	
/		
/		
/		
/		
/		
/		
/		
/		
/		
/		
/		
/		
/		
/		
/		
学習日	ページ	
/		
/		
/		
/		
/		
/		
/		
/		

学習日	ページ	
/		
/		
/		
/		
/		
/		
/		
/		
/		
/		
/		
/		
/		
/		
/		
学習日	ページ	
/		
/		
/		
/		
/		
/		
/		
/		
/		
/		
/		

学習日	ページ	
/		
/		
/		
/		
/		
/		
/		
/		
/		
/		
/		
/		
/		
/		
/		
/		
/		
/		
/		
/		
/		
/		
/		

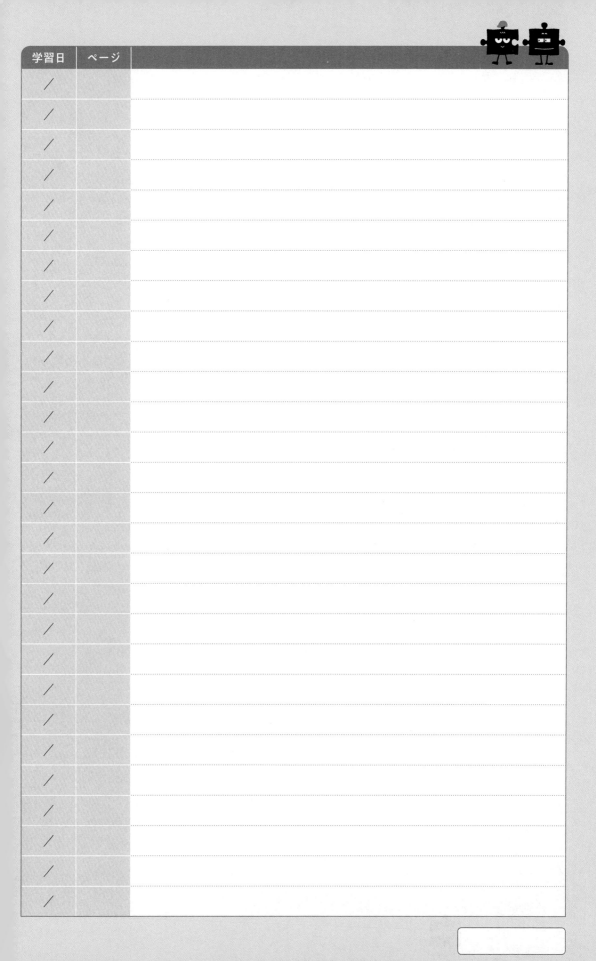

学習日	ページ	
/		
/		
/		
/		
/		
/		
/		
/		
/		
/		
/		
/		
/		
/		
/		
/		
/		
/		
/		
/		
/		
/		
/		
/		

学習日	ページ	
/		
/		
/		
/		
/		
/		
/		
/		
/		
/		
/		
/		
/		
/		
/		
/		
/		
/		
/		
/		
/		
/		
/		
/		

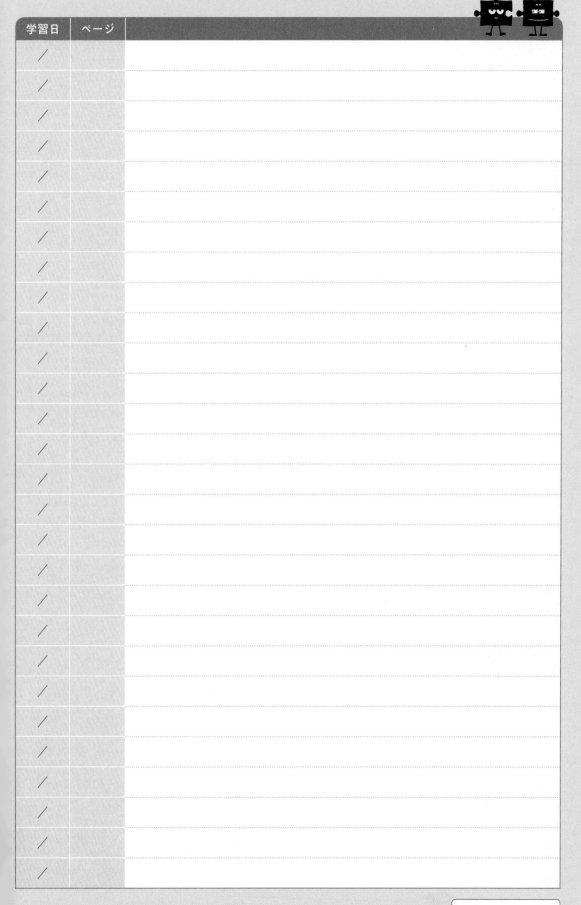

学習日	ページ	
/		
/		
/		
/		
/		
/		
/		
/		
/		
/		
/		
/		
/		
/		
/		
/		
/		
/		
/		
/		
/		
/		
/		
/		
/		
/		
/		
/		

学習日	ページ	
/		
/		
/		
/		
/		
/		
/		
/		
/		
/		
/		
/		
/		
/		
/		
学習日	ページ	
/		
/		
/		
/		
/		
/		
/		
/		
/		

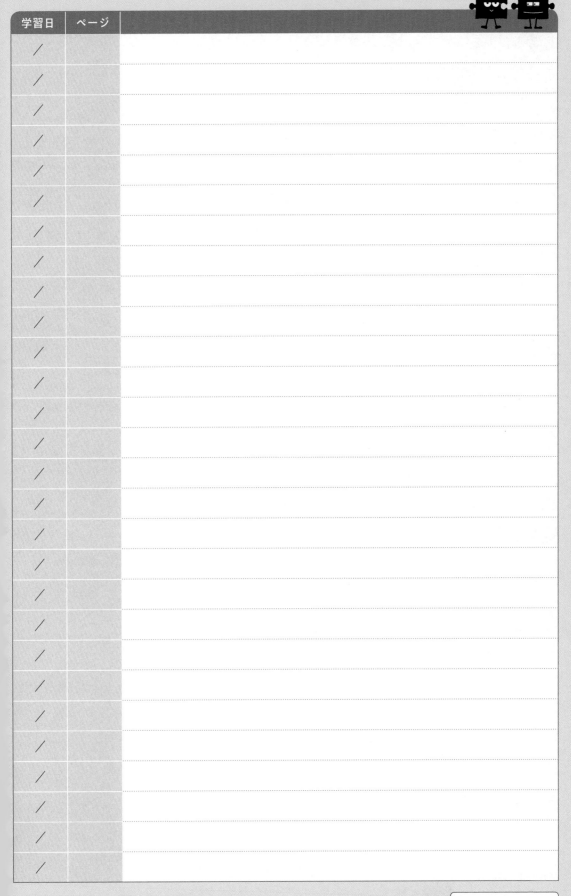

学習日	ページ	
／		
／		
／		
／		
／		
／		
／		
／		
／		
／		
／		
／		
／		
／		
／		
学習日	ページ	
／		
／		
／		
／		
／		
／		
／		
／		

学習日	ページ	
/		
/		
/		
/		
/		
/		
/		
/		
/		
/		
/		
/		
/		
/		
/		
/		
学習日	ページ	
/		
/		
/		
/		
/		
/		
/		
/		

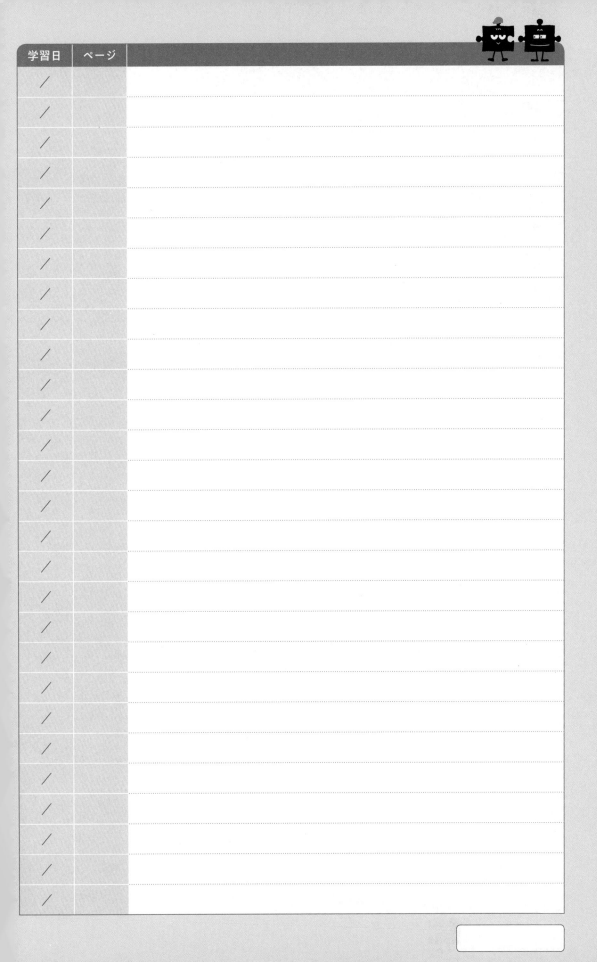

学習日	ページ	
/		
/		
/		
/		
/		
/		
/		
/		
/		
/		
/		
/		
/		
/		
/		
/		
/		
/		
/		
/		
/		
/		
/		
/		

学習日	ページ	
/		
/		
/		
/		
/		
/		
/		
/		
/		
/		
/		
/		
/		
/		
/		
/		
/		
/		
/		
/		
/		
/		
/		
/		
/		
/		
/		

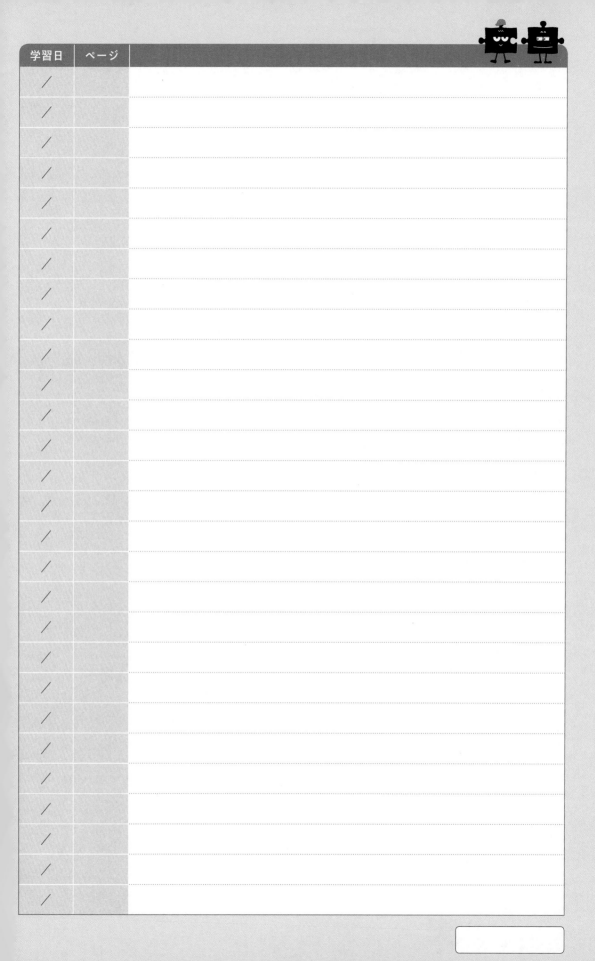

学習日	ページ	
/		
/		
/		
/		
/		
/		
/		
/		
/		
/		
/		
/		
/		
/		
/		
学習日 ／	ページ	
/		
/		
/		
/		
/		
/		
/		
/		
/		

学習日	ページ	
/		
/		
/		
/		
/		
/		
/		
/		
/		
/		
/		
/		
/		
/		
/		
/		
学習日	ページ	
/		
/		
/		
/		
/		
/		
/		
/		
/		
/		

学習日	ページ	
/		
/		
/		
/		
/		
/		
/		
/		
/		
/		
/		
/		
/		
/		
/		
/		

学習日	ページ	
/		
/		
/		
/		
/		
/		
/		
/		

学習日	ページ	
/		
/		
/		
/		
/		
/		
/		
/		
/		
/		
学習日	ページ	
/		
/		
/		
/		
/		
学習日	ページ	
/		
/		
/		
/		
/		
/		
/		
/		

学習日	ページ	
/		
/		
/		
/		
/		
/		
/		
/		
/		
/		
/		
/		
/		
/		
/		
学習日	ページ	
/		
/		
/		
/		
/		
/		
/		
/		

学習日	ページ	
/		
/		
/		
/		
/		
/		
/		
/		
/		
/		
/		
/		
/		
/		
/		
/		
/		
/		
/		
/		
/		
/		
/		
/		
/		

学習日	ページ	
/		
/		
/		
/		
/		
/		
/		
/		
/		
/		
/		
/		
/		
/		
/		
/		
/		
/		
/		
/		
/		
/		
/		
/		
/		
/		

学習日	ページ	
/		
/		
/		
/		
/		
/		
/		
/		
/		
/		
/		
/		
/		
/		
/		
/		
/		
/		
/		
/		
/		
/		
/		
/		
/		
/		

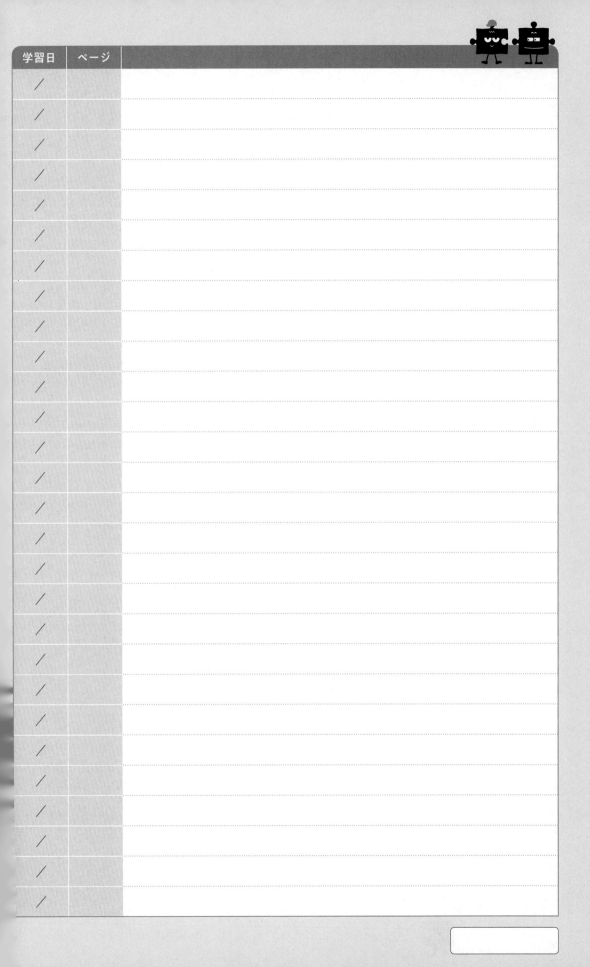

学習日	ページ	
/		
/		
/		
/		
/		
/		
/		
/		
/		
/		
/		
/		
/		
/		
/		
学習日	ページ	
/		
/		
/		
/		
/		
/		
/		
/		
/		

目次

▌成績アップのための学習メソッド ▶ 2~5

▌学習内容

※原則、ぴたトレ1は偶数、ぴたトレ2は奇数ページになります。

▌定期テスト予想問題 ▶ 105~120

▌解答集 ▶ 別冊

[写真提供] ＊一部画像はトリミングして掲載しています。

旭川市教育委員会／朝日新聞社／アフロ／公益財団法人日本環境協会　エコマーク事務局／厚生労働省／神戸市中央区環境局業務課：神戸広報印刷物「ごみと資源の分け方・出し方」／神戸市中央区まちづくり課／時事／時事通信フォト／スタジオサラ／東京都日本銀行金融研究所貨幣博物館／那覇市歴史博物館／日本経済新聞社／日本臓器移植ネットワーク／東阪航空サービス／毎日新聞社／幕別町教育委員会／明治神宮外苑聖徳記念絵画館／ユニフォトプレス／読売新聞／ロイター／渡辺広史／アフロ／AFP＝時事／Alamy／アフロ／AP／アフロ／Avalon／時事通信フォト／(c)apjt/amanaimages／(c)Sipa USA/amanaimages／dpa/時事通信フォト／Enrico Calderoni／アフロスポーツ／EPA＝時事／GRANGER.COM／PPS通信社

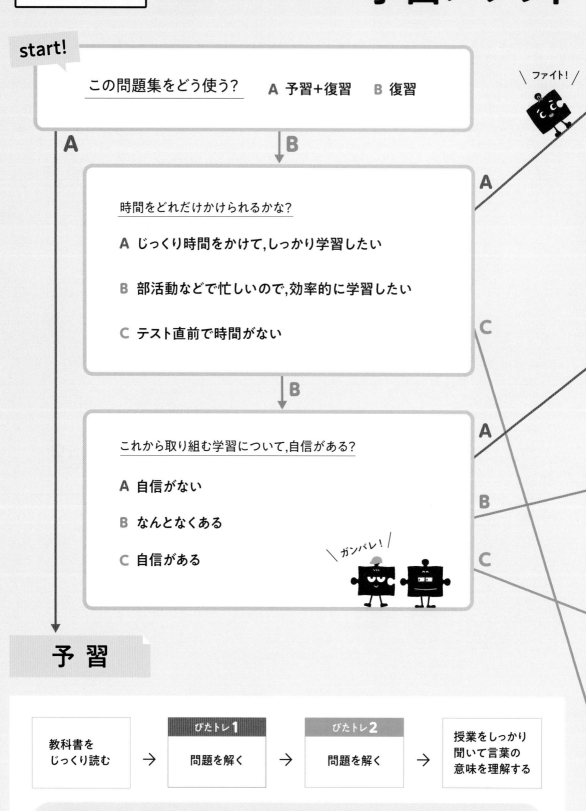

成績アップのための学習メソッド

start!

この問題集をどう使う？   A 予習+復習   B 復習

\ ファイト！ /

A

B

A

時間をどれだけかけられるかな？

A じっくり時間をかけて,しっかり学習したい

B 部活動などで忙しいので,効率的に学習したい

C テスト直前で時間がない

C

B

A

これから取り組む学習について,自信がある？

A 自信がない

B なんとなくある

C 自信がある

\ ガンバレ！ /

B

C

予 習

| 教科書を
じっくり読む | → | **ぴたトレ1**
問題を解く | → | **ぴたトレ2**
問題を解く | → | 授業をしっかり
聞いて言葉の
意味を理解する |

わからない時は…学校の先生に聞いたり,教科書を読みながらぴたトレ1・2を解いたりしよう！

復習

目安の時間には,丸付けや見直しの時間も含まれているよ。
テストの前には,定期テスト予想問題にも取り組もう。

じっくり
コース

教科書 ぴたトレ1
・ぴたトレ1 に対応する教科書のページを読む
・問題を解く(1回目)

→

ぴたトレ2
問題を解く(1回目)
↳ 解けないときは
ヒント を見る,ぴたトレ1 に戻る,間違えた問題にチェックをつける

→

ぴたトレ1
問題を解く(2回目)
↳ 間違えた問題にチェックをつける

↓

くり返し問題を解くときは別冊note bookを使おう!

反復練習
ぴたトレ1 ぴたトレ2 の間違えた問題だけをくり返し解く

←

ぴたトレ3 45分
テストを解く
↳ 解けないときは
ぴたトレ1 ぴたトレ2 に戻る

←

ぴたトレ2
問題を解く(2回目)
↳ 解けないときは
ヒント を見る
ぴたトレ1 に戻る

時短 A
コース

ぴたトレ1 30分
問題を2回解く

→

ぴたトレ2 30分
問題を2回解く

→

ぴたトレ3 45分
テストを解く

時短 B
コース

ぴたトレ1 20分
・問題を解く
・間違えた問題だけをもう一度解く

→

ぴたトレ2 20分
問題を解く

→

ぴたトレ3 45分
テストを解く

時短 C
コース

ぴたトレ1
省略

→

ぴたトレ2 15分
書きトレ! を解く

→

ぴたトレ3 45分
テストを解く

\ めざせ,点数アップ! /

テスト直前
コース

5日前
ぴたトレ1
・解答集を見ながら問題の答えを赤ペンで書く
・赤シートで隠して文を読む

→

3日前
ぴたトレ2
問題を解く

→

1日前
定期テスト予想問題
テストを解く

→

当日
別冊note book
赤シートを使って重要語句を最終確認する

日常学習

コースがきまったら,4~5ページを見てみよう ➡

《 ぴたトレの構成と使い方 》

教科書ぴったりトレーニングは,おもに,「ぴたトレ1」,「ぴたトレ2」,「ぴたトレ3」で構成されています。それぞれの使い方を理解し,効率的に学習に取り組みましょう。
なお,「ぴたトレ3」「定期テスト予想問題」では学校での成績アップに直接結びつくよう,通知表における観点別の評価に対応した問題を取り上げています。

学校の通知表は以下の観点別の評価がもとになっています。

一緒にがんばろう!

| 知識 技能 | 思考力 判断力 表現力 | 主体的に 学習に 取り組む態度 |

教科書を読みましょう。
（予習・じっくりコース推奨）

学習メソッド

・教科書をじっくり読んで,これから勉強する内容の流れを,おおまかに頭に入れてみよう。
・太字は出題されやすいから,しっかり読んで覚えよう。

別冊notebookも使ってくり返し問題を解く習慣を身に付けよう!

ぴたトレ 1
要点チェック

基本的な問題を解くことで,基礎学力が定着します。

要点整理

穴埋め式の問題です。
教科書の重要語句を
確認しましょう。

学習メソッド

ぴたトレ1では,教科書の内容を整理しながら,重要語句の確認ができるよ。

時間があるときは,教科書を読んでから取り組むと理解度がアップするよ。

わからない問題や,間違えた問題はチェックして,もう一度解くようにしよう。

学習メソッド

解答欄は,自分のコースにあう使い方をしてみてね。

・問題を解いて答えを書き込む。
・解答集を見ながら赤ペンで書き込む。
　→赤シートで解答欄を隠しながら,文を読んでみよう。
・解答はノートに書き込む。
　→くり返し問題を解くことができるよ。

詳しく解説!

おさえておきたい重要語句の解説です。

リー子のひとこと

ポイントや注意事項を紹介しています。

ぴたトレ2

練習

理解力・応用力をつける問題です。

学習メソッド

ぴたトレ2は,ぴたトレ1と対応した範囲の問題になっているよ。

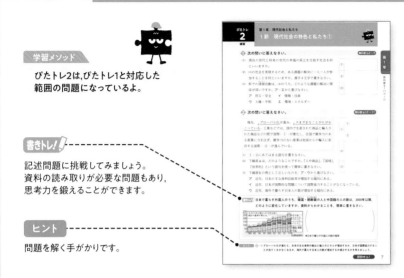

書きトレ!

記述問題に挑戦してみましょう。資料の読み取りが必要な問題もあり,思考力を鍛えることができます。

ヒント

問題を解く手がかりです。

学習メソッド

解答欄は,自分のコースにあう使い方をしてみてね。

• 問題を解いて答えを書き込む。
• 解答はノートに書き込む。
　→くり返し問題を解くことができるよ。

わからないときは,下の「ヒント」を見よう。「ぴたトレ1」に戻って確認するのもOK。

わからない問題や,間違えた問題はチェックして,もう一度解くようにしよう。

ぴたトレ3

確認テスト

どの程度学力がついたかを自己診断するテストです。

成績評価の観点

問題ごとに「技能」「思考力・判断力・表現力」の評価の観点が示してあります。
※観点の表示がないものは「知識」です。

作図

作業を伴う問題に表示します。

点UP

テストで高得点を狙える,やや難しい問題です。

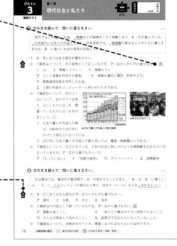

よく出る

テストで問われることが多い問題です。

記述

文章で答える問題です。

学習メソッド

テスト本番のつもりで何も見ずに解こう。
• わからない語句があった→ぴたトレ1に戻ろう。
• わからない問題があった→ぴたトレ2の問題を解いてみよう。

学習メソッド

答え合わせが終わったら,苦手な問題がないか確認しよう。

定期テスト予想問題

・定期テストに出そうな問題を学習順に掲載しています。
・各問題には教科書の対応ページを示しています。
・解答集の「出題傾向」で,傾向と対策を確認しましょう。

学習メソッド

ぴたトレ3と同じように,テスト本番のつもりで解こう。テスト前に,学習内容を本当に理解できているかどうかを確認しよう。

第1章　現代社会と私たち

1節　現代社会の特色と私たち①

アメリカのリーグで投球するプロ野球選手

（　）にあてはまる語句を答えよう。

ノートを活用して，くり返し書いて覚えよう。

1 持続可能な社会に向けて

教科書 p.8〜9

◉ **持続可能な社会とは／持続可能な社会の実現に向けて**

・**持続可能な社会**…現在の世代と（　①　）の世代の幸福の両立を
目指す「（　②　）」がある社会。

・人類は，新しい技術や制度などを生みだして幸福を追求する
一方，防災や環境問題，人権などの課題の解決も必要である。
→2011年に発生した東日本（　③　）により，持続可能な社会の
実現のために防災などの課題解決の必要性が明らかになる。

◉ **私たちが創る社会**

・持続可能な社会の実現には，一人一人の社会（　④　）が必要。

①
②
③
④

2 グローバル化

教科書 p.10〜11

◉ **グローバル化とは**

・**グローバル化**（世界の一体化）…交通や通信の発達により，
人や物，お金，（　⑤　）などが国境をこえて世界的に広がる。

> **詳しく解説！　グローバル化**
> 航空機など交通の発達で海外旅行や貿易が活発になり，インターネットなど通信の発達で海外のニュースなどを得やすくなった。

◉ **国際競争と国際分業**

・（　⑥　）…国内で生産した商品と輸入した商品の間の競争のこ
とで，質の良い商品を少しでも安く売ろうとしている。

・（　⑦　）…自国で競争力のある産業に力を注ぎ，競争力のない
産業は他国からの輸入に依存すること。

→（　⑥　）と（　⑦　）により世界の各国
がたがいに依存し合うことになった。
例：必要な食料の多くを輸入し，日
本の食料（　⑧　）が低下した。

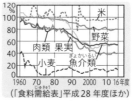
（「食料需給表」平成28年度ほか）
▲日本の食料（　⑧　）の推移

◉ **グローバル社会と日本**

・グローバル化により環境問題やテロリズム，難民問題など，
国際的な問題が増えているので，日本も（　⑨　）に取り組む必
要がある。

⑤
⑥
⑦
⑧
⑨

グローバル化により，
外国人との交流も盛ん
になっているよ。

解答▶▶ p.1

❶ 次の問いに答えなさい。

教科書p.8～9

(1) 現在の世代と将来の世代の幸福の両立を目指す社会を何といいますか。

(2) (1)の社会を実現するため，ある課題の解決に一人一人が参加することを何といいますか。漢字4文字で書きなさい。

(3) 町での清掃活動は，(2)のうち，どのような課題の解決に関係が深いですか。ア～エから選びなさい。

　ア　防災・安全　　イ　情報・技術
　ウ　人権・平和　　エ　環境・エネルギー

(1)	
(2)	
(3)	

❷ 次の問いに答えなさい。

教科書p.10～11

　現在，ₐグローバル化が進み，ᵦさまざまなことがらがおこっている。工業などでは，国内で生産された商品と輸入された商品などの間で国際（　①　）が激化し，自国で競争力のある産業に力を注ぎ，競争力のない産業は他国からの輸入に依存する国際（　②　）が進んでいる。

(1) ①・②にあてはまる語句を書きなさい。

(2) 下線部aは，どのようなことですか。「人や物」，「国境」，「世界的」という語句を使って簡単に書きなさい。

(3) 下線部bの例として正しいものを，ア～ウから選びなさい。

　ア　近年，日本の主な食料自給率が増加する傾向にある。

　イ　近年，日本が国際的な問題について国際協力することがなくなっている。

　ウ　近年，海外で暮らす日本人の数が増加する傾向にある。

(1)	①
	②
(2)	
(3)	

書きトレ! 日本で暮らす外国人のうち，韓国・朝鮮籍の人と中国籍の人の数は，2000年以降，どのように変化していますか。資料からわかることを，簡単に書きなさい。

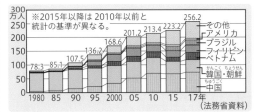

◀日本で暮らす外国人の数の推移

ヒント　❷ (3)グローバル化が進むと，日本の主な食料の輸出と輸入のどちらが増加するか，日本が国際協力することが出てくるかなくなるか，海外で暮らす日本人の数が増加するか減少するかを考えましょう。

小学校の授業

（　　）にあてはまる語句を答えよう。
ノートを活用して，くり返し書いて覚えよう。

3 少子高齢化

教科書 p.12 ～ 13

◉ 少子高齢化とは

・日本と**少子高齢社会**…**合計特殊出生率**の減少により子どもの
　数が減少する（ ① ）と，（ ② ）ののびにより高齢者の割合が
　上昇する（ ③ ）が進んでいる。

> 詳しく解説!　**合計特殊出生率**
> 一人の女性が一生の間に生む子どもの平均数のこと。減少の理由には，
> 結婚年齢の上昇や共働きの夫婦の増加などがある。

◉ 多様化する家族の形／少子高齢社会の課題

・戦後の日本では，親と子ども，または夫婦で構成される
　（ ④ ）世帯の割合が増加してきたが，最近は一人暮らしの
　（ ⑤ ）世帯の割合が増加する傾向にある。

・**少子高齢化**が進むと公的年金や，医療・介護などの（ ⑥ ）の
　費用が増加する一方，働く現役世代の負担が増加する。
　→負担が増加する中で，（ ⑥ ）を充実させることが，日本の少子高齢社会の課題である。

①
②
③
④
⑤
⑥

4 情報化

教科書 p.14 ～ 15

◉ 情報化とは／情報化による社会の変化

・社会における情報の役割が大きく
　なること。→インターネットなど
　の（ ⑦ ）（ICT）の発達や，（ ⑧ ）
　（AI）の進化が関係。

・**インターネット**…情報の検索が容
　易に。インターネット・ショッピ
　ングも普及。

・**クレジットカード**と（ ⑨ ）…現金を持たずに買い物などが
　できる。

▲日本の情報機器の普及率の推移

◉ 情報化の課題

・情報を利用する手段・技能がある人とない人との間の格差
　（デジタル・デバイド）の解消，個人情報の流出の防止。

・情報を適切に選択・活用する力である（ ⑩ ）や，情報を正し
　く利用する態度である**情報モラル**を身に付けることが必要。

⑦
⑧
⑨
⑩

情報化は，生活を便利
にするけれど，さまざ
まな課題もあるんだね。

解答▶▶ p.1

❶ 次の問いに答えなさい。

教科書 p.12〜13

> 　日本は近年，一人の女性が一生の間に生む子どもの平均数である（　①　）の減少や平均寿命ののびにより，（　②　）社会となり，ₐさまざまな課題がある。また，戦後，ᵦ家族の形に変化が見られ，多様化している。

(1)　①・②にあてはまる語句を書きなさい。

(2)　下線部ₐに関する次のX・Yについて，正しいものには○を，間違っているものには×を付けましょう。

　　X　日本では，医療などの社会保障の費用が減少している。

　　Y　日本では共働きの夫婦が減り，保育所があまっている。

(3)　下線部ᵦについて，右のグラフ中の　　　　の世帯をまとめて何世帯といいますか。

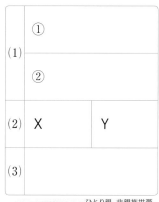

(1)	①	
	②	
(2)	X	Y
(3)		

	夫婦のみ			ひとり親と子ども	非親族世帯 0.3
1960年 (2223万世帯)	7.3夫婦と子ども % 38.3		7.5	その他の親族世帯 30.5	単独世帯 16.1
2015年 (5333万世帯)	20.1	26.9	8.98.6	34.6	0.9

※1960年は統計の基準が異なる。
（「国勢調査報告」平成27年ほか）
▲日本の世帯数の推移と内訳

❷ 次の問いに答えなさい。

教科書 p.14〜15

(1)　情報通信技術の略称を，ア〜ウから選びなさい。

　　ア　SNS　　イ　ICT　　ウ　AI

(2)　情報リテラシーとは，どのような力ですか。「選択」という語句を使って簡単に書きなさい。

(3)　情報モラルにあてはまるものを，ア〜ウから選びなさい。

　　ア　自分のブログに他人の家の住所を無断でのせる。

　　イ　自分のブログに友人の悪口を書く。

　　ウ　自分のブログにうその情報を書かないようにする。

(1)	
(2)	
(3)	

書きトレ！ 1960年と2015年を比べると，日本の0〜14歳の年少者と65歳以上の高齢者の割合はどのように変化していますか。資料からわかることを，簡単に書きましょう。

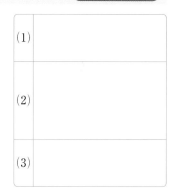

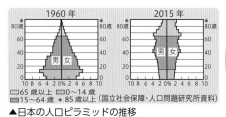

□65歳以上　□0〜14歳
■15〜64歳　＊85歳以上（国立社会保障・人口問題研究所資料）
▲日本の人口ピラミッドの推移

ヒント　❶ (2)少子化と高齢化が進むと，どのようなことがおこるか考えましょう。
　　　　　❷ (3)情報モラルが「情報を正しく利用する態度」を意味することをふまえて考えましょう。

イギリスにある日本料理店

（　）にあてはまる語句を答えよう。
ノートを活用して，くり返し書いて覚えよう。

1 私たちの生活と文化の役割／**2** 伝統文化と新たな文化の創造　　教科書 p.18～21

◉**文化とは**

・**文化**には，行動の仕方や価値観，教養など複数の意味がある。

◉**科学・宗教・芸術の役割**

・文化が生み出すものには，技術を発展させる（　①　），神・仏の存在などを考える（　②　），人生を豊かにする（　③　）がある。

◉**文化の役割と課題**

・文化には負の面があるため，正しく役立てる必要がある。

◉**伝統文化とは／日本の多様な伝統文化**

・日本の**伝統文化**には，能など専門家が受けついできたもののほか，衣食住や（　④　）など，一般(いっぱん)の人に受けつがれてきたものがある。また，日本の伝統文化には，北海道(ほっかいどう)周辺の先住民族の（　⑤　）と沖縄(おきなわ)県の（　⑥　）がふくまれる。

月	行事名
1月	初詣(はつもうで)
2月	節分
3月	ひな祭り
5月	端午(たんご)の節句
7月	七夕(たなばた)
7月・8月	お盆(ぼん)
11月	七五三

▲主な（　④　）

◉**伝統文化の継承の課題**

・国や都道府県などは，（　⑦　）法により文化財の保存に努めている。

①
②
③
④
⑤
⑥
⑦

3 多文化共生を目指して　　教科書 p.22～23

◉**世界に広がる日本文化／日本の中の国際的な文化**

・日本の和食や漫画(まんが)などが世界に広まり，環境(かんきょう)保護の面では，ワンガリ・マータイさんにより紹介(しょうかい)された「（　⑧　）」という言葉が評価されている。また，日本には多くの外国人が暮らし，祭りなどを通じて，外国人と日本人が交流を楽しんでいる。

◉**多文化共生の実現のために**

・（　⑨　）（多様性）の尊重の考えや**ユニバーサルデザイン**が広まるなか，考え方などが異なる人々がちがいを認め合い，ともに暮らす（　⑩　）の実現のための努力が行われている。

⑧
⑨
⑩

詳しく解説!　**ユニバーサルデザイン**

言語や年齢(ねんれい)，性別，障がいがあるかないかなどに関係なく，あらゆる人が製品などを利用できるようにしたデザインのことである。

マータイさんは，ケニア出身のノーベル平和賞受賞者なんだよ。

10

① 次の問いに答えなさい。

教科書 p.18〜21

　人々は，科学，宗教，絵画などの（　①　）といった文化を生み出してきた。文化のうち歴史の中で受けつがれてきたものを（　②　）といい，日本にも独自の衣食住や_a年中行事などがある。アイヌ文化や_b琉球文化も日本の文化にふくまれる。

(1)　①・②にあてはまる語句を書きなさい。

(2)　下線部 a について，右の資料の年中行事は何ですか。ア〜エから選びなさい。

　ア　七夕　　　　イ　端午の節句
　ウ　七五三　　　エ　節分

(3)　下線部 b は，どの県にあった王国の文化を受けついだものですか。都道府県名を書きなさい。

▲2月に行われる年中行事

(1)	①
	②
(2)	
(3)	

② 次の問いに答えなさい。

教科書 p.22〜23

(1)　ワンガリ・マータイさんは，日本語の「もったいない」という言葉を，特にどのような視点で世界に紹介しましたか。ア〜ウから選びなさい。

　ア　情報化の推進　　イ　安全保障　　ウ　環境保護

(2)　近年，尊重されるようになっているダイバーシティの意味として正しいものを，ア〜ウから選びなさい。

　ア　多様性　　イ　教養　　ウ　世界の一体化

(3)　言語や年齢などに関係なく，多くの人が利用できるようにしたデザインは何ですか。

(1)	
(2)	
(3)	

書きトレ! 兵庫県神戸市で，資料のように，中国語や韓国・朝鮮語などでごみ分別の説明を書いたものがつくられている理由を，簡単に書きなさい。

▲神戸市のごみ分別の説明のリーフレット(中国語，韓国・朝鮮語)

ヒント　❶ (2)資料中の鬼や，2月に行われることに注目しましょう。
　　　　　❷ (1)「もったいない」がどのようなときに使われる言葉か考えましょう。

第1章　現代社会と私たち

3節　現代社会の見方や考え方①

旧民法と新民法の比較

旧民法(1898年施行)		新民法(1948年施行)
男性優位の家制度	原則	男女平等の家族制度
長男が単独で相続	相続	対象者が均分相続
戸主の同意が必要	結婚	両性の合意のみ

（　）にあてはまる語句を答えよう。
ノートを活用して，くり返し書いて覚えよう。

1 社会集団の中で生きる私たち

教科書 p.24～25

◎ 社会集団とは／社会的存在としての人間／対立と合意

・（ ① ）…私たちが最初に出会う**社会集団**であり，基本的な
ルールを習得する場。原則は，日本国憲法や民法などに定め
られている。

> **詳しく解説!** **民法と家族**
> 1898年施行の旧民法は，戸主である男性中心の内容であったが，
> 1948年施行の新民法は，男女平等の家族制度に基づく内容になった。

・（ ② ）…私たちが暮らす社会集団で，社会のルールを習得す
る場。育児や防災などで暮らしを支え合っている。

・社会集団には，（ ① ）や（ ② ）など生まれたときから属して
いるものと，（ ③ ）や会社など目的を持って属するものがあ
る。→社会集団の一員の人間は，（ ④ ）であるといえる。

・社会集団の集団内や集団間で，考え方のちがいなどから
（ ⑤ ）が発生した場合，相手側の意見を聞きながら解決策を探し，（ ⑥ ）を目指す必要があ
る。

①
②
③
④
⑤
⑥

2 決まりを作る目的と方法

教科書 p.26～27

◎ さまざまな決まりと目的／権利と責任・義務

・（ ⑦ ）（ルール）…**対立**が何度も起こるのを防ぐためのもの。
作る際，人々の**権利**を保障するようにし，私たちが（ ⑦ ）
（ルール）を守る（ ⑧ ）と**義務**があることを示す必要がある。

◎ 決まりを作るさまざまな方法

・（ ⑦ ）（ルール）の決定の方法…みんなで話し合う，代表者
が話し合う，一人で決定する。

・（ ⑦ ）（ルール）の
採決の仕方…一人で
も議決に反対すると
決定できない（ ⑨ ）
や，**多数決**がある。
多数決を行うときは，
（ ⑩ ）が重要。

採決の仕方	長所	短所
（ ⑨ ）	みんなが納得する。	時間がかかることがある。
多数決	一定の時間内で決定できる。	少数意見が反映されにくい。

▲採決の仕方

⑦
⑧
⑨
⑩

決まりを作るとき
の採決の仕方の長
所と短所をおさえ
ておこう。

解答 ▶▶ p.2

1 次の問いに答えなさい。

教科書 p.24〜25

(1) 右の**資料Ⅰ**・**資料Ⅱ**は，何という社会集団ですか。

資料Ⅰ

▲私たちが暮らす社会集団

資料Ⅱ

▲私たちが最初に出会う社会集団

(2) 右の**資料Ⅰ**の社会集団の役割として正しいものを，**ア〜ウ**から選びなさい。

ア　生活上の基本的なルールを習得したり，やすらぎを得たりしている。

イ　教科の知識などを習得したり，集団行動をする上でのルールを習得したりしている。

ウ　社会のルールを習得したり，暮らしを支え合ったりしている。

(1)	資料Ⅰ
	資料Ⅱ
(2)	

2 次の問いに答えなさい。

教科書 p.26〜27

　決まりは，（ ① ）が何度もおこるのを防ぐためのものであり，作る際には決まりを守る責任と（ ② ）があることを示す必要がある。また，決まりを作るにあたっては，さまざまな <u>a決定の方法</u>や <u>b採決の仕方</u>がある。

(1) ①・②にあてはまる語句を書きなさい。

(2) 下線部aについて，次の文中の（　　　）にあてはまる語句を書きなさい。

　・みんなで話し合う，選ばれた（　　　　　）が話し合う，一人で決定する，といった方法がある。

(3) 下線部bのうち，多数決の短所を，「少数意見」という語句を使って簡単に書きなさい。

(1)	①
	②
(2)	
(3)	

書きトレ！ 戦前に施行の民法と戦後に施行の民法についての表を見て，戦後の施行の民法の特徴を，「男女」と「家族制度」という語句を使って簡単に書きなさい。

	戦前に施行の民法	戦後に施行の民法
相続について	通常次の戸主となる長男が単独相続。	対象者全員が均分相続。
結婚について	戸主の同意が必要。	両性の合意のみで成立。

（　　　　　　　　　　）

ヒント　1 (2)ア〜ウは，資料Ⅰの集団，資料Ⅱの集団，学校のいずれかの社会集団の役割です。

3節　現代社会の見方や考え方②

バレーボール女子日本代表の試合

（　）にあてはまる語句を答えよう。
ノートを活用して，くり返し書いて覚えよう。

3 効率と公正

教科書 p.28～29

◎ 全員が納得するために

・対立が発生したときに合意に導くための解決策は，みんなが（ ① ）できるものにすることが重要である。
→解決策は，効率と（ ② ）の視点で考える。

対立 ━━━▶ 合意

効率…（③）を省くこと。
（②）…手続きの（②）さ，
機会や（⑥）の（②）さ。

▲合意に導くための解決策

◎ 効率とは

・（ ③ ）を省くこと。お金，物，労力などを（ ③ ）なく使う。
→一人一人の満足を損なうことなく，（ ④ ）の満足を増加させることができる。

◎ 公正とは

・特定の人が不当なあつかいを受けないようにすること。みんなが参加して決定する（ ⑤ ）の公平さと，機会を不当に制限されたり（ ⑥ ）が不当なものになったりしないようにする機会や（ ⑥ ）の公正さがある。

①
②
③
④
⑤
⑥

4 決まりの評価と見直し

教科書 p.30～31

◎ 決まりは変更できる

・決まりを決定する。→決まりを守る。→状況（じょうきょう）が変化し，決まりが（ ⑦ ）に合わなくなる。→決まりを変更（へんこう）する。

◎ 決まりを評価する観点

・目的を実現するのに適切な（ ⑧ ）になっているかどうか。
・だれにとっても同じ内容を意味するものであるかどうか。
・決まりを作るときにみんなが参加しているかどうか。
・（ ⑨ ）をかえても受け入れられるものになっているかどうか。
・お金，物，労力などが（ ③ ）なく使われているかどうか。

◎ 共生社会を目指して

・（ ⑩ ）を目指すのに対立と合意，効率と公正の考え方を利用。

⑦
⑧
⑨
⑩

> 詳しく解説！　**共生社会**
> 性別や年齢（ねんれい），障がいがあるかないかなどに関係なく，だれもがたがいを尊重し，ともに生きていくことができる社会のことである。

効率と公正の視点は，学校生活などでも活用することができるよ。

解答▶▶ p.2

① 次の問いに答えなさい。　教科書 p.28〜29

　　対立が発生したときに（　①　）に導くための解決策は，<u>効率と公正の視点</u>で考えることができる。このうち公正の視点には，手続きの公正さ，（　②　）と結果の公正さがある。

(1)　①・②にあてはまる語句を書きなさい。

(2)　下線部について，次の**A・B**の〜〜は，それぞれ効率と公正のどちらの内容にあてはまりますか。

　　A　9個のいちごを，<u>3人にそれぞれ3個ずつになるように分ける。</u>

　　B　10個のいちごを，3人にそれぞれ3個ずつ分けたあと，<u>残り1個をじゃんけんに勝った人にあたえてあまりがないようにする。</u>

(1)	①
	②
(2)	A
	B

② 次の問いに答えなさい。　教科書 p.30〜31

(1)　決まりの評価と見直しについて，次の**X〜Z**が確認できる観点を，**ア〜エ**からそれぞれ選びなさい。

　　X　決まりを守ることで，目的が実現できるか。
　　Y　決まりが適用されたとき，だれかが不利にならないか。
　　Z　決まりが適切な手続きで決定されているか。

　　ア　立場をかえても受け入れられるものになっているか。
　　イ　お金，物，労力などが無駄なく使われているか。
　　ウ　目的を実現するのに適切な手段になっているか。
　　エ　決まりを作るときにみんなが参加しているか。

(1)	X
	Y
	Z

書きトレ！　対立を解消するには，どのような手続きが必要ですか。資料を見て，「効率」，「公正」，「合意」という語句を使って簡単に書きなさい。

対立　━━▶　合意

効率…無駄を省くこと。

公正…手続きの公正さ，機会や結果の公正さ。

◀合意に導くための解決策

ヒント　① (2)効率は，お金や物，労力などを無駄なく使うこと，公正は，特定の人が不当なあつかいを受けないようにすることであることから考えましょう。

時間30分　　　　／100点　　合格70点

❶ 次の文を読んで，問いに答えなさい。 32点

> 　現代では人や物，お金，a情報などが国境をこえて広がる（　A　）化が進んでいる。b日本国内には多くの外国人がおり，日本各地では，c価値観の異なる人々がともに暮らす多文化（　B　）に基づく社会の実現を目指している。

(1)　A・Bにあてはまる語句を書きなさい。

(2)　下線部aについて，次の説明として正しいものを，ア〜エからそれぞれ選びなさい。思
　　　①　AI　　②　情報リテラシー　　③　情報モラル
　　ア　正しく情報を利用する態度。　　イ　情報を適切に選択，利用する力。
　　ウ　情報通信技術を利用したお金。
　　エ　人間の知能をコンピューターに持たせたもの。

(3)　下線部bについて，次の①・②について，右のグラフを見て，正しいものには○を，間違っているものには×を付けましょう。技

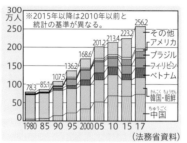

▲日本で暮らす外国人の数の推移

▲多文化交流カフェ

　　①　日本で暮らす外国人の数は，1980年から2017年にかけて3倍以上になっている。

　　②　2017年に日本で暮らす外国人で最も多いのは，韓国・朝鮮籍の人である。

(4)　下線部cについて，右上のカフェは，日本の社会に特にどのような価値観を広めるのに役立っていますか。ア〜エから選びなさい。技
　　ア　「もったいない」　　イ　「持続可能性」　　ウ　ダイバーシティ　　エ　国際競争

❷ 次の文を読んで，問いに答えなさい。 20点

> 　社会集団では，集団内や集団間で（　A　）が起こることがある。（　A　）を（　B　）に導くには，（　C　）とa公正という2つの視点から考え，決まり（ルール）などをb決めるとよい。

(1)　A〜Cにあてはまる語句をア〜エからそれぞれ選びなさい。
　　ア　責任　　イ　合意　　ウ　対立　　エ　効率

(2)　下線部aの内容として誤っているものを，ア〜エから選びなさい。思
　　ア　無駄を省くこと。　　　　　　　イ　一部の人の機会が不当に制限されないこと。
　　ウ　みんなが参加して決めること。　エ　結果が不当なものになっていないこと。

(3)　下線部bについて，多数決を行うとき，尊重しなければならないのは何ですか。

　　成績評価の観点　　技…資料活用の技能　　思…社会的な思考・判断・表現

❸　次の文を読んで，問いに答えなさい。　　48点

日本では近年，_a人口構成や_b家族の形態が変化し，_cさまざまな問題が起こっている。また，このような変化により，_d文化のうち，長い歴史を持ち_e多様な日本の_f伝統文化の継承や保存が課題（けいしょう）となっている。

(1)　下線部 a について，右の**資料Ⅰ**のA〜CのうちA・Bにあてはまる年をそれぞれ書きなさい。技
また，2015年にあたる人口ピラミッドのような人口構成の社会を何といいますか。

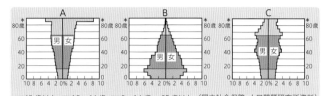
□65歳以上　■15〜64歳　■0〜14歳　＊85歳以上　（国立社会保障・人口問題研究所資料）
資料Ⅰ　日本の1960年・2015年・2060年の人口ピラミッド

(2)　下線部 b について，日本で現在最も多い核家族（かくかぞく）世帯にあてはまるものを，**ア〜ウ**から2つ選びなさい。思
　　ア　夫婦のみの世帯　　イ　単独世帯
　　ウ　夫婦と子どもの世帯

（厚生労働省資料（こうせい））
資料Ⅱ　高齢者一人の年金を支える現役世代の数（こうれいしゃ）

(3)　記述　下線部 c について，右上の**資料Ⅱ**の2010年度から2050年度にかけて，年金を支える現役世代一人あたりの負担は，どのように変化していますか。簡単に書きなさい。思

(4)　下線部 d について，右の**資料Ⅲ**は，文化の領域のうち科学・宗教・芸術のどれと関係が深いですか。技

(5)　下線部 e について，右の**資料Ⅳ**の衣装は，多様な日本の文化のうち何という文化と関係が深いですか。技

資料Ⅲ　　　　　資料Ⅳ　沖縄などの紅型（びんがた）

(6)　下線部 f のうちの年中行事について，1月，5月，11月に行われるものを，**ア〜オ**からそれぞれ選びなさい。
　　ア　端午の節句（たんご）（せっく）　　イ　初詣（はつもうで）　　ウ　お盆（ぼん）　　エ　節分（せつぶん）　　オ　七五三

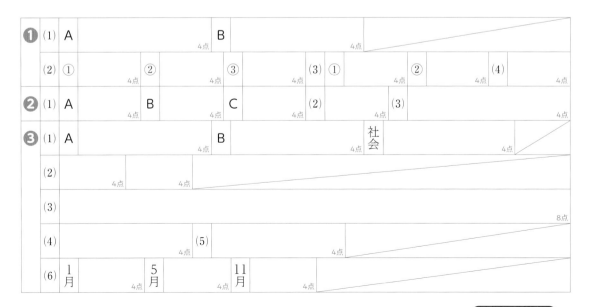

❶ (1) A ［　　　　　4点］ B ［　　　　　4点］
　 (2) ① ［4点］ ② ［4点］ ③ ［4点］ (3) ① ［4点］ ② ［4点］ (4) ［4点］
❷ (1) A ［4点］ B ［4点］ C ［4点］ (2) ［4点］ (3) ［4点］
❸ (1) A ［　　　　　4点］ B ［　　　　　4点］ ［社会　　4点］
　 (2) ［4点］［4点］
　 (3) ［8点］
　 (4) ［4点］ (5) ［4点］
　 (6) 1月 ［4点］ 5月 ［4点］ 11月 ［4点］

1節　人権と日本国憲法①

（　　）にあてはまる語句を答えよう。

ノートを活用して，くり返し書いて覚えよう。

1 人権の歴史と憲法

教科書 p.40〜41

◉ **人権の考え方**

・**人権**…生まれながらに持つ権利で，（ ① ）ともいう。人間を個人として尊重し，平等にあつかい，自らの意思で自由に生きられるようにすることを権利として保障。

・**人権思想**…17，18世紀の近代革命で国王の支配を打ち破る力になり，1776年のアメリカ（ ② ）や1789年のフランス（ ③ ）などで人間が人権を持つことが宣

> 第1条　人は生まれながらに，自由で平等な権利を持つ。社会的な区別は，ただ公共の利益に関係のある場合にしか設けられてはならない。
>
> ▲フランス（ ③ ）

言される。→代表的な人権思想家として，「統治二論」で抵抗権を唱えたイギリスの（ ④ ），「法の精神」で三権分立を唱えたフランスの（ ⑤ ），「社会契約論」で人民主権を唱えたフランスの（ ⑥ ）がいる。

◉ **人権思想の発展と広がり**

・18世紀のフランス（ ③ ）などで，表現の自由などの（ ⑦ ）と，身分制度そのものを否定する（ ⑧ ）を保障。

・19世紀に資本主義経済が発達し，貧富の差が拡大。→普通選挙制度や労働運動が活発化。→各国で普通選挙権が保障されるようになり，20世紀のドイツのワイマール憲法で人間らしい生活を経済的に保障する（ ⑨ ）が，世界で最初に導入された。

・第二次世界大戦後，国際連合の世界人権宣言などで人権を国際的に保障。

◉ **憲法と立憲主義の意義**

・法…最高の法である（ ⑩ ）や法律，条例など。（ ⑩ ）に反する法律などは無効。

・（ ⑪ ）…（ ⑩ ）により政治権力を制限し，人権を保障しようとする考え方。政治は，人の支配ではなく，（ ⑫ ）による。

①
②
③
④
⑤
⑥
⑦
⑧
⑨
⑩
⑪
⑫

> 日本の憲法や法律にも，人権思想の歴史の成果が取り入れられているよ。

詳しく解説! **法の支配**

人の支配では国王の政治権力は制限されなかったが，法の支配では国民の代表者が定めた法により，政府の政治権力は制限されている。

解答 ▶▶ p.3〜4

❶ 次の問いに答えなさい。

教科書 p.40 〜 41

> 　17，18世紀にヨーロッパで _a人権思想が発達し，18世紀に
> はその成果を取り入れたアメリカ（ ① ）や_bフランス人権宣
> 言が出され，自由権などが保障された。また， _c法の支配に
> よる（ ② ）主義の考え方も生まれ，20世紀には， _dワイマー
> ル憲法で社会権が世界で最初に取り入れられた。

(1)　①・②にあてはまる語句を書きなさい。

(2)　下線部aに関係する人物のうち，ロックについての説明と
　　して正しいものを，ア〜ウから選びなさい。

　　ア　「統治二論」で抵抗権を唱えた人物である。

　　イ　「社会契約論」で人民主権を唱えた人物である。

　　ウ　「法の精神」で三権分立を唱えた人物である。

(3)　下線部bの内容として正しいものを，ア〜ウから選びなさい。

　　ア　人間は平等に創られ，神によりうばうことができない
　　　　権利をあたえられている。（略）

　　イ　人間は生まれながらに，自由で平等な権利を持つ。（略）

　　ウ　経済生活の秩序は，人間に値する生存を保障することを目指す。（略）

(4)　右の資料は下線部cの構成で，上にある法ほど効力が大きくなり，
　　下にある法は上にある法に反することができません。資料中のX〜
　　Zにあてはまる語句を，ア〜ウからそれぞれ選びなさい。

　　ア　法律　　イ　憲法　　ウ　条例

(5)　下線部dが制定された国はどこですか。

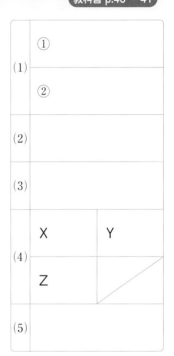

(1)	①	
	②	
(2)		
(3)		
(4)	X	Y
	Z	
(5)		

▲法の構成

書きトレ！　人の支配と比べたときの法の支配の特徴を，資料を見て，「政治権力」という語
句を使って簡単に書きなさい。

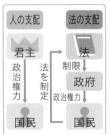
◀人の支配と法の支配

（　　　　　　　　　　　　　　　　　　）

ヒント　❶ (2)ア〜ウは，ロック，モンテスキュー，ルソーのいずれかの説明です。
　　　　　(3)ア〜ウは，フランス人権宣言，アメリカ独立宣言，ワイマール憲法のいずれかの条文です。

栄典の授与

（　）にあてはまる語句を答えよう。

ノートを活用して，くり返し書いて覚えよう。

2 日本国憲法とは

教科書 p.42〜43

◉大日本帝国憲法

・（ ① ）憲法…1889年に発布。（ ② ）に主権。人権は（ ② ）が
国民にあたえた「臣民の権利」とされ，法律で制限できた。

◉日本国憲法の制定とその基本原理

・（ ③ ）憲法…1946年11月3日に公布，1947年5月3日に施行。
国民主権，基本的人権の尊重，（ ④ ）の三つが基本原理。

> **詳しく解説！　日本国憲法**
> 連合国軍最高司令官総司令部（GHQ）の草案を基に日本政府が憲法の改正案を作り，帝国議会で審議，修正の上で可決された。

◉日本国憲法が定める政治の仕組み

・（ ③ ）憲法は人権の保障と国の政治の仕組みで構成。国の政治の仕組みについては，日本では国の権力を，国会に立法権，内閣に（ ⑤ ），裁判所に司法権をあたえる（ ⑥ ）（権力分立）を採用。→権力の集中を防止し，国民の人権を守るため。

①
②
③
④
⑤
⑥

3 国民主権と私たちの責任

教科書 p.44〜45

◉国民主権と政治参加

・**国民主権**…国の政治の最終的な決定権である主権は国民にあるという日本国憲法の基本原理。国民が選挙で代表者を選び，その代表者が国会で政治について決定する（議会制（ ⑦ ））。

◉憲法改正

・国の最高法規である憲法の改正には，慎重な手続きが必要。
→国会が**憲法改正の**（ ⑧ ）をし，**国民投票**で有効投票の過半数の賛成で成立。

◉「象徴」としての天皇

・天皇は，日本国憲法で国と国民統合の「（ ⑨ ）」。

・天皇は，憲法に規定された（ ⑩ ）のみを行う。→内閣の助言と承認が必要。

⑦
⑧
⑨
⑩

憲法審査会※ または衆議院議員100人以上の賛成（参議院議員50人以上の賛成）による改正原案

衆(参)議院　総議員の2/3以上の賛成　｜2/3未満の賛成｜→廃案

参(衆)議院　総議員の2/3以上の賛成　｜2/3未満の賛成｜→廃案

憲法改正の（⑧）

満18歳以上の国民の国民投票
有効投票の過半数の賛成　｜有効投票の半数以下の賛成｜→廃案
＝
国民の承認　→天皇が国民の名において公布

※衆参両院に設置された，憲法改正原案や憲法改正の発議，国民投票法などについて話し合う機関。

▲日本国憲法改正の手続き

> ⑩ には，内閣総理大臣・最高裁判所長官の任命，法律の公布などがあるよ。

解答▶▶ p.4

1節　人権と日本国憲法②

教科書 p.42～43

① 次の問いに答えなさい。

 a日本国憲法は，（　①　）年11月3日に公布，翌年5月3日に施行された。（　②　），基本的人権の尊重，平和主義が基本原理である。憲法は人権の保障と政治の仕組みで構成され，政治の仕組みについてはb三権分立（権力分立）が採用されている。

(1) ①・②にあてはまる数字・語句を書きなさい。

(2) 下線部aに関して正しいものを，ア～ウから選びなさい。

　　ア　国民の人権は，「臣民の権利」とされている。

　　イ　二つの議院の国会議員は，選挙で選ばれるとしている。

　　ウ　軍隊を認め，国民に兵役の義務を課している。

(3) 右の資料は，下線部bに関係しています。日本国憲法で資料のような内容が定められているのはなぜですか。次の文中の（　　　）にあてはまる内容を書きなさい。

　　・権力の集中を防止し，（　　　　　　　）ため。

(1)	①	
	②	
(2)		
(3)		

第2章

教科書42～45ページ

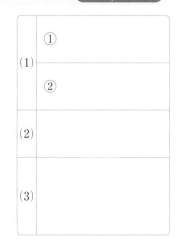

▲三権分立（権力分立）

② 次の問いに答えなさい。

教科書 p.44～45

(1) ア～ウを日本国憲法改正の手続き順に並べ替えなさい。

　　ア　国民投票で有効投票の過半数の賛成を得る。

　　イ　天皇が国民の名で改正された憲法を公布する。

　　ウ　国会が憲法改正の発議をする。

(2) 天皇は，何の助言と承認を得て国事行為を行っていますか。ア～ウから選びなさい。

　　ア　国会　　イ　内閣　　ウ　裁判所

(1)	→　　　→
(2)	

書きトレ! 日本国憲法改正の手続きに国民投票がある理由を，「最高法規」と「主権」という語句を使って簡単に書きなさい。

（　　　　　　　　　　　　　　　　　　　　　　　　　　　　　　　　）

ヒント　① (2)日本国憲法の基本原理などを基に考えましょう。
　　　　　② (2)助言と承認を行う機関は，天皇の国事行為に対して責任を負っています。

1節　人権と日本国憲法③

（　　）にあてはまる語句を答えよう。
ノートを活用して，くり返し書いて覚えよう。

4 平和主義の意義と日本の役割

◉平和主義と憲法第9条

・**平和主義**…日本国憲法第9条に規定。→（ ① ）を放棄すること，（ ② ）を持たないこと，国の（ ③ ）を認めないこと。

・（ ④ ）…日本を防衛する組織。政府は，「防衛のための必要最小限度の実力」としている。

①日本国民は，（略），国権の発動たる（ ① ）と，武力による威嚇又は武力の行使は，国際紛争を解決する手段としては，永久にこれを放棄する。

②（略），陸海空軍その他の（ ② ）は，これを保持しない。国の（ ③ ）は，これを認めない。

▲日本国憲法第9条

◉日米安全保障条約と集団的自衛権／自衛隊の国際貢献

・（ ⑤ ）**条約**…1951年に日本の防衛のために結ばれた。→アメリカ軍が日本に駐留。

・集団的自衛権…自国と密接な関係のある国が攻撃され，危険がおよぶときに行使することのできる権利。

・（ ④ ）の国際貢献…国際連合の（ ⑥ ）活動（PKO）への参加や，国内を含む災害時の派遣。

◉被爆国日本の役割

・（ ⑦ ）…「核兵器を持たず，作らず，持ちこませず」→1945年に広島と長崎への原子爆弾の投下で犠牲者が出たことなどから。

①
②
③
④
⑤
⑥
⑦

日本国内のアメリカ軍専用施設は，沖縄県に集中しているよ。

5 基本的人権と個人の尊重

◉人権を保障するとは

・**基本的人権**…平等権，自由権，社会権など。→人権の保障は「（ ⑧ ）**の尊重**」の考え方に基づき，（ ⑨ ）**の平等**にも関係。

> **詳しく解説！　法の下の平等**
> 日本国憲法第14条では，人種，信条，性別，社会的身分，門地により，政治的，経済的，社会的関係において差別されないとしている。

⑧
⑨
⑩

◉だれもが持っている人権／子どもの人権

・人権の保障は，特に弱い立場に必要。

・（ ⑩ ）**条約**…1989年に国際連合で採択。生きる権利，守られる権利，育つ権利，参加する権利といった子どもの人権の保障。

解答▶▶ p.4

① 次の問いに答えなさい。

教科書 p.46〜47

　（　①　）は，日本国憲法の基本原理の一つであり，前文のほか，第（　②　）条に定められている。この基本原理の下で日本政府が「防衛のための必要最小限度の実力」とする ₐ自衛隊 は，日本の防衛などさまざまな活動を行っている。また，日本は被爆国として ♭非核三原則 を国の方針としている。

(1)　①・②にあてはまる語句・数字を書きなさい。

(2)　右下の資料は，下線部aの何の活動に関係していますか。
　　ア〜ウから選びなさい。
　　ア　日本の防衛　　イ　国際連合の平和維持活動
　　ウ　災害時の派遣

(3)　下線部bに関する次の文中の（　　　）にあてはまる内容を
　　書きなさい。
　　・核兵器を（　　　　　）。

(1)	①
	②
(2)	
(3)	

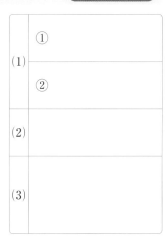
▲自衛隊の活動

② 次の問いに答えなさい。

教科書 p.48〜49

(1)　右の資料中の①・
　　②にあてはまる語
　　句を書きなさい。

(2)　子ども（児童）の
　　権利条約に含まれない権利を，ア〜ウから選びなさい。
　　ア　働く権利　　イ　生きる権利　　ウ　育つ権利

第14条① すべて国民は，（　①　）に平等であつて，（　②　），信条，性別，社会的身分又は門地により，政治的，経済的又は社会的関係において，差別されない。
▲日本国憲法第14条

(1)	①
	②
(2)	

書きトレ！ 日米安全保障条約で認めている，日本に駐留するアメリカ軍についての問題点にはどのようなことがありますか。資料からわかることを，簡単に書きなさい。

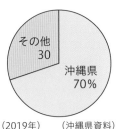

その他
30
沖縄県
70%
(2019年)　（沖縄県資料）

◀日本国内のアメリカ軍専用施設の面積に占める沖縄県の割合

ヒント　❶ (2)資料の場面から，適切な活動を判断しましょう。

❶ 次の問いに答えなさい。 32点

(1) 次の**資料Ⅰ〜資料Ⅲ**を見て，次の問いに答えなさい。

第1条 人は生まれながらに，自由で平等な権利を持つ。社会的な区別は，ただ公共の利益に関係のある場合にしか設けられてはならない。

資料Ⅰ フランスで出されたもの

第151条 経済生活の秩序は，全ての人に人間に値する生存を保障することを目指す，正義の諸原則にかなうものでなければならない。（略）

資料Ⅱ ドイツで出されたもの

第1条 議会の同意なしに，国王の権限によって法律とその効力を停止することは違法である。
第5条 国王に請願することは臣民の権利であり，（略）

資料Ⅲ イギリスで出されたもの

点UP

① 人権思想に関する**資料Ⅰ〜資料Ⅲ**の名前をそれぞれ書きなさい。

② **資料Ⅱ**が定めている基本的人権は何ですか。思

③ **資料Ⅰ〜資料Ⅲ**を，出されたのが古い順に並べ替えなさい。技

(2) 右の**資料Ⅳ・資料Ⅴ**を見て，次の問いに答えなさい。

① **資料Ⅳ**のような主張をし，**資料Ⅴ**に関係する人物と，その人物の著作の正しい組み合わせを，**ア〜エ**から選びなさい。技

ア 人物：ロック 著作：「統治二論」
イ 人物：ロック 著作：「法の精神」
ウ 人物：モンテスキュー 著作：「統治二論」
エ 人物：モンテスキュー 著作：「法の精神」

② 日本の政治と権力に関する**資料Ⅴ**中の**X〜Z**のうち**X・Y**にあてはまる語句をそれぞれ書きなさい。

国の政治権力を三つに分け，それぞれを別の機関が持つことにより，権力の集中を防がなければならない。

資料Ⅳ ある人物の主張

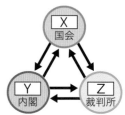

資料Ⅴ 日本の権力のあり方

❷ 次の問いに答えなさい。 12点

(1) 人権に関する右の**資料Ⅰ**中の（ ）にあてはまる，人間一人一人を尊重し，かけがえのないものとしてあつかう考え方を何の尊重といいますか。思

(2) 人権に関して，子ども（児童）の権利条約に定められた**資料Ⅱ・資料Ⅲ**と関係が深い人権を，**ア〜エ**からそれぞれ選びなさい。思

資料Ⅰ 人権の構成

・子どもは，教育を受けたり，休んだり，遊んだりすることができる。
・考えることや信じることの自由が保障され，自分らしく成長することができる。

資料Ⅱ

・子どもは，あらゆる種類の虐待や搾取などから保護される。
・障がいのある子どもや，少数民族の子どもは，特別に保護される。

資料Ⅲ

ア 守られる権利　イ 生きる権利　ウ 参加する権利　エ 育つ権利

成績評価の観点 技…資料活用の技能 思…社会的な思考・判断・表現

❸ 次の文を読んで，問いに答えなさい。

> 日本国憲法の基本原理は（　A　），基本的人権の尊重，ₐ平和主義であり，それ以前の（　B　）憲法とは♭性格が異なる。また，c憲法の改正には，厳格な手続きが必要である。

(1)　A・Bにあてはまる語句を書きなさい。

(2)　下線部aについて，次の問いに答えなさい。

① 1945年8月6日に原子爆弾が投下された，右の**資料Ⅰ**の式典が行われる都市の名前を書きなさい。技 また，原子爆弾など核兵器に対して日本がかかげる三つの原則は何ですか。

資料Ⅰ　平和記念式典　　資料Ⅱ　日本国憲法第9条①

第9条① 日本国民は，（略），国権の発動たる（　P　）と，武力による威嚇又は武力の行使は，（略），永久にこれを（　Q　）する。

② 右上の**資料Ⅱ**中のP・Qにあてはまる語句をそれぞれ書きなさい。

③ 自衛隊の活動として誤っているものを，ア〜ウから選びなさい。思
ア　国内の警察活動　　イ　災害時の派遣　　ウ　国連平和維持活動

④ 右の**資料Ⅲ**のグラフが表すのは，日本の国の予算にしめる何の割合ですか。ア・イから選びなさい。技
ア　在日アメリカ軍基地の費用
イ　日本の防衛関係費

(3)　下線部bについて，次の問いに答えなさい。

① 記述 1889年に発布された憲法と日本国憲法とで天皇の位置付けはどのように変化しましたか。簡単に書きなさい。思

② 天皇が，内閣の助言と承認を得て行う行為を何といいますか。

よく出る
(4)　下線部cについて，右の**資料Ⅳ**中のX〜Zにあてはまる語句をそれぞれ書きなさい。技

資料Ⅲ グラフ（13.6, 8.2, 6.2, 6.0, 6.7, 5.9, 5.2, 5.3 ／ 1955 65 75 85 95 2005 15 18年度）（「防衛白書」平成30年版）
資料Ⅲ

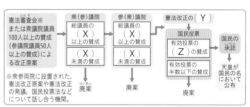

資料Ⅳ　日本国憲法改正の手続き

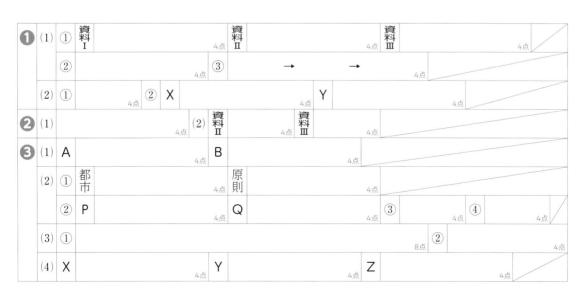

❶	(1)	①	資料Ⅰ		4点	資料Ⅱ		4点	資料Ⅲ		4点	
		②		4点	③	→	→	4点				
	(2)	①		4点	② X		4点	Y		4点		
❷	(1)			4点	(2)	資料Ⅱ	4点	資料Ⅲ		4点		
❸	(1)	A		4点	B		4点					
	(2)	①	都市	4点	原則		4点					
		②	P	4点	Q		4点	③	4点	④	4点	
	(3)	①			8点	②		4点				
	(4)	X		4点	Y		4点	Z		4点		

日本語学級で学ぶ外国人

（　　）にあてはまる語句を答えよう。

ノートを活用して，くり返し書いて覚えよう。

1 平等権①

教科書 p.50 ～ 51

◉ 平等に生きる権利／部落差別の撤廃

・（　①　）…全ての人間は平等で，平等なあつかいを受ける権利。
　→偏見に基づく差別が残っていることが課題。

・部落差別…被差別部落出身者への差別（（　②　）問題）。江戸
　時代のえた・ひにん身分は，明治時代のいわゆる「（　③　）」
　によって廃止。大正時代に全国水平社が結成。現在も差別は
　解消されず，2016年に部落差別（　④　）法が制定。

◉ アイヌ民族への差別の撤廃／在日韓国・朝鮮人への差別の撤廃

・アイヌ民族は，明治時代の政府に伝統
　的な風習などを否定された（同化政策）。
　1997年にアイヌ文化振興法が制定。
　2019年に制定された**アイヌ民族支援法**
　で法的に（　⑤　）に位置づけられた。

▲アイヌ語の地名表示板

・在日韓国・朝鮮人の中には，韓国併合による日本の（　⑥　）支配の時期に連れてこられた人々
　やその子孫が多く，歴史事情に配慮した人権保障が必要。

①
②
③
④
⑤
⑥

2 平等権②

教科書 p.52 ～ 53

◉ 男女平等／性の多様性・障がいのある人・在日外国人への理解

・**男女（　⑦　）法**…1985年に制定。雇用での女性への差別禁止。

・**男女（　⑧　）法**…1999年に制定。男性と女性が対等な立場で活
　躍する社会を目指す。

・性の多様性…性の意識のちがいから不利益を受けないように，
　自分らしく生きられるように配慮する動きが広がっている。

・（　⑨　）の実現…さまざまなちがいを認め，関わる全ての人が
　参加して支え合うこと。→**バリアフリー**化を推進。障がいの
　ある人の自立と社会参画の支援のために（　⑩　）**法**が制定。

⑦
⑧
⑨
⑩

> **詳しく解説！　バリアフリー**
> 障がいのある人や高齢者の人たちが生活する上での（精神的，物理
> 的な），壁（バリア）を取り除こうという考え方。

・増加する在日外国人に対して，教育や社会保障の面で，各国
　の言葉や文化のちがいに配慮することが必要。

駅など身近なところで
バリアフリー化が進ん
でいるよ。

1 次の問いに答えなさい。　教科書 p.50〜51

（　①　）は，全ての人間は平等であり，平等なあつかいを受ける権利のことである。差別をなくすことは，日本国憲法の基本原理の一つである（　②　）の尊重が求めるものであるが，（　③　）問題ともよばれる部落差別など，さまざまな差別が日本社会に残っている。

(1)	①
	②
	③
(2)	

(1) ①〜③にあてはまる語句を書きなさい。

(2) 下線部に関して正しいものを，ア〜ウから選びなさい。

　　ア　アイヌ民族の伝統は，長年尊重されてきた。

　　イ　部落差別を受けた人々は，平成（へいせい）時代に全国水平社を結成した。

　　ウ　在日韓国・朝鮮人には，日本の植民地支配（しょくみんち）の時期に連行された人々やその子孫がいる。

2 次の問いに答えなさい。　教科書 p.52〜53

(1) 資料中の（　　）にあてはまる語句を書きなさい。

(2) 男女共同参画社会基本法は，どのような社会を目指して定められた法律ですか。次の文中の（　　）にあてはまる内容を書きなさい。

　　・男女（　　　）法（1985年制定）
　　　第1条　雇用の分野における男女の均等な機会及び（およ）待遇の確保を図る（はか）（略）
　　・男女共同参画社会基本法(1999年制定)
　　　前文　社会のあらゆる分野において…施策（しさく）の推進を図っていく…（略）

　　・男性と女性が（　　　）社会の実現。

(1)	
(2)	
(3)	

(3) 障がいのある人などが生活を送る上での，壁を取り除こうという考えを何といいますか。

書きトレ！各年代の男性と女性の賃金を比べたとき，どのような傾向（けいこう）がありますか。資料からわかることを，簡単に書きなさい。

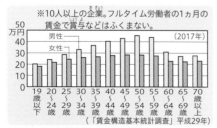

※10人以上の企業（きぎょう）。フルタイム労働者の1ヵ月の賃金で賞与（しょうよ）などはふくまない。
（2017年）
男性
女性
50
40
30
20
10
0
19歳以下／20〜24歳／25〜29歳／30〜34歳／35〜39歳／40〜44歳／45〜49歳／50〜54歳／55〜59歳／60〜64歳／65〜69歳／70歳以上
（「賃金構造基本統計調査」平成29年）
▲男女の年齢別賃金

ヒント　2 (3)障がいのある人や高齢者の人たちがどのような問題に直面しているか考えましょう。

第2章　個人の尊重と日本国憲法
2節　人権と共生社会②

（　　）にあてはまる語句を答えよう。

ノートを活用して，くり返し書いて覚えよう。

3　自由権

教科書 p.54〜55

◎憲法が保障する自由とは

・（　①　）…自由に考え，行動することを保障する権利。→**精神の自由，身体の自由**，（　②　）**の自由**に分けられる。

◎**精神の自由／身体の自由／経済活動の自由**

・精神の自由…思想・良心の自由（物事を判断する自由），（　③　）の自由（宗教を信仰するかしないか，どの宗教を信仰するかを決定する自由），集会・結社・（　④　）の自由（団体の結成や意見の発表などの自由），学問の自由（研究や発表の自由）。

・身体の自由…正当な理由なく拘束したり，刑罰を受けさせたりすることの禁止。→裁判官による（　⑤　）のない逮捕・捜索の禁止。強要された自白は証拠にならず，拷問なども禁止。

・（　②　）の自由…住む場所を選ぶことのできる居住・移転の自由や，仕事を選んで働くことのできる（　⑥　）選択の自由，土地やお金などを持つことのできる財産権の保障。→法律による制限を受けやすい。

①
②
③
④
⑤
⑥

4　社会権

教科書 p.56〜57

◎**人間らしい生活を営む権利**

・（　⑦　）…人間らしい生活を保障する権利。→（　⑧　），教育を受ける権利，勤労の権利，労働基本権に分けられる。

◎**生存権／教育を受ける権利／勤労の権利と労働基本権**

・（　⑧　）…日本国憲法第25条①で「健康で文化的な最低限度の生活を営む権利」と規定。→病気などで最低限度の生活を営めない人には**生活保護法**により生活費が支給される。

・**教育を受ける権利**…子どもが学習する権利で，義務教育は無償となっている。教育の基本的な方針は，（　⑨　）**法**で規定されている。

・**勤労の権利**と**労働基本権**…労働者のための権利。このうち労働基本権は（　⑩　），**団体交渉権，団体行動権**の三つ。

⑦
⑧
⑨
⑩

> 労働者を守るため，近年，働き方改革が進められているよ。

詳しく解説！　**労働基本権**
団結権は労働組合を結成する権利，団体交渉権は労働組合が使用者と交渉する権利，団体行動権はストライキなどを行う権利である。

解答▶▶ p.6

❶ 次の問いに答えなさい。　教科書 p.54〜55

(1) 次の①〜④は，それぞれ自由権のうち精神の自由，身体の自由，経済活動の自由のどれと関係が深いですか。

① 子どものころからあこがれていた教師になる。

② 大学で，興味のある生物学の研究を行う。

③ 裁判官が出す令状なしに逮捕されない。

④ 大学の授業料の値上げに反対する集会に参加する。

(2) 自由権である精神の自由，身体の自由，経済活動の自由のうち，残りの二つと比べて法律による制限を受けやすくなっているのはどれですか。

(1)	①
	②
	③
	④
(2)	

❷ 次の問いに答えなさい。　教科書 p.56〜57

　a社会権は，「健康で（　①　）な最低限度の生活を営む権利」である生存権，教育を受ける権利，仕事に就いて働く（　②　）の権利，b労働基本権などに分けられる。

(1) ①・②にあてはまる語句を書きなさい。

(2) 下線部aに関する右の資料についての次の文中の（　　）にあてはまる言葉を書きなさい。

・子どもの（　　　　）ため，病院内に設置された院内学級である。

▲院内学級

(3) 下線部bのうち，ストライキなどを行う権利を何といいますか。

(1)	①
	②
(2)	
(3)	

書きトレ！ 資料は，日本国憲法で保障されている自由権をもとに考えた場合にどのような問題点がありますか。簡単に書きなさい。

家永教科書訴訟…大学教授の家永三郎氏が，国，文部大臣（当時）と争った裁判。家永氏は，文部省による教科書検定で，自署の歴史教科書に，大量の改善・修正意見を付けられるなどの処分を科され，こうした処分が検閲の禁止を規定する憲法に違反すると訴えた。長きにわたる裁判の結果，検定自体は憲法に反するものではないが，改善・修正意見の中に，文部省の裁量を逸脱した違法にあたるものがあると認められた。

ヒント ❶ (2)この権利による活動を行った結果，人々の間に貧富の差が広がりすぎることを防ぐため，この権利は法律の制限を受けやすくなっています。

2節　人権と共生社会③

海外の日本大使館に設置された投票所

(　)にあてはまる語句を答えよう。

ノートを活用して，くり返し書いて覚えよう。

5　人権を確実に保障するための権利

教科書 p.58～59

◉ 参政権

・(①)…国民が政治に参加する権利。→国会議員や地方議会
議員，都道府県知事や市町村長などを選挙する権利である
(②)，立候補する権利である**被選挙権**，最高裁判所裁判官
の国民審査権，国や地方の役所に要望する権利である(③)
などに分けられる。

①
②
③
④
⑤
⑥

> 詳しく解説！　**外国人参政権**
>
> 選挙権は日本国民にのみ認められているものの，一定の条件を満た
> す外国人にも地方の選挙権が認められるべきという意見がある。

◉ 裁判を受ける権利／その他の請求権

・(④)…人権を侵害されたとき，国に要求できる権利。→
(⑤)（このために無料の法律相談や弁護士費用の立て替え
の仕組みが整備）や，(⑥)，刑事補償請求権に分けられる。

6　「公共の福祉」と国民の義務

教科書 p.60～61

◉ 「公共の福祉」とは

・「(⑦)」…社会全体の利益
のこと。→人権には，他人の
人権を侵害しないなどの制
限・限界がある。

◉ 人権の制限が許される場合

この憲法が国民に保障する自由
及び権利は，国民の不断の努力
によつて，これを保持しなけれ
ばならない。又，国民は，これ
を濫用してはならないのであつ
て，常に(⑦)のためにこれを
利用する責任を負ふ。

▲日本国憲法第12条

⑦
⑧
⑨
⑩

・人権の制限には，慎重な判断
が必要で，人権の種類により制限の程度が異なる。

→経済活動の自由は，行きすぎると貧富の差が拡大する問題
があるため，「(⑦)」による制限が広く認められている。

→(⑧)の自由は，「(⑦)」による制限は限られる。

◉ 国民の義務

・子どもに(⑨)を受けさせる義務…子どもの教育を受ける権利を保障。

・**勤労の義務**…義務であるとともに権利。

・(⑩)の義務…法律により税金の種類や対象者を規定。

労働基本権に関しては，
公務員のストライキは
禁止されているよ。

解答▶▶ p.7

1 次の問いに答えなさい。

教科書 p.58 ～ 59

人権を確実に保障するための権利には、_a選挙権、立候補する権利である（　①　）や（　②　）裁判所裁判官の国民審査などの参政権、裁判を受ける権利などの_b請求権がある。

(1)　①・②にあてはまる語句を書きなさい。

(2)　下線部aに関して、現在、満何歳以上の日本国民に選挙権が認められていますか。

(3)　下線部bに関する次の文について、正しい場合は○を、間違っている場合は×を付けなさい。
　　・人権を侵害されても、国に対しては賠償を請求することができない。

(1)	①	
	②	
(2)	満　　　　　歳以上	
(3)		

2 次の問いに答えなさい。

教科書 p.60 ～ 61

(1)　公共の福祉に関する次の文中の（　　　）にあてはまる内容を書きなさい。
　　・日本国憲法第12条に定められた「公共の福祉」とは、（　　　　　）を意味する。

▲不備な建築の禁止

(2)　右上の資料は、「公共の福祉」による何の制限と関係が深いものですか。ア～ウから選びなさい。
　　ア　職業選択の自由　　イ　財産権の保障　　ウ　集会・結社の自由

(3)　日本国憲法に定められた国民の義務にあてはまらないものを、ア～エから選びなさい。
　　ア　子どもに普通教育を受けさせること　　イ　納税　　ウ　勤労　　エ　兵役

(1)	
(2)	
(3)	

書きトレ！ 表のように、日本国憲法で国民の義務の規定が国民の権利の規定よりも少ない理由を、「憲法」と「人権」という語句を使って簡単に書きなさい。

国民の権利	自由権、平等権、社会権、参政権、請求権など多数
国民の義務	三つある

▲日本国憲法に定められた国民の権利と国民の義務

ヒント　❶ (3)請求権は、裁判を受ける権利や国家賠償請求権などに分けられます。
　　　　❷ (3)ア～エのうち一つは、大日本帝国憲法における臣民の義務です。

解答▶▶ p.7

3節　これからの人権保障

臓器提供意思表示カード

臓器提供意思表示カード
（厚生労働省・公社）日本臓器移植ネットワーク

ドナー情報利用全国共通連絡先　**0120-22-0149**
臓器移植に関するお問い合わせ先：（公社）日本臓器移植ネットワーク
フリーダイヤル 0120-78-1069 https://www.jotnw.or.jp

（　）にあてはまる語句を答えよう。

ノートを活用して，くり返し書いて覚えよう。

1 新しい人権①／2 新しい人権②

教科書 p.62～65

◉ 社会の変化と「新しい人権」／環境権

・「新しい人権」…日本国憲法に直接の規定はないが，社会の
変化の中で主張されるようになった権利（憲法第13条が根拠）。

・（　①　）…住みよい環境を求める権利。日照権など。→国は環
境基本法を定めたり，**環境**（　②　）を義務化したりした。

◉ 科学技術の発展と人権／自己決定権

・科学技術の発展により，生命と人権の間で課題が発生。

・（　③　）…個人が自分の生き方などについて決定する権利。→
治療方法を決定するために患者が十分な説明を受け，同意す
る**インフォームド・**（　④　）や，臓器提供への意思表示など。

◉ 知る権利／プライバシーの権利／イン
ターネットと人権

・「（　⑤　）」…役所が持つ情報を入手する
権利。→（　⑥　）**制度**により情報を開示。
マスメディアも国民の「（　⑤　）」に貢献。

国の行政機関の長に開示請求
↓ 通知
開示　　　　不開示
↓　　　　　↓
情報公開・個人情報
保護審査会が審査 → 国の省庁に
　　　　　　　　　　不服申し立て
情報を　　　不開示
閲覧・コピー　↓
できる　　　裁判所に訴える
↓　　　　　　↓
開示　　　　不開示

▲（　⑥　）制度

・「（　⑦　）」…個人の私生活などに関する
ことがらを公開されない権利。肖像権などをふくむ。→国や
地方，民間に個人情報の厳重な管理を義務付ける（　⑧　）**制度**。

・インターネットは「（　⑤　）」に貢献する一方，「（　⑦　）」や，
知的財産権の侵害などの問題も起こっている。

①
②
③
④
⑤
⑥
⑦
⑧

環境アセスメントは，大規模な開発前に環境への影響を調査する制度だよ。

3 グローバル社会と人権

教科書 p.66～67

◉ 発展途上国の社会的弱者／人権保障の国際的な広がり／グ
ローバル社会における人権保障

・貧困や偏見などにより子どもや女性の人権の保護が不十分。

・国際連合が1948年に**世界人権宣言**，1966年に（　⑨　），1979年
に女性差別撤廃条約を採択。人権の保障のために（　⑩　）（非
政府組織）も国境をこえて活動。

⑨
⑩

> **詳しく解説！　世界人権宣言**
>
> 国際的な人権の規範として1948年に国際連合で採択。これを具体的
> に規定し，拘束力を持つのが1966年に採択された国際人権規約。

解答▶▶ p.8

① 次の問いに答えなさい。

教科書 p.62 〜 65

> ₐ「新しい人権」には，環境権や知る権利，プライバシーの権利，ₐ自己決定権などがある。このうち知る権利では，（ ① ）制度により役所が持つ情報の開示を求めることができ，新聞などの（ ② ）も知る権利を支えている。

(1) ①・②にあてはまる語句を書きなさい。

(2) 下線部 a に関する次の文中の（　　　）にあてはまる内容を，「直接的」という語句を使って書きなさい。

・「新しい人権」は，（　　　　　）ものの，社会の変化の中で主張されるようになった権利である。

(3) 下線部 b の説明として正しいものを，ア〜エから選びなさい。

ア　この権利は，住みよい環境を求めるためのものである。

イ　この権利は，個人情報保護制度と関係が深い。

ウ　この権利は，インフォームド・コンセントや臓器提供意思表示カードと関係が深い。

エ　インターネット上では，この権利と関係の深い知的財産権が侵害されることがある。

(1)	①
	②
(2)	
(3)	

② 次の問いに答えなさい。

教科書 p.66 〜 67

(1) 国際連合で1948年に採択された，右の資料の宣言の名前を書きなさい。

> 第1条　すべての人間は，生れながらにして自由であり，かつ，尊厳と権利とについて平等である。人間は，理性と良心とを授けられており…（略）

▲国際連合で1948年に採択された宣言

(2) 人権の保障のために国境をこえて活動を行っている非政府組織の略称をアルファベットで書きなさい。

| (1) | |
| (2) | |

書きトレ! 資料のマンションが，左にいくほど高さが低くなっている理由を，「配慮」という語句を使って簡単に書きなさい。

◀新しい人権にふくまれる権利に関係するマンション

ヒント　① (3) ア〜エのうち自己決定権に関係のない選択肢は，環境権や知る権利などに関係しています。

時間 30分 ／合格 70点
／100点

① **次の文を読んで，問いに答えなさい。** 28点

> 平等権は，人間は全員が平等で，平等なあつかいを受けるといった権利であり，男性と a女性の平等の実現や，b障がいのある人への理解などのためにはさまざまな努力が必要である。また，自由権は，c（　　　　　）の自由，d精神の自由，身体の自由に分けられる。

(1) 下線部aに関する次の①・②について，右のグラフを見て，正しいものには○を，間違っているものには×を付けましょう。技

  ① スウェーデンと比べ，2017年の日本の30〜34歳の女性の働く割合は下がっている。

  ② 1975年と2017年を比べると，日本の20歳以上の女性の働く割合はほぼ同じである。

(2017年)　（総務省資料ほか）
▲女性の年齢別の働いている割合

(2) 下線部bと関係が深い語句を，ア〜ウから選びなさい。技

  ア セクシュアル・ハラスメント　イ テレワーク　ウ インクルージョン

(3) （　　　　　）にあてはまる語句を書きなさい。

(4) 次の①〜③について，下線部dの内容にあてはまるものには○を，あてはまらないものには×を付けましょう。思

  ① 警察で自白を強要されない。　② 自分が希望する看護師の職に就く。

  ③ キリスト教を信仰する。

② **次の問いに答えなさい。** 36点

(1) 右の資料中のA・Bにあてはまる語句を書きなさい。また，この資料で定められた社会権の種類を何といいますか。

第25条① すべて国民は，（ A ）で文化的な（ B ）限度の生活を営む権利を有する。

▲日本国憲法第25条①

資料Ⅰ　　　　　資料Ⅱ

(2) 社会権にふくまれる，教育を受ける権利を保障するため，その基本方針を示した法律を何といいますか。

(3) 右の**資料Ⅰ・資料Ⅱ**は，社会権にふくまれる労働基本権のうちどの権利に関係が深いですか。ア〜ウからそれぞれ選びなさい。技

  ア 団結権　イ 団体交渉権　ウ 団体行動権

(4) 参政権にふくまれる選挙権をあたえられるのは，満何歳以上の国民ですか。

(5) 選挙権と同じ参政権にふくまれる権利を，ア〜エから2つ選びなさい。思

  ア 憲法改正の国民投票　イ 裁判を受ける権利
  ウ 国家賠償請求権　　　エ 請願権

③ 次の文を読んで，問いに答えなさい。

> 　日本国憲法ではさまざまな人権が定められているが，自分の人権と他人の人権が対立する場合，人権が_a「公共の福祉」によって_b制限されることがある。また，_c3つの国民の義務が定められている。なお，人権については，日本国憲法に直接規定のない_d「新しい人権」を認めようという流れや，_e国際的に人権保障を広げようという動きがある。

(1) 記述 下線部 a について，「公共の福祉」は何を意味しますか。「利益」という語句を使って簡単に書きなさい。思

(2) 下線部 b について，右の表は，「公共の福祉」による人権の制限の例を示したものです。表中の A〜D にあてはまる語句を，_____ からそれぞれ選びなさい。

（ A ）の自由	・名誉を傷つけることの禁止
（ B ）の自由	・デモの禁止
（ C ）の自由	・医師などの資格のない者の営業禁止
（ D ）の保障	・不備のある建築の禁止

> 集会・結社　　居住・移転　　財産権　　表現　　職業選択

(3) 下線部 c について，右の**資料Ⅰ**は，国民のどの義務に関係が深いものですか。
ア〜ウから選びなさい。技
ア　普通教育を受けさせる義務
イ　勤労の義務　　ウ　納税の義務

資料Ⅰ　　　　　資料Ⅱ

臓器提供意思表示カード

(4) 右上の**資料Ⅱ**のカードは，下線部 d のうちどの権利と関係の深いものですか。技

(5) 下線部 e のために世界の国々は，世界人権宣言や国際人権規約などの人権保障を広げる宣言や規約，条約を，主にどの機関で話し合い，採択しましたか。思

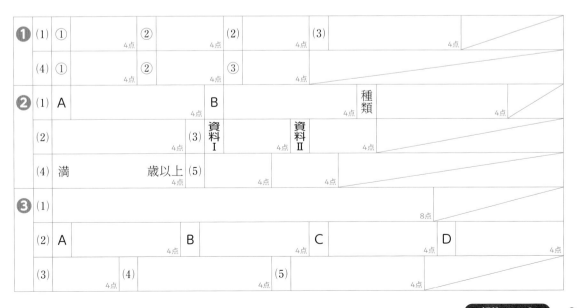

1節　現代の民主政治①

（　　）にあてはまる語句を答えよう。
ノートを活用して，くり返し書いて覚えよう。

1 政治と民主主義

教科書 p.78～79

◉ **政治とは**

・（　①　）…社会の中で生まれる意見の対立を，公共の課題としてとらえ，調整，解消させること。一般には国や地方公共団体で行われる。

◉ **民主主義とは**

・（　②　）…国民主権の下で国民または国民が選んだ代表者が話し合って（　①　）を行うこと。

> **詳しく解説！** **リンカン**
> 19世紀のアメリカ合衆国大統領。民主主義の本質を表す「人民の，人民による，人民のための政治」という言葉を残した。

◉ **多数決と少数意見の尊重**

・（　②　）の種類…人々が直接話し合う**直接民主制**と，人々が代表者を選び，代表者が議会で話し合う（　③　）（**議会制民主主義**ともいう）がある。→多くの国では（　③　）が採られ，最後は多数の意見を採用する（　④　）**の原理**を用いる。このとき，（　⑤　）の尊重が必要。

①
②
③
④
⑤

2 選挙の意義と仕組み

教科書 p.80～81

◉ **政治参加としての選挙／選挙の基本原則**

・**選挙**…**政治参加**の方法の一つ。国会議員，地方公共団体の首長・議員を選ぶ。→方法は（　⑥　）法に規定。

・選挙の基本原則は，一定の年齢以上（現在は満18歳以上）の国民に選挙権をあたえる（　⑦　），一人一票の**平等選挙**，代表者を直接選ぶ**直接選挙**，無記名で投票する（　⑧　）の四つ。

◉ **日本の選挙制度**

・選挙制度…一つの選挙区から一人の代表者を選ぶ（　⑨　）（落選した候補者などへの「死票」が多い），二人以上の代表者を選ぶ**大選挙区制**，政党の得票数により議席を決める（　⑩　）がある。→衆議院議員の選挙は**小選挙区比例代表並立制**，参議院議員の選挙は都道府県単位の選挙区制と（　⑩　）とで行われる。

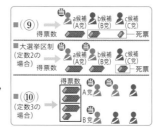

▲各選挙制度

⑥
⑦
⑧
⑨
⑩

「死票」は，大選挙区制と比例代表制では，少なくなるよ。

解答▶▶ p.9

1 次の問いに答えなさい。

教科書 p.78〜79

(1) 右の資料は，民主主義の本質を表す「人民の，人民による，人民のための政治」という言葉を残した19世紀のアメリカ合衆国の大統領です。この大統領の名前を書きなさい。

▲アメリカ合衆国の大統領

(2) 次の①・②は，直接民主制と間接民主制のどちらと関係が深いですか。

① 代表者が話し合って，決める。

② 一度に集まる人数が多くなりすぎると実施しにくい。

(1)	
(2)	①
	②

2 次の問いに答えなさい。

教科書 p.80〜81

　日本の選挙は，一人一票の（ ① ）や a秘密選挙など四つを基本原則としている。また，選挙制度には b小選挙区制や比例代表制などがあり，日本の（ ② ）議員の選挙には小選挙区比例代表並立制が導入されている。

(1) ①・②にあてはまる語句を書きなさい。

(2) 下線部 a は，どのような原則ですか。簡単に書きなさい。

(3) 下線部 b の説明として正しいものを，ア〜エから選びなさい。

ア 一つの選挙区から二人以上の代表者を選ぶ。

イ 政党の得票数に応じて議席が決まる。

ウ 議会が多くの政党に分かれやすい。

エ 落選した候補者などへの「死票」が多くなる。

(1)	①
	②
(2)	
(3)	

教科書78〜81ページ

第3章

書きトレ！ 資料からわかる，1928年から1946年にかけて有権者数が大きく増加した理由を，年齢条件以外で，「選挙権」という語句を使って簡単に書きなさい。

	1.1%	2.2	5.5	20.0	48.7	83.6
法公布年	1889	1900	1919	1925	1945	2015
実施年	1890	1902	1920	1928	1946	2016
年齢（以上）	男25	男25	男25	男25	男女20	男女18
直接国税(円)	15	10	3	0	0	0

（総務省資料）

◀有権者数及び全人口にしめる有権者の割合の推移

ヒント　2 (3)小選挙区制は，一つの選挙区で一人の代表を選びます。このことから考えましょう。

解答▶▶ p.9

1節　現代の民主政治②

（　　）にあてはまる語句を答えよう。

ノートを活用して，くり返し書いて覚えよう。

3 政党の役割

教科書 p.82 ～ 83

◉ 政党の働き

・（ ① ）…政治で実現したい政策について，同じ考えを持つ人々の集団。（ ① ）の役割には，国民の意見を集約して国・地方公共団体の政治に反映させること，政策などについて国民に知らせること，政治における人材を社会の中から探して育てることなどがある。

◉ 政党政治

・（ ② ）…複数の（ ① ）が議会の議席を争って行う政治。二つの（ ① ）が議席の大部分をしめる（ ③ ）制や，主な（ ① ）が三つ以上ある（ ④ ）制などが見られる。

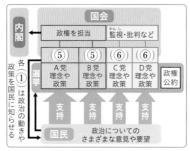

▲ （ ① ）と国民の関係

・（ ⑤ ）と（ ⑥ ）…（ ⑤ ）は議会で多くの議席を得て内閣を組織し，政権を担当する（ ① ），（ ⑥ ）はそれ以外の（ ① ）。

・（ ⑦ ）…複数の（ ① ）で組織された政権（内閣）。一つの（ ① ）で議席の過半数に達しないときなどに組織される。

詳しく解説！ 政党交付金

企業などが政治家に対して献金することが制限されている日本では，得票数や議席数に応じ，国から政党交付金が支給されている。

◉ 日本の政党政治

・第二次世界大戦後の1955年以降，長い間，（ ⑧ ）が政権を担当。1990年代以降，（ ⑦ ）となることが増加。

・2009年に（ ⑨ ）を中心とする（ ⑦ ）が成立して政権交代が起こるものの，2012年に再び（ ⑧ ）を中心とする（ ⑦ ）が成立して政権交代が起こる。

・（ ⑩ ）…衆議院議員総選挙など選挙のとき，（ ① ）の理念や，政権を担当したら実施する政策などを発表したもの。→人々が選挙のときにどの（ ① ）や候補者に投票するかの参考にしている。

①

②

③

④

⑤

⑥

⑦

⑧

⑨

⑩

日本の議会（国会）は，主な政党が複数ある（ ④ ）制になっているよ。

解答 ▶▶ p.9

① 次の問いに答えなさい。

教科書 p.82～83

　日本の議会（国会）では政党政治が行われている。政党政治では，各 _a_ 政党が議席を争い，選挙のときには（　①　）を発表し，_b_ 政権を得ようとする。日本では，政権（内閣）が複数の政党で組織された（　②　）となっていることが多く，_c_ さまざまな政党が政権（内閣）に参加している。

(1)　①・②にあてはまる語句を書きなさい。

(2)　下線部 **a** の説明として正しいものを，**ア〜ウ** から選びなさい。

　　ア　国の政党は，政策などに関係なく，同じ都道府県出身者の集団である。

　　イ　政党には，政治における人材を社会の中に見つけ，育てる役割がある。

　　ウ　政党と国民との交流は，ほとんどない。

(3)　得票数や議席数に応じ，国から政党に支給されているお金を何といいますか。

(4)　下線部 **b** に関して，政権を担当していない野党の役割を，「政権」という語句を使って簡単に書きなさい。

(5)　下線部 **c** に関して，右の資料を見て，次の **X・Y** について，正しいものには○を，間違っているものには×を付けましょう。

　　X　1990年代では，連立政権よりも単独政権の時期が長い。

　　Y　2000年代に民主党が政権に参加した時期がある。

(1)	①	
	②	
(2)		
(3)		
(4)		
(5)	X	Y

▲主な与党の推移

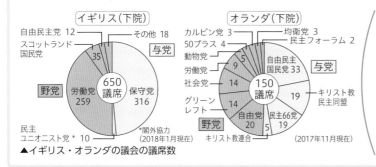

書きトレ!　資料を見て，オランダ（下院）と比べたときのイギリス（下院）の主な政党の数の特徴（とくちょう）を，簡単に書きなさい。

▲イギリス・オランダの議会の議席数

インターネットを使った党首討論会

（　　）にあてはまる語句を答えよう。

ノートを活用して，くり返し書いて覚えよう。

4 マスメディアと世論

教科書 p.84～85

◉ 世論（せろん・よろん）とマスメディア

・（ ① ）…社会の問題について，多くの人々に共有されている
意見。→政府や政党に影響（えいきょう）をあたえることがある。

・（ ② ）…新聞など情報を伝えるもの。→政府や政党の活動や
それに対する意見を知るためにも報道（（ ③ ））の自由が大切。

◉ メディアリテラシー／公正な世論を形成するために

・（ ② ）には（ ① ）を形成する力がある。一方，（ ② ）の情報
には各社の意見が反映され，（ ④ ）などの情報には誤った情
報があることから，私たちも（ ⑤ ）が必要。

・政党・政治家が（ ② ）や（ ④ ）を工夫して利用。→私たちは
異なる意見も参考にした上で（ ⑥ ）に判断する必要。

> **詳しく解説！　インターネットでの選挙運動**
> 日本では，2013年に選挙運動でのインターネットなどの利用が可能
> になった。しかし，満18歳未満（さい）の選挙運動は法律で禁止されている。

①
②
③
④
⑤
⑥

5 選挙の課題と私たちの政治参加

教科書 p.86～87

◉ 棄権の増加／一票の格差／私たちの政治参加

・近年，選挙での棄権（きけん）が増加。→投票率を上げるため，投票日
前に投票できる（ ⑦ ）などの制度が整備されている。

・（ ⑧ ）…選挙区ごとに議員一人あたりの有権者数が異なると
いう選挙の課題。最高裁判所が日本国憲法の「（ ⑨ ）の平等」
などに反すると判決を下し，議員定数が改められることがある。

・政治参加…選挙で
の投票，議員など
への立候補（被選
挙権（ひ）），得るもの
が同じ人々が集
まった（ ⑩ ）（圧
力団体）への参加
など。

		選挙権	被選挙権
国	衆議院議員	18歳以上（さい）	25歳以上
	参議院議員	18歳以上	30歳以上
地方			
	市（区）町村長	18歳以上	25歳以上
	市（区）町村議会議員	18歳以上	25歳以上
	都道府県知事	18歳以上	30歳以上
	都道府県議会議員	18歳以上	25歳以上

▲選挙権と被選挙権の年齢（ねんれい）

⑦
⑧
⑨
⑩

（ ⑩ ）（圧力団体）には，
経営者団体や労働組合
などがあるよ。

40

1 次の問いに答えなさい。

教科書 p.84〜85

(1) 世論に関する次の文中の（　　　）にあてはまる内容を,「共有」と「意見」という語句を使って書きなさい。

・世論は, 社会の問題について,（　　　　　　）のことである。

(2) 選挙の情報源に関する右の資料についての次のX・Yについて, 正しいものには○を, 間違っているものには×を付けましょう。

候補者の政見放送・経歴放送(テレビ) 18.9
党首討論会 17.4
政党の政見放送(テレビ) 17.0
選挙公報 15.5
候補者の新聞広告 12.4
政党の新聞広告 9.8
掲示場の候補者のポスター 9.3
政党の政権公約などが記載されたパンフレット 7.0

(2017年総選挙)(明るい選挙推進協会資料)
▲選挙に役立った情報源

X 選挙公報と回答した人は, 政党の新聞広告と回答した人の2倍である。

Y 回答した人の割合が10%以上なのは, 八つの項目のうち五つである。

(1)	
(2)	X
	Y

2 次の問いに答えなさい。

教科書 p.86〜87

　日本では近年, 有権者が選挙に行かない（ ① ）が多くなったため, 投票日前に投票できる（ ② ）などの制度が導入されている。しかし, 選挙で投票することは, a議員などに立候補することなどとともに, 重要なb政治参加である。

(1) ①・②にあてはまる語句を書きなさい。

(2) 下線部aに関して, 被選挙権の年齢が30歳以上のものとしてあてはまるものを, ア〜ウから選びなさい。

ア 衆議院議員　　イ 都道府県知事　　ウ 市区町村長

(3) 下線部bの例としてあてはまらないものを, ア〜ウから選びなさい。

ア 合唱団への参加　　イ 住民運動への参加　　ウ 利益団体（圧力団体）への参加

(1)	①
	②
(2)	
(3)	

書きトレ! 宮城5区などと比べたとき, 東京1区などの一票の価値はどうなっていますか。資料からわかることを, 簡単に書きなさい。

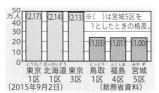

◀東京1区などと宮城5区などとの間の一票の格差

ヒント ② (2)ア〜ウのうち被選挙権の年齢が30歳以上のものは一つで, 残る二つは25歳以上です。

時間
30分
　　/100点

合格
70点

❶ 次の問いに答えなさい。

12点

(1) 右の資料は，直接民主制と間接民主制のどちらと関係が深いですか。技

(2) 間接民主制は，（　　　）制民主主義とよばれることがあります。
（　　　）にあてはまる語句を書きなさい。

▲スイスの一部の州

(3) 19世紀にアメリカのリンカン大統領は，「人民の，人民による，人民
（　　　）政治」という言葉を残しました。（　　　）にあてはまる語句を書きなさい。

❷ 次の文を読んで，問いに答えなさい。

52点

> 選挙は a政治参加の手段の一つで，国会議員などの b選挙が行われており，c選挙権と
> d被選挙権は基本的人権である参政権にふくまれている。日本では一人一票の（　A　）選挙，
> 無記名で投票する（　B　）選挙などが選挙の原則となっている。しかし近年，棄権が増加して
> e投票率が低下傾向にあることなどが問題になっている。このため，国は投票日前に投票で
> きる（　C　）投票制度を整備するなど，投票率を上げるための政策を行っている。

(1) A〜Cにあてはまる語句を書きなさい。

(2) 下線部aについて，経営者団体などのように，自分たちの目的などを実現するため，政党
などに働きかける団体を何といいますか。

(3) 下線部bについて，次の問いに答えなさい。

① 記述 小選挙区制度の問題点を，「死票」という語句を使って簡単に書きなさい。思

② 次のP・Qは，衆議院と参議院のどちらの選挙制度と関係が深いですか。思

P　小選挙区制の導入。

Q　全国を一つの単位とした比例代表制の導入。

点UP

(4) 下線部cについて，右
の**資料Ⅰ**を見て，正し
いものには○を，間
違っているものには×
を付けましょう。技

① 1890年に実施の選
挙では，女性は投票
できなかった。

② 1946年に実施の選挙では,満20歳以上の国民が投票できた。

	被選挙権
衆議院議員	（　X　）歳以上
参議院議員	（　Y　）歳以上
市（区）町村長	（　X　）歳以上
市（区）町村議会議員	（　X　）歳以上
都道府県知事	（　Y　）歳以上
都道府県議会議員	（　X　）歳以上

▲被選挙権の年齢

資料Ⅰ　有権者数などの推移

資料Ⅱ　年齢別投票率

(5) 下線部dについて，上の表中のX・Yにあてはまる数字をそ
れぞれ書きなさい。技

(6) 記述 下線部eについて，右上の**資料Ⅱ**からわかる，20歳代から60歳代までの投票率に見ら
れる傾向を簡単に書きなさい。思

　　成績評価の観点　技…資料活用の技能　思…社会的な思考・判断・表現

❸ 次の問いに答えなさい。 36点

(1) 右の資料について，次の問いに答えなさい。

① 資料中のＡにあてはまる，政権を担当する政党を表す語句と，Ｂにあてはまる，政権を担当しない政党を表す語句をそれぞれ書きなさい。 技

② 資料中のＡのように複数の政党で組織された政権を何といいますか。

③ 資料から，日本は二党制・多党制のどちらですか。 技

④ 資料中の政党が，選挙のとき，政党の理念や，政権担当時に実施する政策などを発表したものを何といいますか。

⑤ 資料中の政党の多くが，選挙での得票数や議席数に応じて国から支給されているお金を何といいますか。

日本維新の会・無所属の会 11
日本共産党 12
希望の党 2
無所属 8
立憲民主・国民・社保・無所属フォーラム 119
465議席
Ｂ
公明党 29
自由民主党・無所属の会 284
Ａ
（2020年6月現在）
資料　衆議院の政党別議席数

(2) マスメディアについて，次の問いに答えなさい。

① マスメディアを通じて政府や政党に影響をあたえることがある，多くの人々に共有されている意見を何といいますか。

② マスメディアのうち，新聞，インターネットの説明として正しいものを，ア〜エからそれぞれ選びなさい。 思

ア 文字で情報を伝え，会社により情報の伝え方や論じ方が異なることが多い。

イ 主に映像や音声で情報を伝え，日本では第二次世界大戦後からニュース番組などを放送している。

ウ 音声で情報を伝え，日本では大正時代からニュース番組などを放送している。

エ 情報があふれていて誤った情報が多いため，メディアリテラシーが必要である。

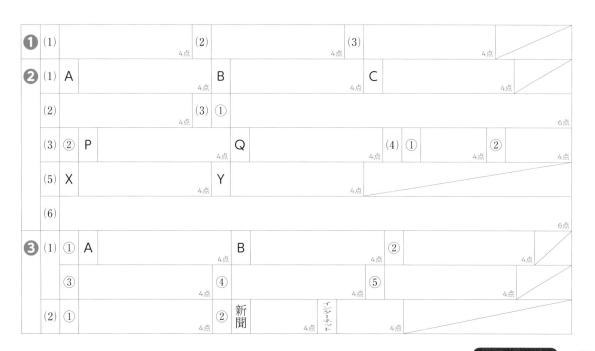

❶	(1)			(2)			(3)			
			4点			4点			4点	

❷	(1)	A			B			C			
				4点			4点			4点	
	(2)				(3)	①					6点
	(3)	②	P				Q			(4) ① ... ②	4点
	(5)	X			Y						
	(6)										6点

❸	(1)	①	A			B			②		
				4点			4点			4点	
		③			④			⑤			
				4点			4点			4点	
	(2)	①			②	新聞		インターネット			
				4点			4点		4点		

第3章　現代の民主政治と社会

2節　国の政治の仕組み①

衆議院本会議

（　）にあてはまる語句を答えよう。

ノートを活用して，くり返し書いて覚えよう。

1 国会の地位と仕組み

教科書 p.90〜91

◉国会の地位／国会議員の地位／二院制

・国の権力は，（ ① ），行政権，司法権に分けられ，**国会は法律を作る**（ ① ）を担当している。

・国会は，日本国憲法で「（ ② ）の最高機関」，「国の唯一の（ ③ ）」と定められている。

・国会議員…主権を持つ18歳以上の国民の選挙により選ばれた，国民（ ④ ）の代表者。さまざまな特権を持つ。

詳しく解説!	**国会議員の特権**

国から給料（歳費）をもらう特権，国会の会期中に原則逮捕されない不逮捕特権，国会での演説などに法的責任を問われない免責特権。

・国会は，**衆議院**と**参議院**の二つで構成される（ ⑤ ）が採用されている。衆議院と参議院の定数や任期などは異なる。慎重な審議により，もう一方の議院の行き過ぎを防止できる。

	衆議院	参議院
議員定数	465人	245人※
任期	4年（（ ⑥ ）がある）	6年（3年ごとに半数を改選）
選挙権	18歳以上	18歳以上
被選挙権	25歳以上	30歳以上
選挙制度	小選挙区289人，（ ⑦ ）176人	選挙区147人，（ ⑦ ）98人

▲衆議院と参議院　※2022年の選挙から248人になる予定。

◉国会の種類

・国会の種類は，1月に召集されて審議の中心になる（ ⑧ ），必要に応じて召集される（ ⑨ ），衆議院議員総選挙後に召集される（ ⑩ ）に分けられる。また，参議院の緊急集会がある。

⑧ は会期を1回，⑨ と ⑩ は会期を2回まで延長できるよ。

種類	召集と会期
（ ⑧ ）	毎年1回，1月中に召集。会期は150日間。
（ ⑨ ）	内閣が必要と認めたとき，または，いずれかの議院の総議員の4分の1以上の要求があったときに召集。会期は両院の議決の一致による。
（ ⑩ ）	衆議院解散後の総選挙の日から30日以内に召集。会期は同上。
参議院の緊急集会	衆議院の解散中，緊急の必要があるときに内閣の求めにより開催。会期は不定。

▲国会の種類

① _____

② _____

③ _____

④ _____

⑤ _____

⑥ _____

⑦ _____

⑧ _____

⑨ _____

⑩ _____

解答▶▶ p.10

2節　国の政治の仕組み①

① **次の問いに答えなさい。**

教科書 p.90〜91

　国会は，日本国憲法で「国権の（ ① ）機関」，「国の唯一の（ ② ）機関」と定められ，（ ③ ）を持つ国民の選挙で選ばれた ₐ国会議員からなる。 ₑ衆議院と参議院の ₑ二院制（両院制）であり，国会の種類には ₑ常会（通常国会）や臨時会（臨時国会）などがある。

(1)　①〜③にあてはまる語句を書きなさい。

(2)　下線部 a の特権にあてはまらないものを，ア〜ウから選びなさい。

　　ア　国から給料をもらえる。　　イ　税金を納めなくてよい。
　　ウ　会期中は原則逮捕されない。

(3)　下線部 b に関して，右の表について説明した次の X・Y は，衆議院・参議院のどちらのものですか。

▼衆議院と参議院

	衆議院	参議院
議員定数	465人	245人（2022年から248人の予定）
任期	4年（解散がある）	6年（3年ごとに半数を改選）

　　X　議員の数がもう一つの議院よりも少ない。
　　Y　議員の任期が短く，任期の途中で身分を失うことがある。

(4)　国会が下線部 c になっている理由を，「防止」という語句を使って簡単に書きなさい。

(5)　下線部 d の説明として正しいものを，ア〜ウから選びなさい。

　　ア　衆議院解散後の総選挙の日から30日以内に召集される。
　　イ　いずれかの議院の総議員の4分の1以上の要求があったときなどに召集される。
　　ウ　毎年1月に召集され，会期は150日間である。

(1)	①	
	②	
	③	
(2)		
(3)	X	Y
(4)		
(5)		

書きトレ！ **表のように，国会議員が勤労者世帯と比べて高い歳費などを受け取ることができる理由を，「専念」という語句を使って簡単に書きなさい。**

歳費（一般の国会議員）	1か月1,294,000円
期末手当(年により変動)	年2回の合計で約6,000,000円
文書通信交通滞在費	1か月1,000,000円
立法事務費	1か月650,000円

→2017年の1か月勤労者世帯平均収入（469,722円）（「家計調査」）
▲国会議員の歳費などと勤労者世帯平均収入

ヒント　① (5)ア〜ウは，常会（通常国会），臨時会（臨時国会），特別会（特別国会）のいずれかの説明です。

第3章　現代の民主政治と社会

2節　国の政治の仕組み②

（　）にあてはまる語句を答えよう。

ノートを活用して，くり返し書いて覚えよう。

2 法律や予算ができるまで

教科書 p.92〜93

◉ 法律・予算とは

・国会の仕事…**法律の制定（立法）**や（ ① ）の**審議・議決**など。

→法律は（ ② ）の次に強い効力があり，民法や刑法などがある。

→（ ① ）は，国や地方公共団体は毎年の税金などの収入がどれくらいあり，それをどう使うか見積もったもの。

◉ 委員会と本会議

・法律案・（ ① ）の作成・審議・議決…法律案は内閣か（ ③ ）が作成，（ ① ）は内閣が作成。法律案・（ ① ）は最初に（ ④ ）で討論・採決され，関係者や学識経験者の意見を聞く（ ⑤ ）が開催されることもある。次に（ ③ ）全員で構成される（ ⑥ ）において出席議員の過半数の賛成があると可決される。

◉ 衆議院の優越

・（ ① ）の議決，条約の承認，（ ⑦ ）の指名などについて

事項	説明
（ ① ）の先議	（ ① ）は衆議院が先に審議。
（ ① ）の審議,条約の承認,（ ⑦ ）の指名	衆議院と参議院の議決が異なったときなど，両院協議会を開催しても意見が一致しない場合，衆議院の議決が国会の議決となる。
法律案の(再)議決	衆議院と参議院の議決が異なったときなど，衆議院で出席議員の3分の2以上で再可決した場合，法律となる。
内閣不信任の決議	衆議院のみ行うことができる。

▲衆議院の（ ⑧ ）

は**衆議院の**（ ⑧ ）が認められている。→衆議院は任期が短く解散もあるので，国民の意見が反映されやすいから。

①
②
③
④
⑤
⑥
⑦
⑧

⑤ は，予算の審議のとき，必ず開催されるよ。

3 行政を監視する国会

教科書 p.94〜95

◉ 内閣総理大臣の指名／条約の承認／国政調査権

・**行政（内閣）**と関係する国会の仕事…内閣総理大臣の指名，内閣が結んだ条約の承認，国の政治に対する（ ⑨ ）**権**の行使（証人喚問，記録の提出要求）。

⑨
⑩

◉ その他の国会の仕事

・**憲法改正の発議**や，ふさわしくない行為などを行った裁判官を辞任させるかどうかを判断する（ ⑩ ）裁判所の設置。

解答▶▶ p.11

2節　国の政治の仕組み②

❶ 次の問いに答えなさい。

教科書 p.92～93

　　国会は，a法律の制定や予算の審議・議決などを行い，本会議で出席議員の（　①　）の賛成があると可決される。いくつかの事項については，b一定の手続きを行った上でc衆議院の（　②　）が認められている。

(1)　①・②にあてはまる語句を書きなさい。

(2)　下線部aに関する右の資料中のX・Yにあてはまる語句を書きなさい。

▲法律の審議・議決

(3)　下線部bに関して，両院の議決が異なったときなどに開催されることがある機関（会）を何といいますか。

(4)　下線部cが認められている事項としてあてはまらないものを，ア～ウから選びなさい。
　　ア　憲法改正の発議を行うこと。　　イ　内閣が結んだ条約を承認すること。
　　ウ　内閣総理大臣の指名を行うこと。

(1)	①	
	②	
(2)	X	
	Y	
(3)		
(4)		

❷ 次の問いに答えなさい。

教科書 p.94～95

(1)　国会が持つ，国の政治を調査する権利を何といいますか。

(2)　次の文中の（　　　）にあてはまる内容を書きなさい。
　　・国会は，ふさわしくない行為などを行った裁判官について（　　　　）を判断する弾劾裁判所を設置できる。

(1)	
(2)	

書きトレ！ 表のような事項について，衆議院の優越が適用される理由を，「任期」と「解散」と「国民の意見」という語句を使って簡単に書きなさい。

事項
予算の先議，予算の審議，条約の承認，
内閣総理大臣の指名，
法律案の（再）議決，内閣不信任案の決議

▲衆議院の優越が適用される事項

ヒント　❶ (2) Xは分野ごとに数十人の国会議員で構成される会，Yは関係者や学識経験者の意見を聞く会です。
　　　　❷ (1) この権利を行使することには，行政（内閣）に対する監視の意味があります。

2節　国の政治の仕組み③

官庁街と国会議事堂

（　）にあてはまる語句を答えよう。

ノートを活用して，くり返し書いて覚えよう。

4 行政の仕組みと内閣

教科書 p.96〜97

◉行政の役割と仕組み

・行政の役割…外交，経済政策，社会保障，教育などの実行。

・行政の仕組み…国と地方のうち国の行政では，国会で指名された（ ① ）を中心に，外務省や財務省などの行政機関が分担。

◉内閣の仕事と組織／議院内閣制

・内閣の仕事…法律で定められたことの実施，行政機関の指揮監督，法律案や予算の国会への提出，（ ② ）を結ぶこと，最高裁判所長官の（ ③ ）とその他の裁判官の任命，天皇の国事行為への助言と承認など。

・内閣の構成…（ ① ）と，（ ① ）が任命する（ ④ ）で組織。（ ④ ）の過半数は国会議員から選ばれなければならず，国の各府省の長（大臣など）となる。内閣は行政の運営を閣議で決定。

▲閣議

①
②
③
④
⑤
⑥
⑦

・（ ⑤ ）…アメリカなどの大統領制に対し，日本などで採用。国民は議員を選挙し，国会が（ ① ）を指名。（ ① ）を中心とする内閣は，国会に対して連帯して責任を負う。→衆議院は（ ⑥ ）の決議を行うことができ，可決されると，10日以内に衆議院の解散か（ ⑦ ）を決定。

5 行政の役割と行政改革

教科書 p.98〜99

◉行政を担当する公務員と財政

・公務員…「全体の（ ⑧ ）」として働く。

・（ ⑨ ）…政府が行う収入・支出の経済活動。収入は税金など。

◉行政権の拡大／行政改革

・「小さな政府」と「大きな政府」…前者は政府の役割を安全保障・治安維持に限定，後者は社会保障や雇用安定など拡大。
　→近年は後者により，公務員の数や（ ⑨ ）の規模が拡大。

・行政改革…政府の役割の拡大にともない，「縦割り行政」や（ ⑨ ）支出増加が問題になり，効率的な行政改革が必要に。
　→公務員の数の削減や，自由な経済活動をうながす（ ⑩ ）を推進。

⑧
⑨
⑩

「縦割り行政」では，国の役所の利益が優先されていたんだ。

解答▶▶ p.11

① 次の問いに答えなさい。

教科書 p.96 ～ 97

> アメリカで（　①　）制が採用されているのに対し，日本では
> ₐ議院内閣制が採用され，内閣は♭国会と関係している。内
> 閣は行政の運営を（　②　）で決定し，cさまざまな仕事を行う。

(1) ①・②にあてはまる語句を書きなさい。

(2) 下線部aに関する右の資料中のX・Yにあてはまる語句を書きなさい。

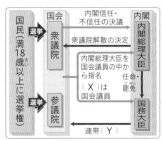

▲日本の議院内閣制

(3) 下線部bに関して，衆議院が内閣不信任を可決したときについての次の文中の（　　　）にあてはまる内容を簡単に書きなさい。

・内閣は，10日以内に衆議院を解散するか，（　　　　　　）。

(4) 下線部cの仕事としてあてはまるものを，ア～ウから選びなさい。

　ア　条約の承認　　イ　予算の国会への提出　　ウ　最高裁判所長官の任命

(1)	①	
	②	
(2)	X	
	Y	
(3)		
(4)		

第3章　教科書96～99ページ

② 次の問いに答えなさい。

教科書 p.98 ～ 99

(1) 「全体の奉仕者」として働いている人を何といいますか。

(2) 行政権や行政改革に関する次のX・Yについて，正しいものには○を，間違っているものには×を付けましょう。

　X　役割を治安維持などに限る政府を「大きな政府」という。

　Y　近年,自由な経済活動を進める規制緩和が行われている。

(1)		
(2)	X	Y

書きトレ! 資料からわかる，国会議員提出の法律案と比べたときの内閣提出の法律案の特徴を，「成立」と「割合」という語句を使って簡単に書きなさい。

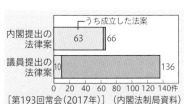

内閣提出の法律案	63	66	うち成立した法案
議員提出の法律案	10		136

0　20　40　60　80　100 120 140件

[第193回常会(2017年)]　(内閣法制局資料)

◀内閣提出の法律案と国会議員提出の法律案の比較

ヒント　① (4)ア～ウのうちあてはまらない二つは，国会の仕事と天皇の国事行為にあたります。
　　② (2) Y規制緩和は，行政による企業などへの許認可権を見直し，自由な経済活動をうながすことです。

解答▶▶ p.11　　49

2節　国の政治の仕組み④

最高裁判所の大法廷

（　　）にあてはまる語句を答えよう。

ノートを活用して，くり返し書いて覚えよう。

6　裁判所の仕組みと働き

教科書 p.100～101

◉ **法に基づく裁判**

- （　①　）…憲法，法律，（地方公共団体が制定する）条例など。

- **司法（裁判）**…（　①　）に基づき争いや事件を解決し，社会の
秩序を守るもの。→司法を担当し，裁判を行うのが**裁判所**。

◉ **裁判所の種類**

- 日本の裁判所…**最高裁判所**と（　②　）に分かれ，（　②　）には

（　③　），**地方裁判所**，**家庭裁判所**，**簡易裁判所**がある。

- （　④　）…一つの案件について，3回ま
で裁判を受けられる制度。第一審から
第二審の裁判所に訴えることを（　⑤　），
第二審から第三審の裁判所に訴えるこ
とを（　⑥　）という。→慎重に裁判を
行って，誤った判決を防ぎ，人権を守
るため。

※「判決」ではない「決定・命令」
が不服な場合の訴え。

▲（　④　）の仕組み

◉ **司法権の独立**

- **司法権の**（　⑦　）…裁判を公正に行うための原則。裁判所は国会や内閣の干渉を受けず，**裁判
官は良心に従い，憲法と法律のみに拘束される。**→弾劾裁判，心身の病気，国民審査での決
定などのほかで辞任させられることはない。

①
②
③
④
⑤
⑥
⑦

7　裁判の種類と人権

教科書 p.102～103

◉ **民事裁判／刑事裁判／裁判と人権保障**

- **民事裁判**…私人の間の争いの裁判。→訴えた人が（　⑧　），訴
えられた人が**被告**。当事者間の合意（和解）で終わることも。

- **刑事裁判**…犯罪について，有罪か無罪かを決める裁判。罪刑
法定主義（犯罪・刑罰はあらかじめ法律で定める必要）を採
用。→事件の発生で警察官と（　⑨　）が捜査して被疑者を捜し，
（　⑨　）が被疑者を**被告人**として裁判所に訴える（起訴）。

- 刑事裁判では，**令状**がない逮捕，捜索は原則禁止。被疑者・
被告人には黙秘権や（　⑩　）（費用が払えないときは国選
（　⑩　））をたのむ権利。被告人は有罪の判決を受けるまで推
定無罪。

⑧
⑨
⑩

黙秘権は，答えること
を拒否したり，裁判で
黙ったりする権利のこ
とだよ。

解答▶▶ p.11

❶ 次の問いに答えなさい。

教科書 p.100～101

　日本の裁判所は，（　①　）と下級裁判所に分かれ，_a三審制（さんしんせい）が採用されている。また，裁判官は他の機関からの干渉を受けず，（　②　）に従い，憲法と法律にのみ拘束されるという_b司法権の独立の原則がある。

(1) ①・②にあてはまる語句を書きなさい。

(2) 下線部aの説明として正しいものを，ア～ウから選びなさい。

　ア　民事裁判と刑事裁判の三審制は，まったく同じである。

　イ　第一審は，必ず簡易裁判所で行われる。

　ウ　第一審から第二審の裁判所に訴えることを控訴（こうそ）という。

(3) 下線部bの原則が採用されている理由を，「裁判」という語句を使って簡単に書きなさい。

(1)	①
	②
(2)	
(3)	

❷ 次の問いに答えなさい。

教科書 p.102～103

(1) 民事裁判に関する右の資料中のX・Yにあてはまる語句を書きなさい。

(2) 刑事裁判と人権保障についての説明として正しいものを，ア～ウから選びなさい。

　ア　令状がなくても，原則捜索できる。

　イ　被告人は，弁護人を依頼できる。

　ウ　被疑者には，黙秘権がない。

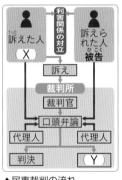

▲民事裁判の流れ

(1)	X
	Y
(2)	

書きトレ! 日本の裁判で資料のような三審制が採用されている理由を，「誤った判決」と「人権」という語句を使って簡単に書きなさい。

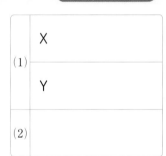

※「判決」ではない「決定・命令」が不服な場合の訴え。

◀三審制の仕組み

ヒント　❷ (1) Y…民事裁判の当事者が合意し，裁判を終わりにすることです。

ぴたトレ 1
要点チェック

2節　国の政治の仕組み⑤

（　　）にあてはまる語句を答えよう。

ノートを活用して，くり返し書いて覚えよう。

8 裁判員制度と司法制度改革

教科書 p.104〜105

◉司法制度改革／裁判員制度

・（ ① ）改革…裁判が利用しづらい，費用・時間がかかるということを改善するために推進。→日本司法支援センター（愛称は（ ② ））の設置。時間を短縮するための制度などの整備。

・（ ③ ）…（ ① ）改革の一つとして2009年から実施。重大な犯罪についての刑事裁判の第一審で原則6人の（ ④ ）（満20歳以上の国民の中からくじなどで選出）が参加。

> **詳しく解説！　裁判員制度**
>
> 原則6人の裁判員は，3人の裁判官と話し合い（評議），被告人が有罪か無罪か，有罪なら刑罰の種類を決定（評決）。

◉取り調べの可視化と被害者参加制度

・取り調べの可視化の義務化…無実の人の（ ⑤ ）を防ぐため，一部の事件で警察官たちの取り調べを録音・録画し，後から確認できるようにすることを義務化。

・被害者（ ⑥ ）…一部の事件の裁判で被害者が被告人・証人に質問できる制度。

①
②
③
④
⑤
⑥

9 三権の抑制と均衡

教科書 p.108〜109

◉三権分立／三権の関係と国民／違憲審査制

・（ ⑦ ）（**権力分立**）…立法権を国会，行政権を内閣，司法権を裁判所というように国の権力を三つの機関に分けること。

・**三権の関係と国民**…三権は，たがいに抑制し合い，均衡を保つことで国の権力の集中を防ぎ，国民の権利を守っている。また，国民は，国会に対して議員の選挙，裁判所に対して最高裁判所裁判官の（ ⑧ ）を行うことができる。

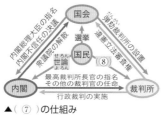

▲（ ⑦ ）の仕組み

・（ ⑨ ）…裁判所は，国会による法律，内閣による命令（政令など）・規則・処分が日本国憲法に違反していないかを判断する。下級裁判所も判断を行うが，合憲か違憲か判断する最終決定権のある最高裁判所は，「（ ⑩ ）」とよばれる。

⑦
⑧
⑨
⑩

> 国民が，検察の不起訴が適切か適切でないかを判断する機関に検察審査会があるよ。

解答▶▶ p.12

❶ 次の問いに答えなさい。

教科書 p.104～105

> 　日本では，裁判についての問題点の改善などを目的とする（　①　）改革が推進され，ₐ裁判員制度の導入や日本司法支援センター（愛称は（　②　））の設置などが行われている。また，ᵦえん罪を防ぐための制度の実施も行われている。

(1)　①・②にあてはまる語句を書きなさい。

(2)　下線部aの説明として正しいものを，ア～ウから選びなさい。

　　ア　刑事裁判の地方裁判所での第一審に導入されている。

　　イ　裁判員は，満25歳以上の国民の中からくじで選ばれる。

　　ウ　裁判員は，被告人が有罪か無罪かを決定し，有罪なら裁判官が刑罰の種類を決定する。

(3)　下線部bとしてあてはまるものを，ア～ウから選びなさい。

　　ア　被害者参加制度　　イ　検察審査会の設置　　ウ　取り調べの可視化の義務化

(1)	①
	②
(2)	
(3)	

❷ 次の問いに答えなさい。

教科書 p.108～109

(1)　三権分立に関する次のX・Yにあてはまるものを，右の資料中のア～ケからそれぞれ選びなさい。

　　X　最高裁判所裁判官の審査を行う。

　　Y　内閣不信任の決議を行う。

▲三権分立の仕組み

(2)　最高裁判所が「憲法の番人」とよばれる理由に関する次の文中の（　　　）にあてはまる内容を，「判断」と「最終決定権」という語句を使って書きなさい。

　　・最高裁判所は，法律などが（　　　　　　）を持っているから。

(1)	X
	Y
(2)	

書きトレ! 資料からわかる，アメリカやイギリスなどと比べたときの日本の10万人あたりの弁護士の割合の特徴を，簡単に書きなさい。

◀主な国の人口10万人あたりの裁判官・検察官・弁護士の割合

（　　　　　　　　　　　　　　　）

ヒント ❶ (3)ア～ウのうちあてはまらない二つは，被害者保護のための制度と検察の起訴が適切か適切でないかを判断するためのものです。

時間30分	/100点	合格70点

❶ **次の文を読んで，問いに答えなさい。** 32点

> 国会は，衆議院と参議院で構成される（ A ）制が採用されている。毎年1月に召集され，会期が（ B ）日間の常会（通常国会）などの種類があり， a法律の制定などを行っている。また，アメリカなどの（ C ）制に対し，日本では b議院内閣制が採用され， c内閣と密接な関係を持っている。

(1) A〜Cにあてはまる語句・数字を書きなさい。

(2) 下線部aのとき，本会議の前に審議が行われるところを何といいますか。

(3) 記述 日本が下線部bを採用していることから，内閣総理大臣（首相）が国務大臣を任命するとき，どのような条件がありますか。簡単に書きなさい。思

 (4) 下線部cの仕事の内容として正しいものを，ア〜エから2つ選びなさい。思

　　ア　国政調査権の行使　　イ　条約の承認　　ウ　国の予算の提出　　エ　政令の制定

❷ **次の問いに答えなさい。** 32点

(1) 裁判の仕組みに関する右の図Ⅰについて，次の問いに答えなさい。

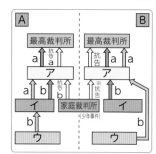

※「判決」ではない「決定・命令」が不服な場合の訴え。
図Ⅰ　裁判の仕組み

　① 図Ⅰのような裁判の仕組みを何といいますか。

　② 簡易裁判所，高等裁判所にあてはまるものを，図Ⅰ中のア〜ウからそれぞれ選びなさい。技

　③ 図Ⅰ中のa・bにあてはまる語句の組み合わせとして正しいものを，ア〜エから選びなさい。

　　ア　a：控訴　b：上告　　イ　a：上告　b：控訴
　　ウ　a：再審　b：控訴　　エ　a：再審　b：上告

　④ 次のX〜Zは，図Ⅰ中のA・Bのどちらの裁判にあてはまりますか。思

　　X　親の遺産をめぐり，兄弟間で争いが起こった。
　　Y　店で商品を盗み，警察に逮捕された。
　　Z　国が行った工事で損害を受けた。

(2) 裁判員裁判の法廷に関する右の図Ⅱからわかることとして正しいものを，ア〜エから選びなさい。技

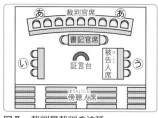

図Ⅱ　裁判員裁判の法廷

　ア　この法廷は，民事裁判の第一審のときのものである。

　イ　この法廷で裁判員はあの席に座り，裁判官とともに審理に参加する。

　ウ　この法廷で弁護人はいの席に座り，被告人を弁護する。

　エ　この法廷で検察官はうの席に座り，被告人を有罪にするように求める。

❸ 三権分立の仕組みに関する右の図Ⅰについて，次の問いに答えなさい。 36点

(1) 次のX～Zにあてはまるものを，図Ⅰ中のa～fからそれぞれ選びなさい。技

　　X 最高裁判所長官を指名する。

　　Y 弾劾裁判所を設置する。

　　Z この決議が可決されると，内閣は衆議院を解散または総辞職しなければならない。

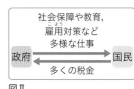
図Ⅰ　三権分立の仕組み

(2) 国民審査にあてはまるものを，図Ⅰ中のア～ウから選びなさい。技

(3) 図Ⅰ中の行政権を担当する機関について，次の問いに答えなさい。

　　① 右の図Ⅱは，「小さな政府」と「大きな政府」のどちらと関係が深いですか。技

　　② 国や地方公共団体で「全体の奉仕者」として働いている役人などをまとめて何といいますか。

　　③ 行政の企業などへの許認可権を見直し，自由な経済活動をうながすことを何といいますか。

社会保障や教育，
雇用対策など
多様な仕事
政府 ⇄ 国民
多くの税金
図Ⅱ

(4) 図Ⅰ中の司法権に関して，次の問いに答えなさい。

　　① 司法権を担当する機関が持ち，右の資料と関係が深い制度を何といいますか。思

　　② 司法権を担当する機関は，①の制度による最終的な決定権を持つことから，「憲法の（　　　　）」とよばれます。（　　　　）にあてはまる語句を書きなさい。

薬局の開設の条件として，他の薬局から一定以上の距離がなければならないという薬事法第6条は，日本国憲法第22条の職業選択の自由に違反しており，無効である(1975年)。

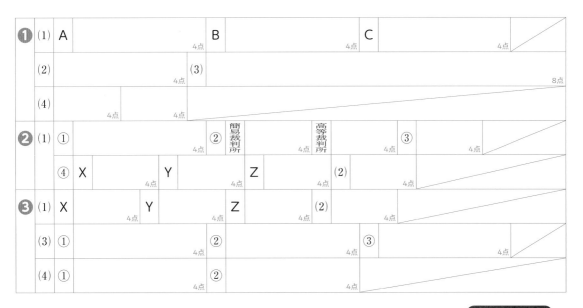

❶ (1) A ___ 4点　B ___ 4点　C ___ 4点

(2) ___ 4点　(3) ___ 8点

(4) ___ 4点　___ 4点

❷ (1) ① ___ 4点　② 簡易裁判所 ___ 4点　高等裁判所 ___ 4点　③ ___ 4点

④ X ___ 4点　Y ___ 4点　Z ___ 4点　(2) ___ 4点

❸ (1) X ___ 4点　Y ___ 4点　Z ___ 4点　(2) ___ 4点

(3) ① ___ 4点　② ___ 4点　③ ___ 4点

(4) ① ___ 4点　② ___ 4点

ぴたトレ 1 要点チェック

3節　地方自治と私たち①

地方議会の様子（大阪市）

（　　）にあてはまる語句を答えよう。

ノートを活用して，くり返し書いて覚えよう。

1 私たちの生活と地方自治

教科書 p.110 〜 111

◉地方自治とは

・住民の意思で地域を運営する住民自治が必要で，運営する場が（ ① ）（地方自治体）。国から自立した団体（自治体）を作る地方自治の原則は地方自治法で規定され，身近で民主主義を学ぶことができる地方自治は「**民主主義の**（ ② ）」とよばれる。

◉国と地方公共団体の役割

・（ ① ）の仕事…市町村や特別区はごみの収集や小・中学校の設置。都道府県は河川（か せん）や（ ③ ）の管理，警察など。

・国の仕事…外交や司法，防衛，公的年金の仕事など。

◉地方分権

・（ ④ ）…国の多くの仕事や財源を地方公共団体に移すこと（1999年の地方分権一括法（いっかつ）など）。

①
②
③
④

2 地方自治の仕組み

教科書 p.112 〜 113

◉地方議会／首長（しゅちょう）

・（ ⑤ ）…都道府県議会や市（区）町村議会といった（ ① ）の議会。地方議員は18歳以上の住民による直接選挙で選出。→法律の範囲（はん い）内で独自の（ ⑥ ）を制定。また，予算を議決。

・（ ⑦ ）…都道府県知事や市（区）町村長といった（ ① ）の長。18歳以上の住民による直接選挙の選出，住民が地方議員と首長を選出する（ ⑧ ）制になっている。予算の作成などを行い，地方議会に条例と予算の再審議（しん ぎ）を要求できる。

> **詳しく解説!** **地方の選挙権と被選挙権**
>
> 住民の選挙権は18歳以上である。また，市（区）町村長と地方議員の被選挙権（ひ）は25歳以上，都道府県知事の被選挙権は30歳以上である。

◉直接請求権（せいきゅう）

・（ ⑨ ）…住民の意思を反映させるための直接民主制の要素がある権利。首長や議員の解職請求などは（ ⑩ ）ともいう。

	必要な署名	請求先		必要な署名	請求先
条例の制定・改廃（かいはい）の請求	（有権者の）$\frac{1}{50}$以上	首長	解職請求 議員・首長		選挙管理委員会
監査請求（かん さ）	$\frac{1}{50}$以上	監査委員	解職請求 副知事・副市（区）町村長，各委員	$\frac{1}{3}$以上※	首長
議会の解散請求	$\frac{1}{3}$以上※	選挙管理委員会			

▲住民の（ ⑨ ）　　※有権者数が40万人以下の場合

⑤
⑥
⑦
⑧
⑨
⑩

> 首長と地方議員の（ ⑩ ）は，住民投票での過半数の賛成で成立するよ。

解答▶▶ p.12

① 次の問いに答えなさい。

教科書 p.110〜111

(1) 地方公共団体にあたらないものを，ア〜エから選びなさい。

　　ア　政令指定都市の行政区　　イ　市町村

　　ウ　東京都の特別区（23区）　エ　都道府県

(2) 地方公共団体の仕事としてあてはまるものを，ア〜エから
　　2つ選びなさい。

　　ア　外交　　イ　警察　　ウ　司法　　エ　小・中学校の設置

(1)	
(2)	

② 次の問いに答えなさい。

教科書 p.112〜113

　　地方公共団体では，地方議会が_a条例の制定や予算の議決を行い，（　①　）が条例や予算を実行している。住民は，_b選挙権以外に直接請求権が認められ，このうち地方議員・（　①　）の解職請求，地方議会の解散請求のことを特に（　②　）という。

(1) ①・②にあてはまる語句を書きなさい。

(2) 下線部 a を制定するとき，どのような制限がありますか。
　　「範囲内」という語句を使って簡単に書きなさい。

(3) 下線部 b と
　　被選挙権に
　　ついての右
　　の表中の
　　X・Yにあ

	選挙権	被選挙権
市（区）町村長	（　X　）歳以上	25歳以上
都道府県知事	（　X　）歳以上	（　Y　）歳以上
都道府県・市(区)町村議会の議員	（　X　）歳以上	25歳以上

◀住民の選挙権と被選挙権

てはまる数字を書きなさい。

(1)	①	
	②	
(2)		
(3)	X	
	Y	

書きトレ！　地方の政治で取り入れられている二元代表制は，どのような制度ですか。資料からわかることを，住民と首長・地方議員の関係に着目し，簡単に書きなさい。

地方公共団体の住民
（満18歳以上に選挙権）

選挙　　議会の解散，
議決の拒否や，
議決の再議

知事　　　　　都道府県議会
市(区)町村長　市(区)町村議会

不信任決議，
予算・条例の議決

◀地方自治の仕組み

ヒント　① (2)国が国際社会での日本の立場に関係する仕事，全国的な規模の仕事などを行うのに対し，地方公共団体は住民の生活に密接な仕事などを行うことから考えよう。

3節　地方自治と私たち②

たき出しをするボランティア

（　　）にあてはまる語句を答えよう。

ノートを活用して，くり返し書いて覚えよう。

3 地方公共団体の課題

教科書 p.114〜115

地方財政の仕組み

・（ ① ）…地方公共団体が収入を得て，支出する経済活動のこと。1年間に使うお金を（ ② ），得るお金を**歳入**という。

・財源…地方公共団体が集める自主財源と，不足分などを国などから補う依存財源がある。

→自主財源…都道府県税や市（区）町村税といった（ ③ ）。

→依存財源…地方公共団体間の格差を抑制するために国が支給する**地方交付税交付金**，特定の費用の一部を国が負担する**国庫支出金**，地方公共団体の借金である（ ④ ）などがある。

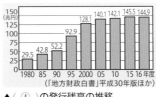

▲（ ④ ）の発行残高の推移

①
②
③
④
⑤
⑥

地方財政の健全化／人口減少と地方創生

・（ ④ ）の発行を増加しすぎると，収入の多くを借金の返済に回し，住民に必要な仕事ができなくなるため，市町村（ ⑤ ）や公務員・事業の削減に取り組む地方公共団体がある。

・少子化や（ ⑥ ）の問題が発生→地方の経済支援，移住促進など地方創生を進める取り組み。

4 住民参加の拡大と私たち

教科書 p.116〜117

住民の声を生かす

・住民の声を政治に生かす方法には，重要な問題について，住民の意見を聞くために実施する（ ⑦ ）や，地方公共団体の仕事を監視しやすくする情報公開制度の制定などがある。

> **詳しく解説!** **住民投票**
> 住民投票を実施することがらには，市町村合併や原子力発電所の設置，アメリカ軍基地縮小などがあるが，結果に法的な拘束力はない。

住民運動の広がり／地域の課題と私たち

・住民運動…公共の仕事には地方公共団体だけでなく，住民が自発的に参加する（ ⑧ ）や，非営利団体である（ ⑨ ）（国が特定非営利活動促進法で支援，（ ⑨ ）法とも）なども。

・地域の課題…子育てや介護への対応，災害への備えなどがある。→課題を解決し，（ ⑩ ）な社会の実現に個人の行動も大切。

⑦
⑧
⑨
⑩

⑨法は，阪神・淡路大震災での活動をきっかけに制定されたんだよ。

解答▶▶ p.13

1 次の問いに答えなさい。

教科書 p.114 ～ 115

　地方財政のうち1年間に得るお金のことを（　①　）という。（　①　）には，自主財源である地方税や，（　②　）財源である地方交付税交付金，a 国庫支出金，地方債などがある。近年は地方財政の健全化のため，b 市町村合併や公務員の削減などを行っているところがある。

(1) ①・②にあてはまる語句を書きなさい。

(2) 下線部aの説明としてあてはまるものを，ア〜ウから選びなさい。

　　ア　地方公共団体の借金。

　　イ　特定の費用の一部を国が負担するお金。

　　ウ　地方公共団体間の格差を抑制するために国が支給するお金。

(3) 下線部bに関する次のX・Yについて，正しいものには○を，間違っているものには×を付けましょう。

　　X　近年の合併で市町村全体の数は減少している。

　　Y　近年の合併で市の数は，大幅に減少している。

(1)	①
	②
(2)	
(3)	X
	Y

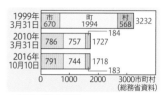
▲市町村数の推移

1999年
3月31日　市670　町1994　村568　3232
2010年
3月31日　786　757　1727　184
2016年
10月10日　791　744　1718　183
0　1000　2000　3000市町村
（総務省資料）

2 次の問いに答えなさい。

教科書 p.116 ～ 117

(1) 住民の声を政治に生かす方法の説明としてあてはまるものを，ア，イから選びなさい。

　　ア　地方公共団体で情報公開制度を制定する。

　　イ　地方公共団体が国の指示に従って政治を行う。

(2) NPOとは，どのような団体ですか。「利益」と「公共の仕事」という語句を使って簡単に書きなさい。

| (1) | |
| (2) | |

書きトレ! 資料からわかる，東京都と比べたときの鳥取県の歳入の内訳の特徴を，「地方税」と「地方交付税交付金など」という語句を使って簡単に書きなさい。

地方債 2.1
国庫支出金 4.9
地方交付税交付金など 3.4
東京都
7兆1225億円　　地方税 74.7%　　その他 14.9
鳥取県
3582億円　17.8　42.0　13.2 13.1 13.9
(2016年度)　（「地方財政統計報」平成28年度）
▲東京都と鳥取県の歳入の内訳

ヒント　❶ (2)ア〜ウは，地方交付税交付金，国庫支出金，地方債のいずれかの説明です。

第3章
教科書114〜117ページ

ぴたトレ
3
確認テスト

第 3 章
現代の民主政治と社会③

時間
30分

合格
70点
／100点

❶ 次の問いに答えなさい。

24点

点
UP

(1) 地方公共団体（地方自治体）の仕事や仕組みなどを定めた右の**資料Ⅰ**の法律の名称を書きなさい。

(2) [記述] 地方自治が「民主主義の学校」とよばれる理由を,「住民の生活」と「民主主義」という語句を使って簡単に書きなさい。[思]

(3) （神奈川県川崎市の）住民が市の政治に期待することをまとめた右の**資料Ⅱ**に関する次の①・②について,正しいものには○を,間違っているものには×を付けましょう。[技]

① 割合が上位 5 つの項目のうち警察が関係する 2 つの項目は,どちらも 35％以上である。

② 割合が下位 3 つの項目のうち特に高齢者に関係する項目は,2 つである。

(4) 近年,地方分権で国から地方公共団体に一部が移されているものの組み合わせとしてあてはまるものを,ア〜エから選びなさい。[思]

ア 国の仕事と財源 イ 法律の制定権と財源

ウ 国の仕事と司法権 エ 法律の制定権と司法権

第 1 条 この法律は,地方自治の本旨に基いて,地方公共団体の区分並びに地方公共団体の組織及び運営に関する事項の大綱を定め,併せて国と地方公共団体との間の基本的関係を確立することにより,地方公共団体における民主的にして能率的な行政の確保を図るとともに,地方公共団体の健全な発達を保障することを目的とする。

資料Ⅰ ある法律

防犯	防犯対策	44.0%
高齢者	高齢者のための施策	38.4
環境・美化・清掃	自然・緑の保全・道路・公園	35.5
医療	病院・診療所・救急医療体制の整備	35.3
交通安全	交通安全対策	34.6
道路整備	道路・歩道の整備	33.8
子ども	子どものための施策	33.3
公害防止	大気汚染・騒音・振動などへの対策	30.8
区役所機能	地域の問題の解決	30.5
学校教育	施設整備や内容充実	28.1
健康づくり	健康診断・がん検診など	27.6
障がいのある人	障がいのある人のための施策	26.9
再開発	主要な駅周辺の再開発	25.3
自転車対策	放置自転車・駐輪場など	24.2
中小企業	中小企業で働く人のための施策	24.1

※複数回答,上位15位まで。

(2017年)（「かわさき市民アンケート報告書」平成29年度）

資料Ⅱ 住民が市政に期待すること

❷ 次の文を読んで,問いに答えなさい。

36点

地方では,ₐ首長とᵦ地方議員がそれぞれ18歳以上の住民による直接選挙で選出される（ A ）制となっている。住民はこの選挙のほか,地方の独自の法である（ B ）の改廃の請求,（ C ）ともよばれる首長・地方議員らのᵪ解職請求などの直接請求権を持っている。

(1) A〜Cにあてはまる語句を書きなさい。

(2) 下線部 a のうち,都道府県の首長を何といいますか。

(3) 下線部 b に関して,次の問いに答えなさい。

① X〜Zの人のうち都道府県議会議員の被選挙権を持っているのは何人ですか。[技]

X 20歳の大学生 Y 27歳の会社員 Z 40歳の教師

② 地方議会が行うことができることとして正しいものを,ア〜エから 2 つ選びなさい。[思]

ア 議会の解散 イ 予算の議決 ウ 副市町村長らの指名 エ 首長の不信任決議

よく
出る

(4) 下線部 c について,有権者の数が60000人の市の場合,市長の解職請求に必要な署名数は何人分以上ですか。[技] また,署名が集まった場合の請求先はどこですか。

成績評価の観点 [技]…資料活用の技能 [思]…社会的な思考・判断・表現

❸ 次の問いに答えなさい。

(1) 地方公共団体（地方自治体）が収入を得て，支出する経済活動を何といいますか。

(2) 右の**資料Ⅰ**のように，地方公共団体が１年間に得る収入のことを何といいますか。

(3) 右の**資料Ⅰ**のＡ～Ｄのうち，**Ａ・Ｃ**にあてはまる項目を，次の**Ａ・Ｃ**についての説明を参考にして，**ア～ウ**からそれぞれ選びなさい。技

　Ａ　国が地方公共団体間の収入の格差を抑制するために支給している。

　Ｃ　自主財源である。

　ア　地方交付税交付金など　　**イ**　国庫支出金　　**ウ**　地方税

(4) 右の**資料Ⅱ**は，地方公共団体の借金である（　　　　）の発行残高の推移です。（　　　　）にあてはまる語句を書きなさい。技

(5) 近年，地方にある地方公共団体で問題となっていることとしてあてはまらないものを，**ア～ウ**から選びなさい。思

　ア　少子化　　**イ**　人口密度の上昇　　**ウ**　人口の流出

(6) 近年，右の**資料Ⅲ**のように市町村数が急激に減少しているのは，市町村（　　　　）によるもので，仕事の効率化などを目的としています。（　　　　）にあてはまる語句を書きなさい。思

(7) 地域の公共の仕事などに自発的に参加する人々を何といいますか。カタカナで書きなさい。

(8) 非営利組織の略称を，**ア～ウ**から選びなさい。

　ア　ICT　　**イ**　PKO　　**ウ**　NPO

(9) 右の**資料Ⅳ**は，地域の重要な問題について住民に問うために実施した（　　　　）の例の一部である。（　　　　）にあてはまる語句を書きなさい。思

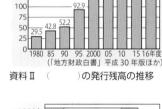

地方公共団体の収入
（総額83兆8973億円）

D 15.6%	A 22.0
	B 10.6
C 45.1	その他 6.7

(2018年度 当初計画)(財務省資料)
資料Ⅰ　収入の内訳

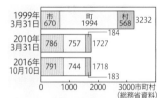

資料Ⅱ　（　　　　）の発行残高の推移

	市	町	村	
1999年3月31日	670	1994	568	3232
2010年3月31日	786	757	184 / 1727	
2016年10月10日	791	744	183 / 1718	

（総務省資料）
資料Ⅲ　市町村数の推移

市 (区) 町村	実施年	問われた事項
岐阜県御嵩町	1997	産業廃棄物処理場の建設
山口県岩国市	2006	アメリカ軍基地への空母艦載機の移転受け入れ

資料Ⅳ　（　　　　）の例の一部

❶	(1)			(2)			
			4点				8点
	(3)	①	②	(4)			
		4点	4点	4点			
❷	(1) A		B		C		
		4点		4点		4点	
	(2)		(3) ①		②		
		4点		4点		4点	
	(4) 署名数	以上	請求先			4点	
❸	(1)		(2)		(3) A	C	
		4点		4点			4点
	(4)	(5)	(6)				
	4点	4点		4点			
	(7)	(8)	(9)				
	4点	4点	4点				

1節　消費生活と市場経済①

（　）にあてはまる語句を答えよう。

ノートを活用して，くり返し書いて覚えよう。

1 私たちの消費生活

教科書 p.130〜131

◈私たちの消費生活と経済

・消費生活…私たちは，商品を消費して生活している。→商品は，形のある**財**と形の無い（　①　）に分類できる。

・（　②　）…生産と消費を通じて，生活を豊かにする仕組み。

◈家計の収入と支出

・（　③　）…家族や個人などの消費生活の単位であり，収入と支出の活動を行っている。→支出について，食品，衣類，教育など生活に必要な財やサービスに使うものが（　④　），税金や社会保険料などが非消費支出。また，収入からこれらを引いたものを（　⑤　）といい，預金や株式などの形で将来に残す。

> **詳しく解説!　収入の種類**
> 会社などで働いて得た給与収入，商店の経営などで得る事業収入，土地などから得る財産収入に分類できる。

◈希少性とは／商品の選択とより良い消費生活

・（　⑥　）…求める量に対して実際の商品の量が不足した状態。

・より良い消費生活…私たちは限られた収入，時間の中から商品を（　⑦　）している。電子マネーやクレジットカードを使う場合，収入と支出のバランスを考え，計画性を持つことが必要。

①
②
③
④
⑤
⑥
⑦

2 契約と消費生活

教科書 p.132〜133

◈消費者主権

・（　⑧　）…**消費者**が自分の意思・判断で商品を自由に選択，購入すること。

◈契約と消費生活

・（　⑨　）…当事者間の合意のこと。契約書がなくても成立。

・**契約自由の原則**…契約の相手や内容，方法などを基本的に自由に選べるという原則。→契約後は当事者間に契約を守る義務が発生。

◈消費者問題の発生

・消費者は情報や知識が不十分になりやすく，（　⑩　）が発生することがある。→国・地方による消費者主権の推進が必要。

⑧
⑨
⑩

▲（　⑨　）までの流れ

> 消費者は，食品表示などさまざまな情報を得ているよ。

解答▶▶ p.14

❶ 次の問いに答えなさい。

教科書 p.130〜131

> 　家族などの a消費生活の単位を（ ① ）といい，給与収入や事業収入などを得て，消費支出や非消費支出を支払っている。収入から消費支出や b非消費支出を引いたものを（ ② ）という。

(1) ①・②にあてはまる語句を書きなさい。

(2) 下線部 a に関して，形のない商品を何といいますか。

(3) 下線部 b にあてはまるものを，ア〜エから 2 つ選びなさい。

　　ア　教育費　　イ　社会保険料　　ウ　（銀行）預金

　　エ　税金

(1)	①	
	②	
(2)		
(3)		

❷ 次の問いに答えなさい。

教科書 p.132〜133

(1) 契約についての次の文の（　）にあてはまる内容を「義務」という語句を使って簡単に書きなさい。

　　・契約後は当事者間に（　　）。

(2) 消費者は，販売者などからさまざまな情報を得ています。右の資料のような食品表示に関する次の X・Y について，正しいものには〇を，間違っているものには×を付けましょう。

　　X　資料の食品表示からは，原材料にふくまれているアレルギー物質がわかる。

　　Y　食品表示には，誤った情報が載ることは絶対にない。

(1)		
(2)	X	Y

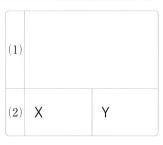

▲食品表示の例

書きトレ! **ダイヤモンドは，「希少性がある」といわれることがありますが，そのようにいわれる理由を，資料をもとに簡単に書きなさい。**

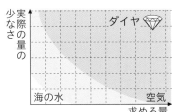

▲実際の量と求める量の関係

（　　　　　　　　　　　　　　）

消費者の四つの権利
1　安全を求める権利
2　知らされる権利
3　選択する権利
4　意見を反映させる権利

（　　）にあてはまる語句を答えよう。

ノートを活用して，くり返し書いて覚えよう。

3　消費者の権利を守るために

教科書 p.134～135

◉消費者の権利

・（　①　）…1960年代のアメリカで保障が必要との考えが強まる。

　→（　②　）大統領が1962年に「消費者の四つの権利」を提唱。

◉日本の消費者問題への対応／自立した消費者

・日本では消費者問題が社会問題となった1960年代以降に
（1968年の消費者保護基本法の制定のころから）対応が本格化。

・（　③　）制度…訪問販売や電話勧誘
などによる商品の購入後，8日以
内であるなら消費者は無条件で契
約を解除できる制度。

通知書

次の契約を解除することを通知します。

契約年月日	○○年○月○日
商品名	○○○○○○
販売会社	株式会社○○○　○○○営業所
担当者	○○○○
クレジットカード会社	△△△株式会社

　支払った代金○○円を返金し，商品を引き
取ってください。

○○年○月○日
○○○○

▲（　③　）の通知書の例

・（　④　）法…消費者が欠陥商品で被
害を受けたときの企業の責任を規定。

・**消費者契約法**…契約上のトラブルから消費者を保護。

・2004年に消費者保護基本法を改正した（　⑤　）法が成立し，
2009年に消費者政策を統一的に行うため（　⑥　）を設置。

・消費者は，権利を持つだけでなく商品の知識や情報を集め，判断力を備えて（　⑦　）した消費者
になることが必要。また，商品の消費により廃棄物を出しているので，環境に配慮する責任も。

①
②
③
④
⑤
⑥
⑦

4　消費生活を支える流通

教科書 p.138～139

◉商品が消費者に届くまで／商業の役割

・（　⑧　）…商品が卸売業者から小売業者を経て消費者に届くま
での流れ。→卸売業と小売業など（　⑧　）に関わるのが（　⑨　）。

・（　⑨　）の役割…消費者が商品を入手するまでの手間や費用を省く。

◉流通の合理化

・**流通の**（　⑩　）…卸売業者や小売業者が（　⑧　）における労力や費
用を節約すること。→小売業者の生産者からの直接仕入れなど。

・近年は商品の配送や販売などの物流をコンピューターで管理。
売り手が買い手に直接売るインターネット・ショッピングも。

⑧
⑨
⑩

最近は，小売業者が企
画，販売するプライ
ベートブランドが増え
ているよ。

詳しく解説!　POS（販売時点情報管理）システム

店でバーコードを読み取ることで商品が売れた日時や個数などが記
録されるため，集めた情報により商品の管理などに利用できる。

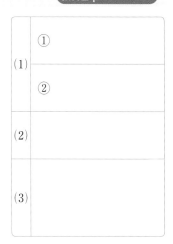

❶ 次の問いに答えなさい。

教科書 p.134〜135

　日本では，a国が消費者を守るため，bクーリング・オフ制度や製造物責任法（略称は（　①　）法）などを整備している。一方，消費者も，商品の知識や情報を集め，判断力を備えて（　②　）した消費者になる必要がある。

(1) ①・②にあてはまる語句を書きなさい。

(2) 下線部aが2009年に消費者行政を統一的に行うために設置した役所は何ですか。

(3) 下線部bについての次の文中の（　　　　）にあてはまる内容を，「無条件」という語句を使って簡単に書きなさい。
　・消費者が訪問販売などで商品を購入したとき，8日以内ならば（　　　　　）制度である。

(1)	①
	②
(2)	
(3)	

❷ 次の問いに答えなさい。

教科書 p.138〜139

(1) 右の資料に関する次のX・Yについて，正しいものには○を，間違っているものには×を付けましょう。

▼小売業の販売額の推移

　X　大型スーパーマーケットは，2017年の販売額が3つの店の中で2番目に多い。

　Y　コンビニエンスストアの販売額は，2010年と2017年の間に百貨店をぬいている。

(2) POSシステムについての説明としてあてはまるものを，ア〜ウから選びなさい。

　ア　小売業者などが企画，製造依頼した商品を，独自のブランドとして販売している。

　イ　インターネットを通じて，売り手が買い手に直接売っている。

　ウ　店でバーコードを読み取った情報をもとに，商品の管理などに利用している。

| (1) | X | Y |
| (2) | | |

書きトレ！ 流通を資料Ⅰから資料Ⅱのようにすることは，小売業者にどのような利点がありますか。「労力」と「費用」という語句を使って簡単に書きなさい。

資料Ⅰ　一般的な流通　　　　　　　資料Ⅱ　直接仕入れ

生産者　卸売業者　小売業者　消費者　　　生産者　大規模小売業者　消費者

ヒント　❷ (1)資料から，3つの店の販売額の移り変わりを確認しましょう。
(2)ア〜ウの残り2つは，インターネット・ショッピング，プライベートブランドについての説明です。

2節　生産と労働①

自動運転技術で走る自動車

（　）にあてはまる語句を答えよう。

ノートを活用して，くり返し書いて覚えよう。

1 生産活動と企業

教科書 p.140 ～ 141

◎分業と交換

・（　①　）…一人一人が専門的に物を作ること。

・（　②　）…自分が作るものと他の人が作るものを取りかえること。通常，お金（貨幣_{かへい}）が用いられる。

→（　①　）と（　②　）により，生活に必要なものをそろえることができる。自給自足の時期と比べ，効率な生産が可能になった。

・（　③　）…大量の財とサービスを生産するために作られた組織。

◎企業の生産活動と資本主義経済／技術革新と知的資源

・（　③　）の生産活動…土地，設備，労働力の三つの生産要素により活動を行う。収入から生産要素にかかった必要経費を引いたものが（　④　）。→（　③　）の活動目的は，（　④　）を大きくすること。

・（　⑤　）**経済**…**資本**がお金（資本金）で生産要素を用意し，財・サービスを生産，販売_{はんばい}して（　④　）を生みだす経済の仕組み。

・（　⑥　）と知的資源…前者は効率的な生産方法を生みだすもの。後者は新しいアイディア・知識。

①
②
③
④
⑤
⑥

> **詳しく解説!** **技術革新**
> コンピューターの技術や自動車の自動運転技術などの研究は技術革新につながり，効率的な生産により企業に利潤をもたらす。

2 企業の種類①

教科書 p.142

◎私企業と公企業／大企業と中小企業

・（　⑦　）（民間企業）と（　⑧　）…前者は利潤を目的とした企業。後者は水道，ガスなど地方公共団体が運営する，公共を目的とした企業。

⑦	個人企業	農家，個人商店など
	法人企業	株式会社など
⑧	地方公営企業	水道，バスなど
	独立行政法人	造幣局_{ぞうへい}，国際協力機構（JICA_{ジャイカ}）など

▲主な企業の種類

・（　⑨　）と（　⑩　）…資本金や従業員数により分類される。

→（　⑩　）は日本の企業数の99％以上，日本全体の従業員数の約70％，売上高_{うりあげだか}の約43％をしめる。（　⑨　）の下請_{したう}けだけでなく，高い技術で独自に外国で生産を行う企業や商品を輸出する企業もある。

⑦
⑧
⑨
⑩

世界に進出する中小企業もあるよ。

解答 ▶▶ p.15

第4章　私たちの暮らしと経済

2節　生産と労働①

① 次の問いに答えなさい。
教科書 p.140〜141

　人間は，歴史的に自給自足の時期があったものの，現在は（　①　）が行われ，それぞれが物を専門的に作っている。日本は（　②　）経済の国であり，企業を中心に<u>生産活動</u>を行い，企業は利潤を増やすために<u>さまざまな努力</u>を行っている。

(1)　①・②にあてはまる語句を書きなさい。

(2)　企業の下線部aに関する右の資料のX〜Zにあてはまる語句を，ア〜ウからそれぞれ選びなさい。

　　ア　設備　　イ　労働力　　ウ　土地

(3)　下線部bについて，効率的な生産を生みだす研究は何につながりますか。

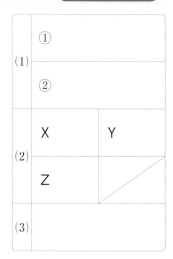

▲企業の生産活動

(1)	①	
	②	
(2)	X	Y
	Z	
(3)		

② 次の問いに答えなさい。
教科書 p.142

(1)　私企業にあてはまるものを，ア〜エから2つ選びなさい。

　　ア　法人企業　　　イ　独立行政法人
　　ウ　個人企業　　　エ　地方公営企業

(2)　公企業は，何の目的のために活動を行っていますか。

(3)　中小企業についての次の文の（　　　）にあてはまる語句を書きなさい。

　　・中小企業は，大企業の仕事の（　　　）をすることが多かったが，近年は独自に外国で生産を行う企業や商品を輸出する企業もある。

(1)		
(2)		
(3)		

書きトレ！　資料から，中小企業の1社あたりの売上高や，従業員1人あたりの売上高は，大企業と比べてどうなっているといえますか。簡単に書きなさい。

◀日本における中小企業と大企業の割合

第4章
教科書140〜142ページ

ヒント　① (2)ア〜ウは生産活動の三つの生産要素なので，X〜Zの絵がどれにあてはまるか，考えましょう。
(3)このことは，コンピューターの技術などの研究を通じて起こりました。

解答▶▶ p.15　67

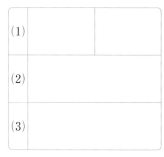

東京証券取引所

（　　）にあてはまる語句を答えよう。

ノートを活用して，くり返し書いて覚えよう。

2 企業の種類②

教科書 p.142 ～ 143

◉起業とベンチャー企業

・（ ① ）…新技術を利用し，企業を起こすこと。

・（ ② ）企業…独自技術を利用して（ ① ）し，急成長する企業も。
　一方で倒産（とうさん）の割合が高い。→投資や人材育成での支援（しえん）が必要。

> **詳しく解説！　ベンチャー企業**
>
> 独自技術や経営ノウハウを利用して起業する革新的な中小企業。特に情報通信技術（ICT）に関連する企業が多い。

◉企業の社会的責任

・企業の活動が，（ ③ ）など負の影響（えいきょう）を起こすことがある。

　→日本の場合，1960年代前後の（ ④ ）成長の時期に問題に。

・近年の企業は，利潤（りじゅん）の追求だけでなく，**企業の（ ⑤ ）責任**
　（CSR）が求められる。→法令遵守（じゅんしゅ）や情報公開，消費者の安全，従業員の生活安定など。

①
②
③
④
⑤

3 株式会社の仕組み

教科書 p.144 ～ 145

◉株式とは／株式会社の仕組み／株価の変動

・**株式会社**…法人企業のうち（ ⑥ ）の発行で得た資金で設立した企業。→（ ⑥ ）は，資金の投資家の権利・義務を規定した証書（証券）で，持つ人は（ ⑦ ）といい，企業の所有者ともいえる。

・株式会社の仕組み…（ ⑥ ）は，会社の資金を多くの投資家から広く集めるのに便利。

　→投資家一人一人は少額でも，多くの資金を集められる。

　→大企業では，（ ⑦ ）は通常，経営せず経営者に任せる。

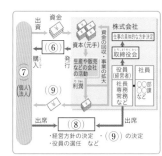
▲株式会社の仕組み

　→（ ⑦ ）には（ ⑧ ）に参加する権利や，利潤の一部を（ ⑨ ）として受け取る権利がある。また，会社が倒産しても投資した資金以上の負担は不要（有限責任）。

・（ ⑩ ）など…（ ⑥ ）を売買するところ。→売買を通じて**株価**が決定し，株式会社の利潤の見通しなどで変動。

⑥
⑦
⑧
⑨
⑩

⑧ では，経営者を交代させることもできるよ。

解答▶▶ p.16

1 次の問いに答えなさい。

教科書 p.142 〜 143

(1) 日本などのベンチャー企業で特に多い関連産業にあてはまるものを，**ア〜エ**から選びなさい。

　　ア　せんい産業　　イ　金属加工産業

　　ウ　食品産業　　　エ　情報通信産業

(2) 近年企業に求められている企業の社会的責任（CSR）にあてはまらないものを，**ア〜エ**から選びなさい。

　　ア　法令の遵守　　イ　利潤の追求　　ウ　従業員の生活の安定　　エ　消費者の安全

(1)	
(2)	

2 次の問いに答えなさい。

教科書 p.144 〜 145

> ₐ株主は，証券取引所などでᵦ株式を購入した投資家で，（　①　）に参加して経営方針を決定したり，会社の利潤に応じて（　②　）を受け取る権利を持っている。

(1) ①・②にあてはまる語句を書きなさい。

(2) 下線部 **a** に関する次の文の（　　　）にあてはまる内容を，「金額」という語句を使って簡単に書きなさい。

　　・会社が倒産しても，株主は（　　　　　）をしなくてよい。

(3) 下線部 **b** について，右の資料で示したものは，株主たちが何の変動を確認するために読むものですか。

▲新聞に掲載されている株式市況欄

(1)	①	
	②	
(2)		
(3)		

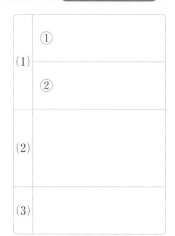

書きトレ！ 資料を見て，日本におけるベンチャーキャピタル（今後の成長が期待できるベンチャー企業に投資する会社）の投資規模の特徴を，簡単に書きなさい。

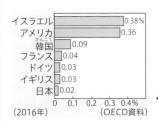

◀ベンチャー企業に投資する会社の投資規模（GDPに対する割合）

ヒント 1 (2)企業の社会的責任（CSR）は，本来の活動以外に企業に求められているものです。

2 (3)株式市況欄には，問われているものの始値や終値，高値，安値などが掲載されています。

2節　生産と労働③

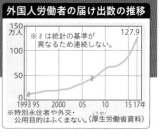

外国人労働者の届け出数の推移

※⧵は統計の基準が異なるため連続しない。
127.9

1993 95　2000　05　10　15 17年
※特別永住者や外交・公用目的はふくまない。(厚生労働省資料)

（　）にあてはまる語句を答えよう。

ノートを活用して，くり返し書いて覚えよう。

4 労働の意義と労働者の権利

教科書 p.146 ～ 147

◉労働の意義

・企業などで働く労働者は，労働のかわりに（ ① ）を得る。→
自分の夢などをかなえることや，社会参加などが労働の目的。

◉労働者の権利／ワーク・ライフ・バランスの実現

・（ ② ）…使用者（経営者）に対して弱い立場にある労働者が，
労働条件の改善などを求めるために結成する組合。

・労働三法…労働者の権利を保障する三つの法律。労働条件の
最低基準を規定する（ ③ ），（ ② ）などについて規定する**労働
組合法**,労働争議(ストライキなど)の解決・予防のための（ ④ ）。

・日本の労働時間は国際的に見ても長く，過労死なども発生。
→仕事と生活を両立させる（ ⑤ ）の実現が必要。

> **詳しく解説!　ワーク・ライフ・バランス**
>
> 仕事と，家庭や地域社会での生活を両立させること。

①
②
③
④
⑤

（ ③ ）は，労働時間や休日などの最低基準を定めているよ。

5 労働環境の変化と課題

教科書 p.148 ～ 149

◉多様化する労働の在り方／非正規労働者の増加への対応

・かつては終身雇用と（ ⑥ ）賃金が一般的。→近年は転職や，
賃金に能力主義や成果主義を導入する企業が増加。

・（ ⑦ ）**労働者**…パート
や派遣労働者など。正
規労働者よりも賃金が
低く雇用が不安定。日
本の労働者の約4割。
→同一労働同一賃金の
実現や職業訓練の実施,
生活保護などの（ ⑧ ）
(安全網)の整備などが
必要。

正規労働者 （正社員）		期間が定められていない契約の労働者
（ ⑦ ）労働者	パート・アルバイト	1週間の所定労働時間が正規労働者よりも短い契約の労働者
	契約労働者（契約社員）	短期間の労働契約の労働者
	派遣労働者（派遣社員）	人材派遣会社と契約を結び，他の企業に派遣される労働者

▲さまざまな雇用形態

⑥
⑦
⑧
⑨
⑩

◉外国人労働者／いきいきと働ける社会の実現

・（ ⑨ ）**労働者**…2017年には100万人以上が働いている。労働環境が厳しい。

・（ ⑩ ）や高齢者などが採用などで不利。労働参加の拡大の必要。

解答▶▶ p.16

① **次の問いに答えなさい。** 教科書 p.146～147

(1) 労働三法のうち労働基準法の内容としてあてはまるもの
を，ア～ウから選びなさい。

　ア　労働争議の解決・予防のための内容を定めている。

　イ　労働組合などについて定めている。

　ウ　労働時間や休日などについて定めている。

(2) ワーク・ライフ・バランスに関する次の文の（　　）にあ
てはまる内容を「両立」という語句を使って簡単に書きなさい。

　・（　　　　　　　）させることであり，実現には労働時間の短縮などが必要である。

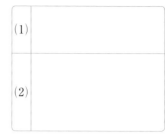

(1)	
(2)	

② **次の問いに答えなさい。** 教科書 p.148～149

　日本では，かつて（ ① ）雇用や年功序列賃金などが一般的
であったものの，近年，変化が見られる。また，パートや派
遣労働者などの（ ② ）労働者の増加や長時間労働，その他の
労働の問題が起こっている。

(1) ①・②にあてはまる語句
を書きなさい。

(2) 下線部に関する右の資料
についての次のX・Yに
ついて，正しいものには
○を，間違っているものには×を付けましょう。

◀雇用形態別労働者の割合の推移

(1)	①
	②
(2)	X
	Y

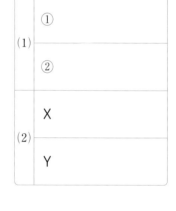

　X　2016年のグラフについて，正社員の人数の割合は，派遣社員の30倍以上である。

　Y　2016年のパート・アルバイトの人数の割合は，1996年のおよそ2倍である。

書きトレ! 資料を見て，男性と比べたときの，女性の雇用形態の問題点を，「正社員」と「非
正規労働者」という語句を使って簡単に書きなさい。

▲日本の男性と女性の労働者の雇用形態別の割合

ヒント　① (1)ア～ウは，労働基準法，労働組合法，労働関係調整法のいずれかの内容です。
　　　　② (2)資料から，雇用形態別労働者の割合の推移の特徴を読み取りましょう。

ぴたトレ 3 確認テスト

第4章 私たちの暮らしと経済①

時間30分　合格70点　／100点

❶ 次の問いに答えなさい。

24点

(1) 右のA・Bは，それぞれ財とサービスのどちらと関係が深いですか。技

A　B

(2) ある世帯の収入を表す次のメモの下線部にあてはまる収入を，ア〜ウから選びなさい。思

> 9月のある世帯の収入
> ・夫が経営する店からの収入：●●円　　・妻が従業員として働く会社からの収入：●▲円
> ・この夫婦が持つ土地から得る収入：■円

ア　給与収入　　イ　事業収入　　ウ　財産収入

(3) 記述 家計における貯蓄は，どのようなものですか。「収入」と「非消費支出」という語句を使って簡単に書きなさい。思

 点UP

(4) ある消費者が（　　）カードを使って小売店で商品を買い，その後，（　　）カードの発行会社に代金と手数料を支払いました。（　　）に共通してあてはまる語句を書きなさい。

❷ 次の文を読んで，問いに答えなさい。

36点

> 1960年代に a アメリカと同じく日本でも消費者問題が深刻になり，これ以降，さまざまな b 法律が制定された。2004年に制定された（ A ）法で c 消費者は，（ B ）した消費者として支援されることになり，一方で d 適切な情報に基づき，行動することを求められている。

(1) A・Bにあてはまる語句を書きなさい。

(2) 下線部aの大統領で，1962年に「消費者の四つの権利」を唱えたのはだれですか。

(3) 下線部bのうちPL法の内容として正しいものを，ア・イから選びなさい。思
ア　訪問販売などで購入した場合，一定の期間内に消費者側から無条件で契約を解除できる。
イ　消費者が欠陥商品で被害を受けたときに企業に責任を求める。

(4) 商品が下線部cに届くまでについて，次の問いに答えなさい。

 よく出る

① 右の図は，（　　）の合理化の例です。（　　）にあてはまる語句を書きなさい。

② 右の図のようにすると費用が削減できる関連産業として正しいものを，ア〜エから2つ選びなさい。思
ア　保険業　　イ　広告業　　ウ　運送業　　エ　倉庫業

③ ②の費用の削減とも関係が深い，販売時点情報管理システムを何システムといいますか。アルファベットで書きなさい。

(5) 下線部dについて，右の図は，（　　）に配慮した商品などに付けられるラベルの例です。（　　）にあてはまる語句を書きなさい。技

　成績評価の観点　技…資料活用の技能　思…社会的な思考・判断・表現

❸ 次の問いに答えなさい。

(1) 企業について，次の問いに答えなさい。

① 株式会社についての次の文のA・Bにあてはまる語句をそれぞれ書きなさい。

・私企業・公企業のうち，（ A ）で，株主が参加する（ B ）で経営方針の決定や役員の選任などが行われる。

② 右の資料ⅠのX〜Zは，日本の中小企業・大企業の企業数・従業員数・売上高のいずれかの割合である。X〜Zにあてはまる語句をそれぞれ書きなさい。技

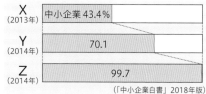
資料Ⅰ 日本の大企業・中小企業の割合

③ ベンチャー企業とは，一般にどのような企業ですか。正しいものを，ア〜エから選びなさい。思

ア 独自技術などで成長した中小企業。　イ 100年以上続く中小企業。

ウ 独自技術などで成長した大企業。　エ 100年以上続く大企業。

(2) 労働者について，次の問いに答えなさい。

① 労働時間に関する右の資料Ⅱのア〜エは日本・アメリカ・ドイツ・フランスのいずれかです。日本にあたるものを，ア〜エから選びなさい。技

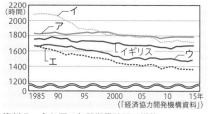
資料Ⅱ 主な国の年間労働時間の推移

② この20年ほど，日本で数が大幅に増加する傾向にある労働者としてあてはまらないものを，ア〜ウから選びなさい。思

ア 正規労働者　イ 外国人労働者　ウ 派遣労働者

③ 右の資料Ⅲの内容の，労働者のための法律の名称を書きなさい。また，資料Ⅲの内容の法律と同じ労働三法にふくまれる法律としてあてはまるものを，ア〜ウから選びなさい。

・労働者と使用者の関係は対等である。
・週に最低1日の休日をあたえられる。

資料Ⅲ ある法律の内容

ア 男女雇用機会均等法　イ 労働関係調整法　ウ 最低賃金法

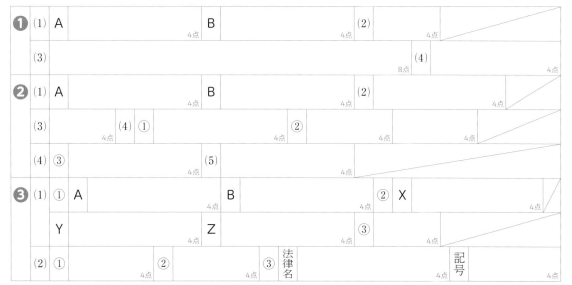

教科書130〜149ページ

解答▶▶ p.17　73

3節　市場経済の仕組みと金融①

廃棄処分されるキャベツ

（　　）にあてはまる語句を答えよう。

ノートを活用して，くり返し書いて覚えよう。

1 市場経済と価格の決まり方

教科書 p.150 〜 151

◉ **市場経済とは／需要・供給と価格の関係**

・（ ① ）…ある商品が売買される場の全体のこと。

・（ ① ）**経済**…さまざまな（ ① ）が生活のあらゆるところにある経済。

・（ ② ）量…消費者が商品を買おうとする量。

・（ ③ ）量…生産者が商品を売ろうとする量。

→商品の**価格**は（ ② ）量と（ ③ ）量の関係で変化し，（ ② ）量が（ ③ ）量を上回ると通常，価格が上昇し，逆のときは価格が下落。

・（ ④ ）…（ ② ）量と（ ③ ）量が一致するときの価格。

①
②
③
④

2 価格の働き

教科書 p.152 〜 153

◉ **市場経済における価格の働き**

・市場経済では，価格（（ ⑤ ））の上下で供給量が調整。→生産者は，生産要素をどのくらい使って，どのくらい生産するか判断。

詳しく解説！ 市場経済での競争
市場経済では，生産者が売上をのばすために競争をしている。市場の働きが機能するには，だれもが自由に競争に参加できることが必要。

◉ **独占価格／公共料金**

・市場で商品を供給するのが一つの企業だけである（ ⑥ ）や，少数の企業だけである（ ⑦ ）の状態だと，競争が起こりにくく，一つまたは少数の企業が決めた（ ⑥ ）（（ ⑦ ））価格になってしまう。→消費者が高い価格で商品を購入しなければならなくなるので，自由な競争をうながす（ ⑧ ）法に基づき，国の組織である（ ⑨ ）が監視などを行っている。

国が決定するもの	社会保険診療報酬 介護報酬など
国が認可や上限認可するもの	電気料金 都市ガス料金 鉄道運賃 乗合バス運賃 高速自動車国道料金 タクシー運賃など
国に届け出るもの	固定電話の通話料金 国内航空運賃 手紙・はがきなどの郵便料金など
地方公共団体が決定するもの	公営水道料金 公立学校授業料など

▲主な（ ⑩ ）

※電気・ガスの小売りは自由化されている。

⑤
⑥
⑦
⑧
⑨
⑩

・（ ⑩ ）…（ ⑤ ）ではなく，国・地方公共団体が決定，認可した価格。電気やガス，水道など。

電気やガス，水道などの価格は，国民生活に影響があるね。

解答 ▶▶ p.17

1 次の問いに答えなさい。

教科書 p.150〜151

(1) 右の資料についての次の文中のX
　〜Zにあてはまる語句をそれぞれ
　書きなさい。

　・資料のAは消費者が買おうとする
　　（　X　）の変化を示す曲線，Bは生
　　産者が売ろうとする（　Y　）の変化
　　を示す曲線であり，二つの曲線が交差するCにあたる価
　　格は（　Z　）価格である。

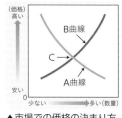

（価格）
高い

B曲線

C→

安い

A曲線

0　少ない　　　多い（数量）

▲市場での価格の決まり方

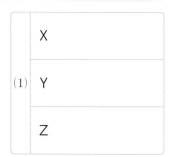

(1)	X
	Y
	Z

2 次の問いに答えなさい。

教科書 p.152〜153

　市場経済では，商品を買おうとする量や売ろうとする量の
変動で a市場価格が決定する。しかし，ある市場で生産が一
つの企業だけである独占の状態や，少数の企業だけである
（　①　）の状態のとき，消費者が b不利益となることがある。
このため，国の組織である（　②　）が監視などを行っている。

(1) ①・②にあてはまる語句を書きなさい。

(2) 下線部 a に関して，市場価格に対して国や地方公共団体が
　決定，認可した料金を何といいますか。また，この料金に
　あてはまらないものを，ア〜ウから選びなさい。

　ア　郵便料金　　イ　米の価格　　ウ　バス運賃

(3) 下線部 b に関して，市場が独占の状態などのとき，消費者
　はどのような不利益となることが多いですか。簡単に書きなさい。

(1)	①
	②
(2)	語句
	記号
(3)	

書きトレ！ 資料を見て，農産物であるトマトと比べたとき，工業製品であるトマトケチャップ
　　　　　の価格にいえる特徴を，簡単に書きなさい。

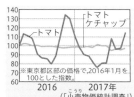

140
130
120
110
100
90
80
70
60

トマトケチャップ

トマト

※東京都区部の価格で，2016年1月を
100とした指数。

2016　　　　2017年

（「小売物価統計調査」）◀農産物と工業製品の価格の変動

（　　　　　　　　　　　　　　　　　　　　　　）

ヒント　1 (1)価格が高くなる場合，買おうとする量（数量）と売ろうとする量（数量）がそれぞれどうなるか資料
　　　　　で確認しておきましょう。

江戸時代に日本で使われた貨幣（小判）

(　)にあてはまる語句を答えよう。

ノートを活用して，くり返し書いて覚えよう。

3 貨幣の役割と金融

教科書 p.154 ～ 155

◆貨幣の役割

・(①)・**通貨**…紙幣や硬貨のこと。→財・サービスとの交換，

　円などの単位で財・サービスの価値の表示，保管などの役割。

◆お金の貸し借りと金融

・(②)…お金を融通する方法。個人や企業など消費や生産の

　ためにお金を借りたい側と，銀行など貸したい側の間で成立。

◆金融の方法と働き

・(③)…企業が社債などを発行して貸し手から借り入れする方法。

①
②
③
④

> **詳しく解説！**　**債券**
> お金を貸したことを証明するもので，企業は**社債**，国は**国債**，地方
> 公共団体は**地方債**を発行する。これら**債券**は，売買することができる。

・(④)…金融機関が企業と貸し手の間に入り，企業が金融機関にお金を融通してもらう方法。

4 私たちの生活と金融機関

教科書 p.156 ～ 157

◆銀行の仕組みと働き／預金通貨

・(⑤)…間接金融を行う代表的
な機関。人々の貯蓄を**預金**とし
て集め，家計や企業（借り手）
に貸す。振りこみなどの(⑥)
を使った送金の仲立ちを行う。

中央銀行		日本銀行
民間金融機関	金融機関	預金取扱	普通銀行（都市銀行,地方銀行など）
		信託銀行
		信用金庫,信用組合,労働金庫,農業協同組合,漁業協同組合など
	その他の金融機関	生命保険会社,損害保険会社
		消費者金融機関
		証券会社など
公的金融機関		日本政策投資銀行,日本政策金融公庫,国際協力銀行など

▲さまざまな金融機関

→借り手は返済時に元金のほか
に(⑦)（利息）を支払う（元
金に対する(⑦)（利息）の比率は**金利**）。

→銀行は貸し手（預金者など）に(⑦)（利息）を支払う。

・**現金通貨**…紙幣など支払いに使う通貨。近年はクレジット
カードなど現金を使わない**キャッシュレス決済**が増加。

・(⑧)…銀行の預金などの通貨。日本に流通の貨幣の約9割。

⑤
⑥
⑦
⑧
⑨
⑩

現金を使わないキャッシュレス化は世界的に進んでいるよ。

◆日本銀行の役割

・**日本銀行**（日銀）…日本の特別な働きをする**中央銀行**。紙幣
を発行する(⑨)，政府の預金を出し入れする**政府の銀行**，
一般の銀行にお金の貸し出しや預金の受け入れをする(⑩)の役割。

解答 ▶▶ p.18

❶ 次の問いに答えなさい。

教科書 p.154 ～ 155

(1) 貨幣の役割としてあてはまらないものを，**ア～ウ**から選び
なさい。

　　ア　財・サービスの質を良くする手段となる。

　　イ　財・サービスの価値を表す。

　　ウ　財・サービスと交換する手段となる。

(1)	
(2)	

(2) 企業が発行する社債や国が発行する国債など，お金を貸したことを証明するものをまとめ
て何といいますか。

❷ 次の問いに答えなさい。

教科書 p.156 ～ 157

> _a銀行の仕事には，人々の貯蓄を（　①　）として集めて企業
> などに貸すことなどがある。銀行からお金を借りた人は，返
> 済時に元金のほか，（　②　）を支払わなければならない。また，
> 銀行の中には，特別な働きをする_b日本銀行がある。

(1)	①
	②
(2)	
(3)	

(1) ①・②にあてはまる語句を書きなさい。

(2) 下線部**a**の一つに関する右の
資料についての次の文中の
（　　　）にあてはまる語句を
書きなさい。

◀銀行のある仕事に関係すること

　・この資料は，銀行の仕事のうち（　　　）を使った送金の仲立ちを行うことに関係している。

(3) 下線部**b**の役割のうち，銀行の銀行の説明としてあてはまるものを，**ア～ウ**から選びなさい。

　　ア　政府の預金を出し入れする。　　**イ**　紙幣（日本銀行券）を発行する。

　　ウ　一般の銀行にお金の貸し出しや預金の受け入れを行う。

書きトレ！ 資料Ⅰの直接金融と比べたときの，資料Ⅱの間接金融の特徴を，貸し手（預金者）
と借り手の関係に着目し，「融通」という語句を使って簡単に書きなさい。

▲直接金融の仕組み　　　　▲間接金融の仕組み

ヒント ❷ ⑶ア～ウは，発券銀行，政府の銀行，銀行の銀行のいずれかの説明です。

3節　市場経済の仕組みと金融③

消費者物価指数
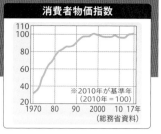
110
100
80
60
40
20
※2010年が基準年
（2010年＝100）
1970　80　90　2000　10 17年
（総務省資料）

（　　）にあてはまる語句を答えよう。

ノートを活用して，くり返し書いて覚えよう。

5 景気と金融政策

教科書 p.158〜159

◎ 景気とは

・（ ① ）…経済全体の状態のこと。

・（ ② ）…（ ③ ）（好況）と（ ④ ）（不況）

がくり返すこと。→需要と供給の関係

に応じ，変化。

家計の所得増　（③）
企業の利益増　　後退
企業の生産増
家計の消費増

家計の消費減
企業の生産減　　回復
企業の利益減
家計の所得減　（④）

▲（ ② ）

・（ ③ ）（好況）…企業の生産が増加，

家計の収入・消費も増加する状態のこ

と。需要＞供給であると商品の価格が

高くても売れる。→（ ⑤ ）が上昇し続ける（ ⑥ ）が発生。

・（ ④ ）（不況）…企業の生産が減少，家計の収入・消費も減

少する状態のこと。需要＜供給であると商品の価格が低くて

も売れない。→（ ⑤ ）が下落し続ける（ ⑦ ）が発生。

> 詳しく解説！　**物価**
>
> さまざまな商品の価格をまとめ，平均したものである。家計の消費
> 者が購入する商品の物価を特に消費者物価という。

◎ 戦後の日本経済／日本銀行の金融政策

・第二次世界大戦後の日本の経済…（ ③ ）（好況）と（ ④ ）（不

況）をくり返しつつ（ ⑧ ）を続けてきた。

・1955年からの（ ⑨ ）…国内総生産（GDP，国内で1年間に

新たに生産された財・サービスの合計）の急速な増加。1973

年の石油危機で終了。

・1980年代後半からの（ ⑩ ）…地価や株価が異常に上昇。1991

年に崩壊。以降，平成不況が長く続く。

・（ ⑪ ）…日本銀行が景気を安定させるために行う政策。主な

方法が（ ⑫ ）（オペレーション）。

→（ ④ ）のとき…一般の銀行から国債などを買い取り，お金

を支払う。一般の銀行は貸し出すお金を増加させようと金

利を下げ，企業は積極的にお金を借りて生産を拡大させ，

景気回復へ。

→（ ③ ）のとき…一般の銀行に国債などを売り，一般の銀行

が貸し出すお金を減少させる。好景気と逆の方向へ。

①

②

③

④

⑤

⑥

⑦

⑧

⑨

⑩

⑪

⑫

> 最近の不景気には，
> 2008年の世界金融危機
> によるものがあるよ。

解答▶▶ p.18

① 次の問いに答えなさい。

教科書 p.158〜159

(1) 景気変動に関する右の資料の **A・B** に
あてはまる語句を，**ア・イ** からそれぞ
れ選びなさい。

　ア 不景気（不況）

　イ 好景気（好況）

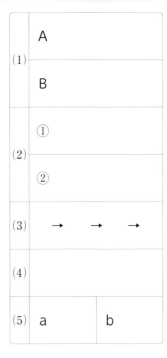
▲景気変動

(2) 次の①・②の図のような状態であるのは，右上の資料の
C・D のどちらですか。**C・D** からそれぞれ選びなさい。

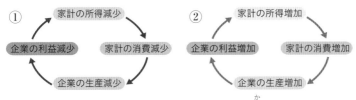

① 家計の所得減少 → 家計の消費減少 → 企業の生産減少 → 企業の利益減少 →（家計の所得減少）

② 家計の所得増加 → 家計の消費増加 → 企業の生産増加 → 企業の利益増加 →（家計の所得増加）

(3) 日本の経済に関する **ア〜エ** を古い順に並べ替えなさい。

　ア 石油危機が発生する。

　イ 平成不況が始まる。

　ウ 高度経済成長が始まる。

　エ バブル経済が始まる。

(4) 金融政策に関する右の資料の **X** にあてはまる銀行の名称
を書きなさい。

(5) 次の **a・b** は，右の資料の **Y・Z** のどちらと関係が深いで
すか。**Y・Z** からそれぞれ選びなさい。

　a 企業に必要なお金が集まりすぎたときに行われる。

　b 企業が必要なお金を手に入れにくいときに行われる。

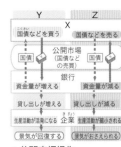
▲公開市場操作

(1)	A			
	B			
(2)	①			
	②			
(3)	→	→	→	
(4)				
(5)	a		b	

書きトレ! 資料からわかる，1990年代以前と比べたときの，1990年代以降の消費者物価指数の
推移の特徴を，簡単に書きなさい。

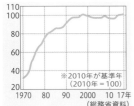

※2010年が基準年
（2010年＝100）

1970　80　90　2000　10　17年
（総務省資料）◀日本の消費者物価指数の推移

ヒント　① (3)ウ・エは日本の好景気（好況），ア・イは不景気（不況）に関係するものです。

　　　　　　(5)a・bは好景気（好況）と不景気（不況）のどちらのときに行われる金融政策か考えましょう。

3節　市場経済の仕組みと金融④

タイにある日本の自動車メーカーの工場

（　）にあてはまる語句を答えよう。

ノートを活用して，くり返し書いて覚えよう。

6　グローバル経済と金融

教科書 p.160～161

◉貿易と経済のグローバル化

・（　①　）…国と国との間で行われる商品のやり取り（輸出入）。各国などが得意な商品の生産に集中し，貿易する国際（　②　）により，豊かな生活につながる。

・日本の貿易の特徴…第二次世界大戦後の長い間，原材料を輸入し，それを製品にして輸出する（　③　）貿易であり，輸出額が輸入額を上回る貿易（　④　）であった。→近年は経済のグローバル化により日本の企業が工場を海外に移転することが増加し，国内産業が衰退する**産業の**（　⑤　）が進行した。また，輸出額が輸入額を下回る貿易（　⑥　）になることもある。

> **詳しく解説！**　**貿易の自由化**
>
> 国と国との間で関税のように貿易をさまたげるものをなくし，貿易をすること。自国の商品を輸出しやすくなるが，輸入も増加する。

◉為替相場

・（　⑦　）（為替レート）…円とドルなど，通貨と通貨を交換する比率のこと。通常，1ドル＝100円のように，外国通貨の1単位が（日本）円のいくらかという形式で示される。

・（　⑧　）…1ドル＝100円が1ドル80円になるように，円の価値が外国通貨に対して高くなること。日本にとって輸出には（　⑨　），輸入には（　⑩　）になる。

円を買う動きが強まる
円高
1 $ ＝ 100
1 $ ＝ 50 10 10 10
1 $ ＝ 100 10 10
円を売る動きが強まる
▲（　⑧　）・（　⑪　）の仕組み

・（　⑪　）…1ドル＝100円が1ドル120円になるように，円の価値が外国通貨に対して安くなること。日本にとって輸出には（　⑩　），輸入には（　⑨　）になる。

◉グローバル経済と金融

・多くの国に支店や工場などを持つ（　⑫　）企業の成長により，世界的な貿易や投資が活発に。

→1980年代以降，国際的な金融が活発になり，規模が拡大。

→1997年のアジア通貨危機や2008年の世界（　⑬　）を経験し，各国では金融への規制強化の動きも。

①
②
③
④
⑤
⑥
⑦
⑧
⑨
⑩
⑪
⑫
⑬

（　⑧　）で自国の輸出は不利，輸入は有利になることをおぼえておこう。

解答▶▶ p.19

1 次の問いに答えなさい。

教科書 p.160～161

　　日本は第二次世界大戦後の長い間，（　①　）貿易を行ってきた。1980年代には_a円高のもとさかんに輸出を行い，このころから自動車などの_b海外生産も増加したが，_c国内では産業の空洞化（くうどう）などが問題となった。また，1980年代以降，国際的な金融が活発になったものの，1997年のアジア通貨危機や2008年の世界（　②　）を経験し，規制強化の動きがある。

(1)　①・②にあてはまる語句を書きなさい。

(2)　下線部 a に関して，右の資料のように１ドル＝100円から１ドル＝80円になった場合，日本で120万円の自動車はアメリカに輸出して売るとき，いくらになりますか。資料のAにあてはまる数字を，ア～ウから選びなさい。

▼円高と自動車の輸出

ア　10000　　イ　15000　　ウ　20000

(3)　下線部 b に関して，右の資料に関する次の X・Y について，正しいものには○を，間違（まちが）っているものには×を付けましょう。

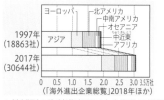

▲地域別の海外進出の日本企業数の推移

　X　1997年，2017年それぞれでアジアに進出した日本企業数が最も多い。

　Y　1997年から2017年にかけてヨーロッパに進出した日本企業は減少している。

(4)　下線部 c に関する次の文中の（　　　　）にあてはまる内容を簡単に書きなさい。

　　・産業の空洞化は，工場が海外に移転されることにより，（　　　　　　　）ことである。

(1)	①	
	②	
(2)		
(3)	X	Y
(4)		

書きトレ！ 資料からわかる，2000年代以降の日本の自動車メーカーの生産台数に起こった変化を，簡単に書きなさい。

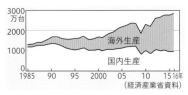

◀日本の自動車メーカーの生産台数の推移

（　　　　　　　　　　　　　　　　　　　）

ヒント **1** (2)日本で120万円の自動車がアメリカでいくらかになるかは，１ドル＝100円のときは100円，１ドル＝80円のときは80円で割ると求めることができます。

第4章

教科書160～161ページ

4節　財政と国民の福祉①

（　　）にあてはまる語句を答えよう。

ノートを活用して，くり返し書いて覚えよう。

1 私たちの生活と財政

教科書 p.162 ～ 163

◉財政の仕組み

・（ ① ）…政府（国・地方公共団体）の
経済活動。**税金**（租税）などを収入と
し，社会保障などに支出する。

・（ ② ）… 1 年間の収入（歳入）と支出
（歳出）の見積もり。

▲国の一般会計（ ② ）

所得税 18.4%
消費税 17.6
法人税 12.7
その他の租税 7.2
公債金 35.3
その他 5.5
相続税 2.2
印紙収入 1.1
[国の歳入]
総額97兆4547億円

社会保障関係費 33.3%
国債費 24.1
地方交付税交付金など 16.0
公共事業関係費 6.1
文教および科学振興費 5.5
防衛関係費 5.3
その他 9.7
[国の歳出]
総額97兆4547億円
[2017年度当初予算]（財務省資料）

◉さまざまな税金／税金の公平性

・税金には，国に納める（ ③ ）と地方公共団体に納める**地方税**
がある。

・（ ④ ）…納税者と担税者が同じ税金。所得税や法人税など。

・（ ⑤ ）…納税者と担税者が異なる税金。**消費税**や酒税など。

・（ ⑤ ）は全員が同じ税率で，所得が低い人ほど所得にしめる
税金の割合が高い。→逆進性。

・（ ④ ）では，所得が高い人ほど税率が高くなる（ ⑥ ）の方法が採用。
→（ ⑤ ）と（ ④ ）を組み合わせることで税金の公平性を実現。

①
②
③
④
⑤
⑥

2 財政の役割と課題

教科書 p.164 ～ 165

◉市場経済と政府

・政府の役割…道路などの（ ⑦ ）（インフラ）や，教育などの
（ ⑧ ）の提供。税金や社会保障などによる経済格差の是正。
景気の安定化。消費者・労働者の保護，環境保全など市場経
済での公正さの確保。

◉財政政策／公債の発行／これからの財政

・（ ⑨ ）…財政により景気の安定化を図る政策。不景気のとき
は**公共投資**の増加と減税。好景気のときはその逆。

・（ ⑩ ）…収入が不足のときに発行。国は**国債**，地方公共団体
は**地方債**。→発行しすぎると将来の世代に負担。

⑦
⑧
⑨
⑩

詳しく解説！ 公債の発行

公債には，購入した人に元金の返済と利子の支払いがあるため，発
行しすぎると支出（歳入）で他のことに使うお金が減少してしまう。

・先進国で財政赤字と多くの公的債務残高。→政府の役割の選択。

日本は，国内総生産にしめる公的債務残高が高い国だよ。

解答 ▶▶ p.19

1 次の問いに答えなさい。

教科書 p.162～163

　政府（国）は，_a税金など1年間の収入（歳入）と_b支出（歳出）の見積もりである（　①　）をつくり，国会の審議，議決の上で実行する。また，税金のうち国に納めるものを国税，地方公共団体に納めるものを（　②　）という。

(1)　①・②にあてはまる語句を書きなさい。

(2)　下線部aのうち間接税はどのような税金ですか。「納税者」と「担税者」という語句を使って簡単に書きなさい。また，間接税にあてはまるものを，ア～ウから選びなさい。

　　ア　消費税　　イ　法人税　　ウ　所得税

(3)　下線部bに関して，少子高齢化が進んだことで，国の歳出に占める割合が高くなっている項目名を書きなさい。

(1)	①
	②
(2)	説明
	記号
(3)	

2 次の問いに答えなさい。

教科書 p.164～165

(1)　政府が提供する道路や公園などを何といいますか。

(2)　日本の財政（歳出・税収など）に関する右の資料についての次のX・Yについて，正しいものには〇を，間違っているものには×を付けましょう。

▲日本の財政の推移

X　歳出は2000年度以降，削減され続けている。

Y　国債発行額は2010年度手前で税収を上回るものの，その後，減少する傾向にある。

| (1) | | |
| (2) | X | Y |

書きトレ！　資料からわかる，国税の一つである所得税の特徴を，「税率」という語句を使って簡単に書きなさい。

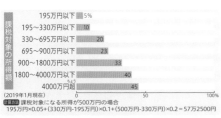

◀所得税の累進課税の仕組み

第4章　私たちの暮らしと経済

4節　財政と国民の福祉②

日本の主な介護サービスの例

・居宅サービス
　訪問看護，訪問介護，
　デイサービスなど。
・施設サービス
　介護福祉施設サービスなど。

（　　）にあてはまる語句を答えよう。

ノートを活用して，くり返し書いて覚えよう。

③ 社会保障の仕組み　　　　　　　　　　　　教科書 p.166 〜 167

◉社会保障の役割とおこり

・（　①　）制度…病気などで生活できないとき，国が生活を保障
　する制度。→19世紀まで病気・貧困は自分の責任とされてい
　たが，20世紀に変化（最初に制度が確立したイギリスのス
　ローガン「ゆりかごから墓場まで」）。

◉日本の社会保障の四つの柱

・日本の社会保障制度は，日本国憲
　法第（　②　）条に基づき，次の四つ
　の柱がある。

種類	仕事の内容
（③）	医療保険　介護保険　年金保険　雇用保険　労災保険
（④）	生活保護　●生活扶助　●住宅扶助　●教育扶助　●医療扶助など
（⑤）	高齢者福祉　児童福祉　障がい者福祉　母子・父子・寡婦福祉
（⑥）	感染症対策　上下水道整備　廃棄物処理　公害対策など

▲日本の（　①　）制度

→（　③　）…病気などで働けないと
　きなどのためのもの。人々が保
　険料を負担し，病気の人や高齢
　者などに給付。医療保険など。

→（　④　）…最低限の生活ができない人に，生活保護法により生活費などを給付。

→（　⑤　）…高齢者や障がい者など弱い立場の人を支援。

→（　⑥　）…感染症の予防など健康で安全な生活を維持。

①
②
③
④
⑤
⑥

④ 少子高齢化と財政　　　　　　　　　　　　教科書 p.168 〜 169

◉少子高齢化と社会保障

・少子高齢化により，現役世代一人あたりの年金などの保険料
　や，税金負担が増加。→対策として40歳以上に加入を義務付
　ける（　⑦　）制度と，75歳以上が対象の（　⑧　）医療制度の導入。

> **詳しく解説！　介護保険制度**
> 40歳以上に加入を義務付け，高齢などで介護が必要になったとき，
> 居宅サービスなどの介護サービスを受けることができる。

◉社会保険の課題／福祉社会の実現に向けて

・少子高齢化の中で社会保険の継続のため，保険料・税負担を
　増加させるか，支払いを削減するか選択の必要。

・高福祉（　⑨　）…社会保障の充実の代わりに重い国民負担。

・低福祉低負担…社会保障の抑制の代わりに軽い国民負担。

・日本では社会保障費増加に対応するため，2019年に（　⑩　）の税率を10％に。

⑦
⑧
⑨
⑩

高福祉　⑨　の国にスウェーデンなど北ヨーロッパの国があるよ。

解答▶▶ p.20

❶ 次の問いに答えなさい。

教科書 p.166 〜 167

　　社会保障制度は，20世紀に（　①　）で最初に確立した。また，ₐ日本の社会保障制度は，社会保険，ᵦ公的扶助，（　②　），公衆衛生が四つの柱である。

(1)　①・②にあてはまる語句を書きなさい。

(2)　下線部aは日本国憲法の第何条をもとにしていますか。

(3)　下線部bの説明にあてはまるものを，ア〜ウから選びなさい。

　　ア　最低限の生活ができない人に生活保護法により生活
　　　　費などを給付するものである。

　　イ　感染症の予防など健康で安全な生活を維持するためのものである。

　　ウ　高齢者や障がい者など弱い立場の人を支援するものである。

(1)	①
	②
(2)	第　　　　　　条
(3)	

❷ 次の問いに答えなさい。

教科書 p.168 〜 169

(1)　少子高齢化が進む日本では，社会保険について現役世代一人あたりの年金の保険料などはどのように変化していますか。簡単に書きなさい。

(2)　右の資料についての次の文について，正しい場合は○を，間違っている場合は×を付けましょう。

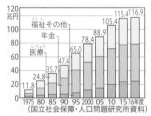

◀日本の社会保障給付費の推移

　　・年金の給付費は増加する傾向にあり，2016年度は社会保障給付費の４割以上をしめた。

(1)	
(2)	

書きトレ！ 資料からわかる，アメリカと比べたときのフランスの国民負担の特徴を，「社会保障負担」と「税負担」という語句を使って簡単に書きなさい。

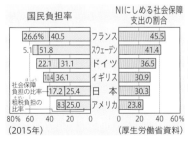

（注）NI（国民所得）は，国民が一定期間に得る所得の総額，国民負担率は，国民所得にしめる国民の税・社会保障費の負担の割合

◀主な国の国民負担率とNI（国民所得）にしめる社会保障支出の割合

ヒント ❶(2)この条文には，生存権などについての規定があります。

第4章
教科書166〜169ページ

5節　これからの経済と社会

日本の自動車メーカーが開発した電気自動車

（　）にあてはまる語句を答えよう。

ノートを活用して，くり返し書いて覚えよう。

1 公害の防止と環境の保全
教科書 p.170～171

◉公害の発生／公害対策の進展

・（ ① ）…住民の健康などを損なうもの。大気汚染や水質汚濁，騒音（そうおん）など。→高度経済成長の時期に水俣病（熊本県など），新潟水俣病（新潟県），イタイイタイ病（富山県），四日市（よっかいち）ぜんそく（三重県）の四大公害病などが大きな問題に。

・各地での（ ② ）**運動**や公害裁判。→国は1967年に（ ③ ）法を制定し，1971年に環境庁を設置（現在は環境省）。

◉新たな公害と地球環境問題

・（ ④ ）**法**…（ ③ ）法を発展させ，1993年に公布施行。→ダイオキシンの土壌（どじょう）汚染など新しい公害に対応。

・地球環境問題…地球温暖化など。→企業（きぎょう）も（ ⑤ ）型の製品の開発に努力。

◉循環型社会に向けて

・（ ⑥ ）**型社会**の実現…ごみを減らす**リデュース**，何度も使う**リユース**，ごみを再資源化する（ ⑦ ）の**3R**や，環境などに配慮（はいりょ）した**エシカル消費**の推進。

▲（ ⑥ ）型社会の仕組み

日本で2000年に循環型社会形成推進基本法が制定されているよ。

①
②
③
④
⑤
⑥
⑦

2 経済の持続可能性と真の豊かさ
教科書 p.172～173

◉経済成長と豊かさ

・豊かさは（ ⑧ ）**(GDP)** や個人の所得の増加だけでなく，文化や安心・安全，人との連帯感など物やお金以外にもある。

詳しく解説!　国内総生産（GDP）

特定の国・地域内で一定の期間に生産された，財やサービスの付加価値の合計のことである。

◉地域の持続可能な発展／住民が中心のまちづくり

・人口の減少…各地の（ ⑨ ）**経済**や財政を衰退（すいたい）させるので，市街地などに住宅地や病院などの社会資本を集中させる**コンパクトシティ**の推進や，一人あたりの労働生産性の向上などが必要。一方，過密問題などは解消。→住民が地域の将来についての議論に参加した上での（ ⑩ ）が重要。

⑧
⑨
⑩

解答▶▶ p.20

1 次の問いに答えなさい。

教科書 p.170 ～ 171

　高度経済成長の時期に各地で a公害が問題となり，（　①　）運動が起こった。国は1967年に公害対策基本法を制定し，1971年には（　②　）庁（現在は省）を設置した。現在，循環型社会の実現に向けて b3 R などの取り組みが行われている。

(1)　①・②にあてはまる語句を書きなさい。

(2)　下線部 a のうち四大公害病についての次の表の X ～ Z にあてはまる語句をそれぞれ書きなさい。

(3)　下線部 b のうちリユースについての説明としてあてはまるものを，ア～ウから選びなさい。

　　ア　使えるものをくり返し何度も使うことである。

　　イ　ごみとなったものを再資源化し，利用することである。

　　ウ　必要のない包装や容器などを使わずにごみを減らすことである。

	被害県
新潟　X	新潟県
Y	三重県
Z	富山県
X	熊本県など

▲四大公害病

	①	
(1)	②	
(2)	X	
	Y	
	Z	
(3)		

2 次の問いに答えなさい。

教科書 p.172 ～ 173

(1)　経済の豊かさを示すときに使われる国内総生産の略称をアルファベットで書きなさい。

(2)　人口減少への対応のため，市街地などに社会資本を集中させる（　　　）を行っている地域があります。（　　　）にあてはまる語句を書きなさい。

(1)	
(2)	

書きトレ！ 資料からわかる，アメリカやフランスなどと比べたときの，日本の一人あたりの年間の労働生産性の課題を，簡単に書きなさい。

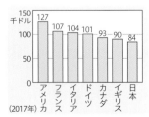

◀主な国の一人あたりの年間の労働生産性

ヒント　1　(2) X・Z は水質汚濁，Y は大気汚染が原因です。

　　　　　(3) ア～ウのうち残る二つは，リデュース，リサイクルについての説明です。

① 次の問いに答えなさい。
24点

(1) ある商品の需要曲線と供給曲線である右の図について，次の問い
に答えなさい。

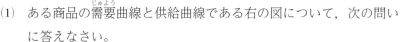

① 価格が100円から150円になったとき，需要量は増加しますか，
減少しますか。 技

② 価格が150円のとき，需要量と供給量の差は何万個ですか。 技

③ 需要量と供給量が一致したときの価格はいくらですか。 技

(2) 市場で少数の企業だけでしめる状態を，一つの企業の独占に対して何といいますか。

(3) 記述 市場経済である日本において，電気・ガス・水道などの料金が国などが認可・決定す
る公共料金となっている理由を，「変動」と「国民」という語句を使って簡単に書きなさ
い。 思

② 次の文を読んで，問いに答えなさい。
36点

a金融機関である銀行は，家計・企業から預金を受け入れて（ A ）を支払い，また，お金
を貸して元金の返済以外に（ A ）を受け取っている。他にも，振りこみなど（ B ）を使った
送金の仲立ちも行っている。日本でb特別な働きをする銀行に日本銀行があり，紙幣を発行
する（ C ）銀行などの役割を果たし，c物価の変動などにも関わっている。

(1) A〜Cにあてはまる語句を書きなさい。

(2) 右の図のように，企業が下線部aに貸し手との間に入って
もらい，お金を融通する方法を何金融といいますか。 技

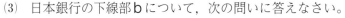

(3) 日本銀行の下線部bについて，次の問いに答えなさい。

① 各国で特別な役割を果たす銀行を（　　　）といいます。（　　　）にあてはまる語句を書き
なさい。

② 日本銀行が不景気のときに行うこととして正しいものを，ア〜ウから選びなさい。 思

ア　一般の銀行から国債などを買い取る。

イ　一般の銀行にお金を貸し付ける。

ウ　家計にお金を貸し付ける。

(4) 下線部cについて，次の問いに答えなさい。

① 好景気のとき，物価が上昇し続けることを何といいますか。カタカナで書きなさい。

② 物価の変動は，日本の通貨と外国との通貨の交換比率の変化にも影響をあたえます。
次のX・Yは，交換比率が円高・円安のどちらのときのことですか。 思

X　アメリカのドルに対し，1ドル＝100円が1ドル＝120円になることである。

Y　このとき，日本国内の企業にとって輸出が不利になる。

❸ **次の問いに答えなさい。** 40点

(1) 日本の国の歳入に関する右の**資料Ⅰ**について，次の問いに答えなさい。

① **資料Ⅰ**の下線部**a**は，納税者と担税者が同じ（　　　）です。（　　　）にあてはまる語句を書きなさい。

② **資料Ⅰ**の下線部**b**は，所得が（　　　）人ほど，所得にしめる税金の割合が高くなります。（　　　）にあてはまる語句を書きなさい。思

③ **資料Ⅰ**の（　**c**　）にあてはまる，企業などが支払う税金を書きなさい。技

資料Ⅰ 国の歳入 (2017年度当初予算)

(2) 政府の経済関係の役割として正しくないものを，**ア〜ウ**から選びなさい。思

　ア 景気の安定化　　**イ** 市場経済での公正さの確保

　ウ 治安維持と国防

(3) 右の**資料Ⅱ**について，次の問いに答えなさい。

① **資料Ⅱ**の下線部**d**にふくまれる介護保険制度は，（　　　）歳以上の人の加入が義務づけられています。（　　　）にあてはまる数字を書きなさい。

② **資料Ⅱ**の下線部**e**の内容として正しいものを，**ア〜ウ**から選びなさい。思

　　ア 感染症の予防　　**イ** 児童・障がい者たちの福祉　　**ウ** 生活保護

資料Ⅱ 社会保障制度の柱

③ **資料Ⅱ**の制度の日本と比べ，高福祉高負担の北ヨーロッパの国を，**ア〜ウ**から選びなさい。

　　ア ギリシャ　　**イ** スウェーデン　　**ウ** スペイン

(4) 日本の高度経済成長の時期に社会問題となった四大公害のうち①水俣病が発生した場所と②イタイイタイ病が発生した場所を，右の地図の**ア〜カ**からそれぞれ選びなさい。技

(5) 循環型社会の実現のための３Rのうち，使えるものを何度も使うことを何といいますか。

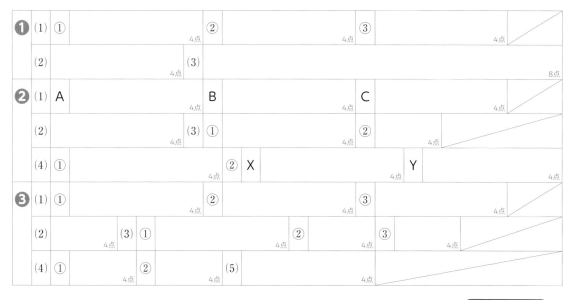

1節　国際社会の仕組み①

日本の領土

200海里(約370km)
12海里
領海　排他的経済水域　公海
(1海里=1852m)　大陸棚

（　）にあてはまる語句を答えよう。

ノートを活用して，くり返し書いて覚えよう。

1 国際社会における国家

教科書 p.182〜183

国家とは

・国家…（ ① ），**領域**，**主権**の三つの要素で構成。

・（ ② ）…主権を持つ国家。他の国家と平等である主権平等の原則，他国の干渉を受けない内政不干渉の原則が認められる。また，外交の重要な事柄を決定する権利も持つ。

・領域…主権がおよぶ範囲。**領土，領海**，（ ③ ）の三つで構成。

・（ ④ ）…領海の外，沿岸から200海里までの範囲。沿岸国に水産資源や鉱産資源などの権利。大陸棚とともに資源が豊富なところがある。

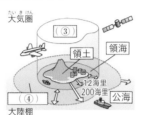

大気圏
（ ③ ）
領土　領海
12海里
200海里
（ ④ ）　公海
大陸棚
▲領域と（ ④ ）

・公海…（ ④ ）の外。公海自由の原則が認められる。

国旗と国歌

・国旗と国歌…国家を象徴するもの。日本では1999年に法律で（ ⑤ ）が国旗，「**君が代**」が国歌に。

国際法の役割と国際協調

・（ ⑥ ）…条約や慣行（慣習法）など。尊重し合い，（ ⑦ ）の体制を形成することが求められる。

・争いが発生した際は国際司法裁判所などを利用(ただし，争っている相手国の同意が必要)。

①
②
③
④
⑤
⑥
⑦

公海自由の原則は，国際法のうち慣行（慣習法）の一つだよ。

2 領土をめぐる問題の現状

教科書 p.184〜185

日本が直面している問題

・日本の固有の領土をめぐって周辺国との間で問題がある。

・（ ⑧ ）…島根県の島。韓国が不法に占拠。

・（ ⑨ ）…北海道の島々。ロシアが不法に占拠。

詳しく解説！　**北方領土**
1945年にソ連が占領し，1956年の日ソ共同宣言でも解決できなかった。1991年にソ連が解体されたあとは，ロシアが占拠している。

・（ ⑩ ）…沖縄県の諸島。日本が支配し，領土問題は存在しないものの，中国と台湾が領有権を主張。

⑧
⑨
⑩

解答▶▶ p.21

❶ 次の問いに答えなさい。

教科書 p.182〜183

　（　①　）国家の領域は，領土，領海，領空の三つで構成され，このうち領海の外には ₐ排他的経済水域，この水域の外にはどの国の船も航行が自由な（　②　）がある。排他的経済水域や大陸棚の延長をめぐっては争いが起こることがあり，ᵦ国際司法裁判所を利用して解決が図られることがある。

(1)　①・②にあてはまる語句を書きなさい。

(2)　下線部aは，沿岸から何海里までの範囲で設定できますか。
　　 ア〜ウから選びなさい。
　　 ア　12海里　　イ　100海里　　ウ　200海里

(3)　下線部bに関する次の文の（　　　）にあてはまる内容を，「相手国」という語句を使って簡単に書きなさい。
　　 ・国際法に基づき，争いを解決するが，（　　　　　　）なので全てを解決できるわけではない。

(1)	①	
	②	
(2)		
(3)		

❷ 次の問いに答えなさい。

教科書 p.184〜185

(1)　右の地図のA・Bにあてはまるものを，ア〜ウからそれぞれ選びなさい。
　　 ア　尖閣諸島　　イ　竹島
　　 ウ　与那国島

(2)　右の地図の北方領土を占拠している国の名前を書きなさい。

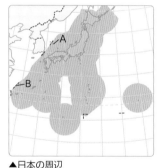
▲日本の周辺

(1)	A
	B
(2)	

書きトレ! 資料の沖ノ鳥島は，どのような目的から護岸工事をされましたか。「周辺」と「水域」という語句を使って簡単に書きなさい。

◀護岸工事をされている沖ノ鳥島

（　　　　　　　　　　　　　　　　　）

ヒント　❶(3)一方の国だけが，国際司法裁判所に訴えても裁判を行うことができるわけではありません。
　　　　❷(1)ア〜ウのうち残る一つは，日本の最も西端の島です。

1節　国際社会の仕組み②

国際連合本部

（　　）にあてはまる語句を答えよう。
ノートを活用して，くり返し書いて覚えよう。

3 国際連合の仕組みと役割

教科書 p.186〜187

◉平和の実現のための国際連合

・（ ① ）…国際協調の流れのなか，第一次世界大戦後の1920年に成立。第二次世界大戦は防止できなかった。

・（ ② ）…第二次世界大戦を防止できなかった反省から，1945年に（ ② ）憲章が採択されて成立。世界の平和と安全を維持することが目的。

◉国際連合の仕組み

・国際連合の本部はアメリカの（ ③ ）にあり，主要機関や専門機関などが設置されている。

・（ ④ ）（UNESCO）…専門機関。世界遺産の仕事も行う。

【詳しく解説!】**国連教育科学文化機関（UNESCO）**
教育の普及や，世界遺産をふくむ文化財の保護などを行っている。文化の面から平和に貢献している。

・（ ⑤ ）（WHO）…専門機関。医療や衛生などの活動を行っている。

・（ ⑥ ）…主要機関。全加盟国で通常，毎年9月に開催。決定には各国が平等に1票を持つ。

▲（ ② ）の仕組み

・（ ⑦ ）…主要機関。世界の平和と安全を維持するための中心機関。アメリカ，ロシア連邦，イギリス，（ ⑧ ），中華人民共和国の5か国の（ ⑨ ）と，任期2年の10か国の（ ⑩ ）で構成。前者の5か国は，重要な事項について1か国でも反対すると決定できない（ ⑪ ）を持っている。

◉国際連合の役割

・世界の平和と安全の維持のための活動…集団安全保障や，紛争後の停戦や選挙監視などの活動である（ ⑫ ）（PKO）など。

・経済や文化，環境，人権などで各国の協力を推進する活動…専門機関やその他の機関，NGOなどとも協力し，持続可能な開発のための取り組み→2015年に定めた（ ⑬ ）（SDGs）など。

①
②
③
④
⑤
⑥
⑦
⑧
⑨
⑩
⑪
⑫
⑬

子どものための活動を行う国連児童基金（ユニセフ）も国際連合の機関だよ。

解答▶▶ p.22

① 次の問いに答えなさい。

教科書 p.186〜187

　本部が（　①　）のニューヨークにある _a国際連合は1945年に成立し，2020年現在，_b193か国が加盟している。全加盟国が平等に一票を持つ（　②　）や _c安全保障理事会（安保理），事務局などの主要機関や，_d専門機関などが設置されている。

⑴　①・②にあてはまる語句を書きなさい。

⑵　下線部 **a** に関する次の文中の（　　　）にあてはまる内容を，「世界」と「維持」という語句を使って簡単に書きなさい。

　　・第二次世界大戦を防止できなかった反省から，（　　　　　　）ことを大きな目的として設立された。

⑶　下線部 **b** に関して，右の資料に関する次の **X**・**Y** について，正しいものには○を，間違っているものには×を付けましょう。

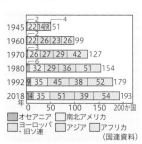

▲国際連合の加盟国数の推移

　X　1945年から1960年にかけて加盟国数が最も増加した地域は，アジアである。

　Y　1980年から1992年にかけて加盟国数が最も増加した地域は，オセアニアである。

⑷　下線部 **c** の常任理事国としてあてはまらないものを，**ア〜エ** から選びなさい。

　ア アメリカ　　**イ** フランス　　**ウ** イギリス　　**エ** ドイツ

⑸　下線部 **d** に関して，世界遺産をふくむ文化財の保護などを行っている専門機関の名称を書きなさい。

(1)	①
	②
(2)	
(3)	X
	Y
(4)	
(5)	

書きトレ! 資料の国連の安全保障事会で，ある重要事項について，反対したのは15か国のうちロシア連邦と中国のみでしたが，不成立でした。その理由を，簡単に書きなさい。

◀国連の安全保障理事会の会合

（　　　　　　　　　　　　　　　　　　　　）

ヒント　①⑷常任理事国の残りの2か国は，ロシア連邦と中華人民共和国（中国）です。

1節　国際社会の仕組み③

ユーロ

（　　）にあてはまる語句を答えよう。

ノートを活用して，くり返し書いて覚えよう。

４ 地域主義の動き

教科書 p.188 〜 189

◉グローバル化と地域主義

・グローバル化の進展により，各国が他国との関係なしに成り立たない（　①　）の関係になる。

・（　②　）…特定の地域の国が経済や安全保障などでまとまる動き。

◉世界の地域主義の動き

・（　③　）…第二次世界大戦後にヨーロッパで経済統合の動きがあり，1993年に成立。多くの加盟国で共通通貨の（　④　）を導入。

・（　⑤　）…東南アジアの地域の安定などを目的として1967年に成立。

・アジア・太平洋地域では**アジア太平洋経済協力会議**（略称は（　⑥　））が開催。その他にも環太平洋経済連携協定（TPP11）の調印など，自由貿易協定（FTA）や経済連携協定（EPA）を結び，貿易の自由化を進めることが増加。

◉地域主義の課題

・（　③　）では，加盟国間の経済格差の拡大などの課題。

①
②
③
④
⑤
⑥

５ 新興国の台頭と経済格差

教科書 p.190 〜 191

◉南北間の経済格差／新興国の台頭と南南問題

・（　⑦　）…モノカルチャー経済の状態のままの**発展途上国**（途上国）と**先進工業国**（先進国）の間の経済格差。

> **詳しく解説！** **南北問題**
> 発展途上国（途上国）の多くが南半球，先進工業国（先進国）の多くが北半球に位置することから名付けられた。

・**新興国**…1960年代から発展した**韓国**，**台湾**，**ホンコン**（香港），**シンガポール**などの（　⑧　），2000年代に発展して（　⑨　）とよばれるブラジル，ロシア連邦，インド，中国，南アフリカ共和国。→新興国の発言力が強まり，これらの主な国をふくむG20サミットが開催。

▲G20サミット

・（　⑩　）…経済成長の差による発展途上国の間の経済格差。

◉自立した経済発展を目指して

・経済成長が進まない発展途上国への援助などの在り方が課題。

⑦
⑧
⑨
⑩

日本は，（　⑥　）やTPP11などの参加国となっているよ。

解答▶▶ p.22

1 次の問いに答えなさい。

教科書 p.188 ～ 189

　第二次世界大戦後，特定の（　①　）の国が経済や安全保障などでまとまる（　①　）主義の動きがあり，aEUや，東南アジア10か国による（　②　）などもそのような組織である。日本もアジア太平洋経済協力会議に参加したり，b環太平洋経済連携協定に調印したりしている。

(1) ①・②にあてはまる語句を書きなさい。

(2) 下線部aの共通通貨をカタカナで書きなさい。

(3) 下線部bの略称を，ア～ウから選びなさい。
　　ア　TPP11　　イ　APEC　　ウ　NIES

(1)	①
	②
(2)	
(3)	

2 次の問いに答えなさい。

教科書 p.190 ～ 191

(1) 発展途上国と先進工業国の間の経済格差を（　　　　）問題といいます。（　　　　）にあてはまる語句を書きなさい。

(2) 右の資料のアメリカと日本以外の新興国5か国をまとめて何といいますか。アルファベットの略称で書きなさい。

(3) 右の資料に関する次のA・Bについて，正しいものには○を，間違っているものには×を付けましょう。

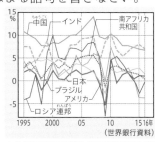

▲主な国の国内総生産の増加率の推移

A　1995年から2016年までどの年も，中国の国内総生産の増加率が日本を上回っている。

B　1995年から2016年までブラジルの国内総生産の増加率が0％を下回ったことはない。

(1)	
(2)	
(3)	A
	B

書きトレ！ 資料からわかる，ヨーロッパ連合（EU）に存在する経済面の問題点を，簡単に書きなさい。

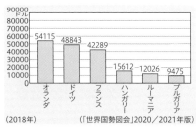

◀主なヨーロッパ連合加盟国の一人あたりの国民総所得

（2018年）　　（「世界国勢図会」2020／2021年版）

ヒント　1 (3)ア～ウのうち残る二つは，アジア太平洋経済協力会議，新興工業経済地域の略称です。

2節　さまざまな国際問題①

地球サミット

（　）にあてはまる語句を答えよう。

ノートを活用して，くり返し書いて覚えよう。

1 地球環境問題

教科書 p.192 ～ 193

◉危機的な地球環境／地球温暖化と気候変動

・地球環境問題…森林伐採などが原因の砂漠化，自動車の排気ガスや工場のばい煙などが原因の大気汚染と（ ① ）の発生，フロンガスが原因の（ ② ）の破壊など。

・**地球温暖化**…地球環境問題の一つ。二酸化炭素（CO_2）などの（ ③ ）の増加が原因。→生物の死滅，農作物の不作，干ばつ・洪水の発生，海面上昇による低地・島国の水没。

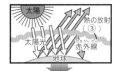

▲地球温暖化の仕組み

◉国際社会の取り組み

・（ ④ ）…1992年にブラジルで開催。気候変動枠組条約などに調印。

・（ ⑤ ）…1997年に採択。先進国に（ ③ ）排出削減を義務付け。

・（ ⑥ ）…2015年に採択。途上国をふくみ排出削減に取り組む。

◉地球環境問題の解決に向けて

・経済などの発展と環境保全の両立が必要。「持続可能な社会」の考えの上で国・地域などが協力。

①
②
③
④
⑤
⑥

2 資源・エネルギー問題

教科書 p.194 ～ 195

◉限りある資源

・（ ⑦ ）…石炭，石油，天然ガスなど。エネルギー消費量の8割以上。→埋蔵量にかたよりがあり，採掘できる年数に限り。

◉日本のエネルギー消費の状況

・日本のエネルギー消費量…約半分が産業用。近年，家庭用が増加。

・日本の発電…（ ⑧ ），**火力発電，原子力発電**。→使用される資源の9割以上は輸入にたよる。

◉これからの日本のエネルギー

・原子力発電の問題点…2011年の（ ⑨ ）のときの発電所事故での放射性廃棄物による被害。放射性廃棄物の処分場の問題。

・（ ⑩ ）…太陽光や風力，地熱など。→二酸化炭素排出がない。

⑦
⑧
⑨
⑩

⑩ には，費用が高いなど課題もあるよ。

> **詳しく解説！** **新しいエネルギー資源**
>
> 技術の発展により，従来採掘できなかったシェールガスの利用や，海底にあるメタンハイドレートの開発が行われるようになっている。

1 次の問いに答えなさい。

　地球環境問題には森林伐採などが原因の（　①　）化や，$_a$酸性雨，地球温暖化などがある。このうち地球温暖化の防止については，国際的な環境会議が開催されており，（　②　）（CO_2）など$_b$温室効果ガスの削減に関する文書が採択されている。

⑴　①・②にあてはまる語句を書きなさい。

⑵　下線部aの原因を，ア～ウから選びなさい。

　　ア　フロンガス

　　イ　自動車の排気ガスや工場のばい煙など

　　ウ　汚染物質の海洋への流出

⑶　下線部bのうち2015年に採択され，産業革命以前からの気温上昇を2度未満とし，途上国をふくみ排出削減に取り組むことを定めたものを，ア～ウから選びなさい。

　　ア　京都議定書　　　イ　生物多様性条約　　　ウ　パリ協定

⑴	①
	②
⑵	
⑶	

2 次の問いに答えなさい。

教科書 p.194～195

⑴　石炭，石油，天然ガスなどをまとめて（　　　　）燃料といいます。（　　　　）にあてはまる語句を書きなさい。

⑵　自然を利用した発電のうち右の資料の発電方法を何といいますか。また，この発電に関係するものをふくめ，自然の中で得られ，くり返し使うことができるエネルギーを何といいますか。

▲ある発電の施設

⑴	
⑵	発電方法
	エネルギー

書きトレ！ 資料のツバルなど島国が，温室効果ガスの排出量の削減に向けて取り組みを推進するように環境会議などで各国に訴えている理由を，簡単に書きなさい。

◀太平洋上の島国であるツバル

（　　　　　　　　　　　　　　　　　　　　）

ヒント　1 ⑵ア～ウのうち残る二つは，オゾン層の破壊，海洋汚染の原因です。
　　　　2 ⑵エネルギーには，太陽光や地熱，生物由来のバイオマスなどもふくまれます。

解答▶▶ p.23

NGOによる地雷の除去作業

（　　）にあてはまる語句を答えよう。

ノートを活用して，くり返し書いて覚えよう。

3 貧困問題

教科書 p.198〜199

◉ **人口の急増／世界の貧困問題**

・人口の急増…増加率はアジア・アフリカの途上国で高い。

・（ ① ）…1日の生活費が1.9ドル未満。アフリカ南部で多い。

　栄養不足で最低限の生活が難しい（ ② ）が途上国を中心に発生。

◉ **途上国の人々の自立に向けて**

・国連は2015年に持続可能な開発目標

　（ＳＤＧｓ）で目標の一つに（ ① ）・（ ② ）

　の解決。

途上国の人々		先進国の人々
預金┃利子		出資┃配当
		寄付┃など
	（ ④ ）機関	
低金利	教育	
での	指導	返済
貸し出し		
貧困層の人々 ➡		事業の実施

▲（ ④ ）の仕組み

・先進国の人々が途上国の人々による農作物などを適正な価格

　で購入する（ ③ ）や，途上国での少額融資である（ ④ ）の取り組み。

①
②
③
④

4 新しい戦争

教科書 p.200〜201

◉ **地域紛争／テロリズム／戦争のない世界を目指す取り組み**

・（ ⑤ ）…国内や周辺国を巻きこむ戦争で，多くが**民族紛争**。

・（ ⑥ ）…武器などを持つ集団が敵の攻撃，自爆による人々の

　無差別殺傷，建物の破壊などを行うこと。

・**軍縮**…大量破壊兵器の廃絶。1968年に（ ⑦ ）条約，2017年に

　核兵器禁止条約，1997年に対人地雷全面禁止条約が採択。

⑤
⑥
⑦

5 難民問題

教科書 p.202〜203

◉ **二度の世界大戦と難民／難民を生みだすさまざまな要因**

・（ ⑧ ）…生活していた場所から周辺国へにげた人。地域紛争や

　（ ① ），自然災害などが原因。1990年代以降，国内（ ⑨ ）が増加。

・（ ⑩ ）（UNHCR）…1950年に成立。難民の保護活動を行う。

　1951年に国連で難民の地位に関する条約（難民条約）が採択。

> **詳しく解説！　国連難民高等弁務官事務所（UNHCR）**
> 本部はスイスのジュネーブにあり，難民条約に基づく難民や自国内
> で避難生活を送る国内避難民の保護活動を行っている。

⑧
⑨
⑩

◉ **難民問題の解決に向けて**

・国際機関は，難民キャンプの設置などの支援活動を実施。難民を生む地域紛争や貧困などの

　根本的な解決が必要。

解答▶▶ p.23

2節　さまざまな国際問題②

1 次の問いに答えなさい。
教科書 p.198～199

(1) 貧困の状態にある人々は，世界のどの地域に多いですか。ア～ウから選びなさい。

ア　ヨーロッパ西部　　イ　北アメリカ東部

ウ　アフリカ南部

(2) 途上国の人々の自立のためのマイクロクレジットの内容としてあてはまるものを，ア～ウから選びなさい。

ア　途上国の貧しい人々に少額の融資を行うこと。

イ　途上国の子どもに教育を行うこと。

ウ　途上国の人々が安全な水を利用できるようにすること。

(1)	
(2)	

2 次の問いに答えなさい。
教科書 p.200～201

(1) 次の文の(　　　)にあてはまる語句を書きなさい。

・地域紛争は，多くが(　　　)紛争の形で起こっている。

(2) 1968年に採択された，核兵器保有国以外の保有を禁止する条約の名称を書きなさい。

(1)	
(2)	

3 次の問いに答えなさい。
教科書 p.202～203

(1) 右の資料の活動を行っている国連機関の略称(りゃくしょう)としてあてはまるものを，ア～ウから選びなさい。

ア　UNHCR　　イ　WHO

ウ　UNESCO(ユネスコ)

▲国連機関の難民の保護活動

(1)	

書きトレ! 資料のマークは，どのような商品に付けられていますか。「途上国の人々」と「適正な価格」という語句を使って簡単に書きなさい。

▲国際フェアトレード認証ラベル

(　　　　　　　　　　　　　　　　　　　　)

ヒント　3 (1)ア～ウのうち残る二つは，国連教育科学文化機関，世界保健機関の略称です。

3節　これからの地球社会と日本

サン・ピエトロ大聖堂

（　　）にあてはまる語句を答えよう。

ノートを活用して，くり返し書いて覚えよう。

1 世界と協力する日本

教科書 p.204 ～ 205

◆日本の平和主義と国際貢献

・日本の外交方針…日本国憲法の前文・第9条に規定の（ ① ）。

→（ ② ）をかかげて核兵器の廃絶を訴える。

…国際貢献。→（ ③ ）などで途上

国への資金援助や，開発支援。地

球環境問題・地域紛争などの解決

（2015年に採択の「持続可能な開

発のための2030（ ④ ）」のうちの

▲日本の（ ③ ）で造られた橋

持続可能な開発目標（SDGs）のための取り組み）。自衛

隊のPKOなど。

◆日本の外交政策

・戦後の日本外交…アメリカとの関係が中心。（ ⑤ ）条約によ

るアメリカとの同盟。

・東アジア・東南アジアとの関係…経済などの連携。→第二次世界大戦で被害をあたえた問題も。

・（ ⑥ ）の問題…核兵器の開発やミサイルの発射。日本人の拉致問題。

①
②
③
④
⑤
⑥

2 より良い地球社会を目指して

教科書 p206 ～ 207

◆地球社会の多様性／多様性の尊重

・（ ⑦ ）…さまざまな民族がいて，宗教など文化もさまざまで

あること。このことは，地球社会を豊かにしている。

・多様性を尊重する取り組み…1972年に（ ⑧ ）の提案で採択さ

れた（ ⑨ ）条約。2001年に（ ⑧ ）で採択された「文化の多様

性に関する世界宣言」。

・国際社会で一人一人の人間の生命・人権を守る「（ ⑩ ）」の

考えが求められている。→多様性の尊重と異文化理解が必要。

⑦
⑧
⑨
⑩

> **詳しく解説！** 「人間の安全保障」
> グローバル化の進展のなか，従来の「国家の安全保障」だけでは安全・
> 平和を守ることができないので，一人一人の人間に着目した考え。

⑦ の尊重は，民主主義の実現などに必要なものだよ。

◆持続可能な社会のために

・持続可能な社会のためには，一人一人の意識・行動が大切で，

国をこえた協力が求められている。

解答▶▶ p.24

① 次の問いに答えなさい。

教科書 p.204〜205

> 日本の外交方針は，日本国憲法第9条などに規定の（　①　）主義と，政府開発援助（略称は（　②　））や自衛隊の<u>国連平和維持活動（PKO）</u>などの国際貢献である。

(1)　①・②にあてはまる語句を書きなさい。

(2)　下線部に関する右の地図から読み取れることとしてあてはまるものを，ア〜ウから選びなさい。

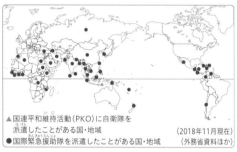

▲ 国連平和維持活動(PKO)に自衛隊を
派遣したことがある国・地域
● 国際緊急援助隊を派遣したことがある国・地域
(2018年11月現在)
(外務省資料ほか)
◀日本の主なPKOと国際緊急援助隊の派遣先

　ア　日本の自衛隊は，アジア州に国連平和維持活動（PKO）として派遣されたことがない。

　イ　日本の国際緊急援助隊は，北アメリカ州に派遣されたことがある。

　ウ　日本の国際緊急援助隊は，オセアニア州に派遣されたことがない。

(1)	①
	②
(2)	

② 次の問いに答えなさい。

教科書 p.206〜207

(1)　1972年に採択された（　　　）条約により保護することになった貴重な自然や文化財を（　　　）といいます。（　　　）に共通してあてはまる語句を書きなさい。

(2)　「人間の安全保障」とはどのような考えですか。「人間」と「生命・人権」という語句を使って簡単に書きなさい。

(1)	
(2)	

書きトレ! 資料からわかる，2000年から2016年にかけての日本の二国間政府開発援助（ODA）の地域別の割合の変化を，「アジア」という語句を使って簡単に書きなさい。

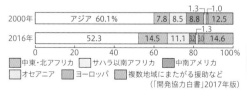

2000年　アジア 60.1%　7.8　8.5　8.8　1.3　1.0　12.5
2016年　52.3　14.5　11.1　1.3　3.0　14.6
0　20　40　60　80　100%

■ 中東・北アフリカ　□ サハラ以南アフリカ　■ 中南アメリカ
□ オセアニア　■ ヨーロッパ　■ 複数地域にまたがる援助など
（「開発協力白書」2017年版）

▲日本の二国間政府開発援助（ODA）の地域別の割合の推移

ヒント　① (2)ウのオセアニアには，大陸に位置するオーストラリアだけでなく，太平洋上の島国もふくまれます。
② (1)日本の法隆寺やバチカン市国のサン・ピエトロ大聖堂なども登録されています。

解答▶▶ p.24　101

| 時間 30分 | ／100点 | 合格 70点 |

❶ 次の文を読んで，問いに答えなさい。 32点

> 国家は，（ A ），領域，主権の三つの要素で成り立ち，このうち領域は，a領土，領海，（ B ）で構成されている。世界には国家が190以上あり，b日本はこれらの国々とc国際法を尊重しつつ協調体制をとっている。また日本は，日本国憲法第9条などで定められた（ C ）主義と国際貢献を外交の方針とし，d国際連合などの機関の活動にも参加している。

(1) A～Cにあてはまる語句を書きなさい。

(2) 日本の下線部aの説明として正しいものを，ア～エから選びなさい。 思
　　ア　北方領土を韓国に占拠されている。　　イ　日本の南端は沖ノ鳥島である。
　　ウ　竹島を中国に占拠されている。　　　　エ　日本の東端は与那国島である。

(3) 下線部bの国旗を特に（　　）といいます。（　　）にあてはまる語句を漢字で書きなさい。

(4) 下線部cである慣行（慣習法）のうち，排他的経済水域の外の海は，どの国の船でも自由に航行できるという原則を何といいますか。

(5) 下線部dについて，次の問いに答えなさい。

① 国連分担金の比率である右の**資料**のX～ZのうちX・Yにあたる組み合わせとして正しいものを，ア～エから選びなさい。 技
　　ア　X：アメリカ　Y：日本　　イ　X：中国　Y：日本
　　ウ　X：アメリカ　Y：中国　　エ　X：中国　Y：アメリカ

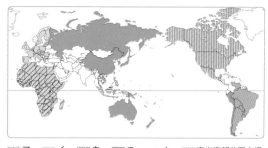

(2020年)

その他 28.7／（X）22.0%／総額 28.7億ドル／（Y）12.0／8.6（Z）／ドイツ 6.1／イギリス 4.4／フランス 4.6／イタリア 3.3／ブラジル 2.9／カナダ 2.7／ロシア 2.4／韓国 2.3

(国連資料)

資料　国連分担金の比率

② 国際連合の専門機関であるWHOの活動として正しいものを，ア～エから選びなさい。 思
　　ア　子どもの成長を守るための活動　　　イ　医療や衛生などの活動
　　ウ　識字教育や文化財の保護などの活動　エ　労働者の生活の改善などの活動

❷ 次の問いに答えなさい。 28点

(1) 世界の地域主義に関して，①USMCA，②AU，③ASEANの加盟国・地域を，右の地図のア～オから選びなさい。 技

(2) 南北問題の内容として正しいものを，ア～ウから選びなさい。 思
　　ア　先進工業国と発展途上国の間の経済格差
　　イ　先進工業国間の経済格差　　ウ　発展途上国間の経済格差

▨ア　▧イ　▥ウ　▦エ　　オ　▨南米南部共同市場

(3) 記述 一部の発展途上国で見られるモノカルチャー経済の内容を，簡単に書きなさい。 思

(4) 新興国であるBRICSにふくまれる国として正しくないものを，ア～エから選びなさい。
　　ア　中国　　イ　ブラジル　　ウ　南アフリカ共和国　　エ　インドネシア

成績評価の観点　技…資料活用の技能　思…社会的な思考・判断・表現

❸ 次の問いに答えなさい。

(1) 世界の二酸化炭素排出量に関する右の**資料Ⅰ**について，次の問い
に答えなさい。

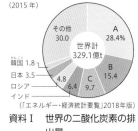

資料Ⅰ　世界の二酸化炭素の排出量

① **資料Ⅰ**のA～CのうちA・Bにあてはまる国・地域の組み合
わせとして正しいものを，ア～ウから選びなさい。技

　　ア　A：アメリカ　B：EU　　イ　A：EU　B：中国

　　ウ　A：中国　B：アメリカ

② **資料Ⅰ**の二酸化炭素など地球温暖化の原因であるガスをまとめて何といいますか。

③ ②のガスの削減につながるとされる再生可能エネルギーの説明として正しいものを，
ア～エから2つ選びなさい。思

　　ア　発電の費用が高いものが多い。　　イ　自然条件に左右されないものが多い。

　　ウ　化石燃料と関係が深い。　　　　　エ　地熱やバイオマスなどがふくまれる。

(2) 地域別の人口の推移と将来予測に関する右の**資料Ⅱ**につい
て，次の問いに答えなさい。

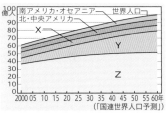

資料Ⅱ　地域別の人口の推移と将来予測

① **資料Ⅱ**のX～ZのうちY・Zにあてはまる地域として
正しいものを，ア～ウからそれぞれ選びなさい。技

　　ア　ヨーロッパ　　イ　アジア　　ウ　アフリカ

② **資料Ⅱ**のY・Zのような人口の増加は，貧困につなが
ることがあります。主に発展途上国で行われている，貧しい人々が事業を始めるにあ
たり，少額のお金をその人々に融資することを何といいますか。

(3) 兵器や戦争・紛争について，次の問いに答えなさい。

① 地面に埋められ，戦争終了後も人々に被害をあたえる兵器を何といいますか。

② 核兵器関連の条約に関するア～ウを，採択されたのが古い順に並べ替えなさい。思

　　ア　核拡散防止条約　　イ　核兵器禁止条約　　ウ　包括的核実験禁止条約

③ 戦争や地域紛争などにより，生活していた場所から国内外に逃げた人々を何といいますか。

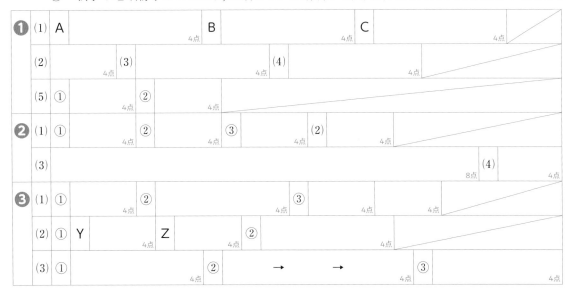

より良い社会を目指して

（　）にあてはまる語句を答えよう。
ノートを活用して，くり返し書いて覚えよう。

1 持続可能な社会の形成者として
教科書 p.214

・社会の（ ① ）の解決策を持続可能な社会の形成者として探究
することが求められている。→社会的な考え方などを活用。

①

2 持続可能な社会を実現するために
教科書 p.215 〜 217

・環境，人権，伝統，防災などの（ ② ）から選んで具体的に解
決するべき課題を設定し，それを選んだ理由も示す。

・地図帳・教科書，インターネットなどにある，地図やグラフ
などの（ ③ ）をさまざま観点から収集する。

・調べたことをもとに探究する。

・調べたことについてグループで議論し，（ ④ ）を深める。

・（ ⑤ ）にまとめる。このとき，探究課題，課題設定の理由，
探究の方法，探究の内容，探究のまとめと構想（アクション
プラン），参考資料などの項目を入れる。

②
③
④
⑤

3 探究を続ける
教科書 p.218

・社会の課題の解決には，解決策の探究の継続や社会参画が必要。
→メディアリテラシーを身に付けて正確な情報を入手し，事
実により判断することが必要。
→さまざまな人と協力しつつ探究することが必要。
→社会の課題を自分のこととして想像力を働かせることが必要。

社会の課題の解決には，
解決策の探究の積み重
ねなどが必要なんだよ。

① 次の問いに答えなさい。
教科書 p.214 〜 218

(1) 右の資料のようなものを何とい
いますか。カタカナで書きなさい。

(2) 右の資料のA〜Cには，探究の
手順が入ります。流れとして正
しくなるように，B・Cにあて
はまる語句を，ア〜ウからそれ
ぞれ選びなさい。

　ア　方法　　イ　まとめと構想
　ウ　内容（分かったこと）

〈探究の課題設定〉
・X市のごみ問題の解決
〈探究の課題設定の理由〉
・X市で増えているごみを
　減らしたいと思ったから。
〈探究の（ A ）〉
　　↓
〈探究の（ B ）〉
　　↓
〈探究の（ C ）〉

(1)	
(2)	B
	C

解答▶▶ p.24

テスト前に役立つ！

\\ 定期テスト //

予想問題

チェック！

● テスト本番を意識し，時間を計って解きましょう。

● 取り組んだあとは，必ず答え合わせを行い，
　まちがえたところを復習しましょう。

● 観点別評価を活用して，自分の苦手なところを確認しましょう。

> テスト前に解いて，わからない問題やまちがえた問題は，もう一度確認しておこう！

教科書の単元		本書のページ	教科書のページ
予想問題 **1**	第1章　現代社会と私たち	▶ p.106 ～ 107	p.8 ～ 31
予想問題 **2**	第2章 個人の尊重と日本国憲法①	▶ p.108 ～ 109	p.40 ～ 47
予想問題 **3**	第2章 個人の尊重と日本国憲法②	▶ p.110 ～ 111	p.48 ～ 67
予想問題 **4**	第3章 現代の民主政治と社会	▶ p.112 ～ 113	p.78 ～ 117
予想問題 **5**	第4章 私たちの暮らしと経済①	▶ p.114 ～ 115	p.130 ～ 149
予想問題 **6**	第4章 私たちの暮らしと経済②	▶ p.116 ～ 117	p.150 ～ 173
予想問題 **7**	第5章　地球社会と私たち 終章　より良い社会を目指して	▶ p.118 ～ 120	p.182 ～ 218

時間30分 ／100点　合格70点

❶ 現代日本について，次のA～Cのカードを見て，問いに答えなさい。　28点

A　グローバル化
　世界が一体化するにつれ，国際分業も進むようになり，a日本も食品の原料を外国から輸入するようになっている。

B　少子高齢化
　現在，日本は少子高齢化が進み，また，人口減少も始まっている。そうしたなか，bさまざまな課題がある。

C　情報化
　コンピューターやインターネットなどが発達した現代の社会は，世界中の情報を一瞬で入手できる反面，c問題点もある。

(1) 下線部aに関して，右の資料を見て，問いに答えなさい。

　① 米と魚介類のグラフを，右の資料中のア～エから1つずつ選びなさい。技

　② 記述 日本の食料自給率の低さにより生じる問題は何か，「安定」という語句を使って，簡単に書きなさい。思

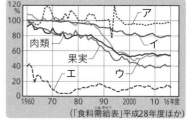

（「食料需給表」平成28年度ほか）

(2) 記述 下線部bに関する次の文中の（　　　）にあてはまる内容を，「働く世代」という語句を使って，簡単に書きなさい。思

　　今後，少子高齢化がより進むと，社会保障に必要な費用が増加する一方で，費用を負担する生産年齢人口の減少にともない，（　　　　　　）。

(3) 下線部cに関する次の文中の（ ① ）・（ ② ）にあてはまる語句を，それぞれ書きなさい。

　　情報化が進むと，情報をあつかう手段や技能をもつ人ともたない人との（ ① ）や，（ ② ）の流出という問題が生じている。

❷ 次の問いに答えなさい。　28点

(1) 次の①～③の月に行われる年中行事を答えなさい。
　① 1月　　　② 7月・8月　　　③ 11月

(2) 記述 右の地図で，香川県の雑煮はどのようなものか，簡単に書きなさい。

(3) 伝統文化のうち，アイヌ文化で受け継がれてきたものは，右の A，Bのどちらですか。技

(4) 記述 Cの神戸市のごみ分別のリーフレットから読み取れる，神戸市の取り組みを簡単に書きなさい。思

■角もち（四角いもち）を焼く
□角もちをにる　○丸もちをにる
●丸もちを焼く　▲あん入りもち
※北海道，沖縄は明確な特徴なし。
※九州，近畿，関東では里いもも用いられる。

丸もち・赤みそ
あずき汁
角もち・すまし汁
丸もち・すまし汁
丸もち・白みそ

0　200km

C 　◀神戸市のごみ分別のリーフレット（英語，中国語）

成績評価の観点　技…資料活用の技能　思…社会的な思考・判断・表現

❸ 次の文を読んで，問いに答えなさい。 技　　　　　　　　　　　　　　　　　　　44点

> 　a人間は，いくつかの社会集団に属している。社会集団の中では，さまざまな意見の違い
> から（　A　）が生じることがある。それを解決するために，おたがいがb納得できる（　B　）を
> 目指す必要がある。（　B　）を形成する際，多数決を用いる場合がある。その際，配慮すべき
> ことは（　C　）ことである。また，c投票の方法も事前に確認しておく必要がある。

(1)　（　A　）・（　B　）にあてはまる語句を，それぞれ漢字2字で書きなさい。

(2)　記述 下線部aについて，「人間は社会的存在である」といわれる理由を答えなさい。思

(3)　下線部bについて，この際，効率と公正という視点が重要です。次の①〜⑤の評価は，そ
　　れぞれ「効率」「公正」のどちらの視点にあたりますか，それぞれ答えなさい。技

　　①　目的を実現するための適切な手段になっているか。

　　②　だれにとっても同じ内容を意味するものになっているか。

　　③　ルールをつくる過程にみんなが参加しているか。

　　④　立場をかえても受け入れられるものになっているか。

　　⑤　お金や物，土地，労力などが無駄なく使われているか。

(4)　記述 （　C　）にあてはまる内容を，「少数」という語句を使って，簡単に書きなさい。思

(5)　記述 下線部cについて，事前に確認する必要がある理由について述べた次の文の（　　　　）
　　にあてはまる内容を書きなさい。思

> 　　複数の案がある場合，一度の投票で，賛成の票を最も多く集めた案を全体の（　B　）と
> しないのは，決まった結果に賛成の票を入れた人の数が，賛成の票を入れなかった人の
> 数より（　　　　）からである。

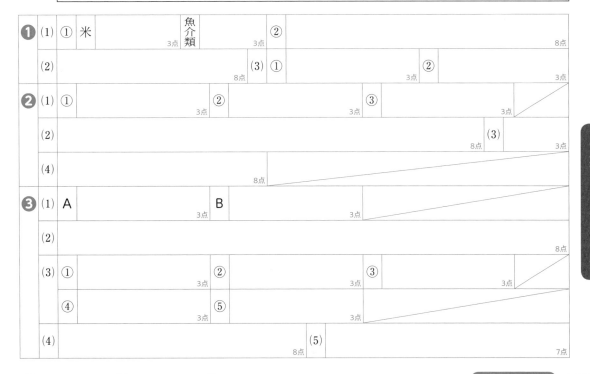

❶ (1) ① 米　　　　　魚介類 3点　　②　　　　　　　　　8点
　　(2)　　　　　　8点　(3) ①　　　　　3点 ②　　　　　3点
❷ (1) ①　　3点 ②　　3点 ③　　3点
　　(2)　　　　　　(3)　　8点　　3点
　　(4)　　　　8点
❸ (1) A　　3点 B　　3点
　　(2)　　　　　　8点
　　(3) ①　　3点 ②　　3点 ③　　3点
　　　　④　　3点 ⑤　　3点
　　(4)　　　8点 (5)　　　7点

定期テスト予想問題

第2章
個人の尊重と日本国憲法①

時間 30分　　／100点　　合格 70点

---

❶ 次の文を読んで，問いに答えなさい。　　　　　　　　　60点

> 現在，各国で広く保障されるようになった人権も，最初から認められていたわけではない。人々の長年の努力による a人権獲得の歴史があった。そのなかで， b思想家たちの果たした役割も大きい。また，人権を保障するためには c法の役割も重要である。

(1) 下線部aについて，次のA〜Dの資料と略年表を見て，問いに答えなさい。

A

第151条　経済生活の秩序は，全ての人に人間に値する生存を保障することを目指す…（略）…

B

第1条　人は生まれながらに，自由で平等な権利を持つ。…（略）…

C

第1条　議会の同意なしに，国王の権限によって法律とその効力を停止することは違法である。

D

我々は以下のことを自明の真理であると信じる。人間はみな平等に創られ，…（略）…

年	国など	ことがら
1215	イギリス	マグナ・カルタが成立する
1689	（ P ）	Cが出される
1776	（ Q ）	Dが出される
1789	（ R ）	Bが出される
1889	日本	d大日本帝国憲法が出される
1919	（ S ）	Aが出される
1946	日本	日本国憲法が制定される
1948	国際連合	（　　　）が採択される
1966	国際連合	国際人権規約が成立する

① A〜Dの資料にあてはまるものを，次のア〜エから1つずつ選びなさい。技

ア　人権宣言　　イ　権利章典　　ウ　ワイマール憲法　　エ　独立宣言

② A〜Dの資料のうち，世界で初めて社会権を明記したものを，記号で答えなさい。

③ 略年表は，人権思想のあゆみを示したものです。P〜Sの国名を，次のア〜エから1つずつ選びなさい。

ア　フランス　　イ　ドイツ　　ウ　アメリカ　　エ　イギリス

④ 略年表の（　　　）にあてはまる，国際連合の総会で採択された，世界共通の目標になっているものを，漢字6字で答えなさい。

(2) 下線部bについて，『法の精神』を著し，三権分立を説いた思想家を，ア〜エから選びなさい。

ア　マルクス　　イ　モンテスキュー　　ウ　ロック　　エ　ルソー

(3) 下線部cについて，右の図は，人の支配と法の支配を模式的に示したものです。右の図を参考に，法の支配において保障されることと制限されることを，それぞれ書きなさい。技

(4) 記述 下線部dについて，大日本帝国憲法では，人権はどのような形で認められていたか，「臣民」と「法律」という語句を使って簡単に書きなさい。思

人の支配

君主

政治権力

国民

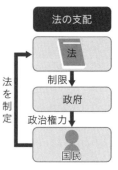

法の支配

法

制限

政府

政治権力

国民

法を制定

成績評価の観点　技…資料活用の技能　思…社会的な思考・判断・表現

❷ 日本国憲法について，問いに答えなさい。 40点

(1) 「5月3日」は国民の祝日であるが，何の日で，また，何を記念にしたものか，答えなさい。

(2) 次の文中の（ A ）～（ C ）にあてはまる語句を，それぞれ漢字2字で書きなさい。

> 日本国憲法第1条には「天皇は，日本国の（ A ）であり日本国民統合の（ A ）であつて，この地位は，（ B ）の存する日本国民の総意に基く。」とあり，第3条には，「天皇の国事に関するすべての行為には，（ C ）の助言と承認を必要とし，（ C ）が，その責任を負ふ。」とある。

(3) 次の文を読んで，問いに答えなさい。

> ① 日本国民は，正義と秩序を基調とする国際平和を誠実に希求し，国権の発動たる（ D ）と，武力による威嚇又は武力の行使は，…（略）…永久にこれを放棄する。
>
> ② …（略）…陸海空軍その他の戦力は，これを保持しない。国の（ E ）権は，これを認めない。

① 文中の（ D ），（ E ）にあてはまる語句の組み合わせとして正しいものを，ア～エから1つ選びなさい。

ア D：戦争　E：交戦　　イ D：戦争　E：自衛

ウ D：侵略　E：交戦　　エ D：侵略　E：自衛

② この文は，憲法第何条に明記されていますか。

(4) 右の図は，日本国憲法の改正手続きの流れを表したものです。図中の（ F ），（ G ）にあてはまる語句の組み合わせとして正しいものを，ア～エから選びなさい。また，（ H ）にあてはまる語句を書きなさい。技

ア F：出席議員　G：過半数　　　イ F：総議員　G：4分の3以上

ウ F：出席議員　G：4分の3以上　　エ F：総議員　G：過半数

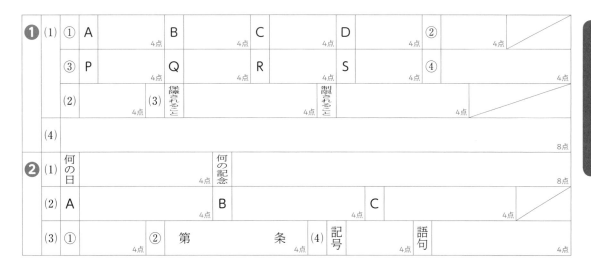

❶	(1)	①	A		B		C		D		②		
				4点		4点		4点		4点		4点	
		③	P		Q		R		S		④		
				4点		4点		4点		4点			4点
	(2)			4点	(3)	侵される こと			犯される こと			4点	
							4点			4点			
	(4)												8点
❷	(1)	何の日				何の記念			4点				8点
	(2)	A			B			C					
							4点			4点			4点
	(3)	①		4点	② 第		条 4点	(4)	記号		4点	語句	4点

❶ ／60点　❷ ／40点

解答▶▶ p.26

時間 30分 ／100点　合格 70点

❶ 右の基本的人権の構成図を見て，問いに答えなさい。 技　　　68点

(1) 下線部aについて，日本国憲法では，基本的人権を「侵すことのできない（ A ）の権利」として保障している。（ A ）にあてはまる語句を，漢字2字で書きなさい。

(2) 下線部bについて，次の日本国憲法の条文中の（ B ）にあてはまる語句を答えなさい。

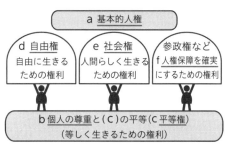

> すべて国民は，個人として尊重される。生命，自由及び（ B ）に対する国民の権利については，公共の福祉に反しない限り，…（略）…を必要とする。

(3) 図中の（ C ）にあてはまる語句を答えなさい。

(4) 下線部cについて，問いに答えなさい。

　① 障がい，貧困，高齢，移民，性別などさまざまなちがいを認め，かかわる全ての人が参加し支え合うという考え方を何といいますか。

　② 記述 資料は，1975年と2017年の，女性の年齢別の働いている人の割合を示しています。A，Bどちらが2017年のものか，答えなさい。また，そう考えた理由を，「仕事」という語句を使って，簡単に書きなさい。 思

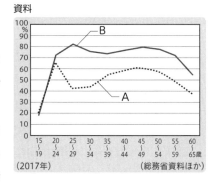

資料

（2017年）　　　　　　（総務省資料ほか）

(5) 下線部dについて，自由権は3つに分類されます。次の行為のうち，下で示した日本国憲法の条文に最も関わりの深いものを選び，記号で答えなさい。また，この条文は，3つの自由のうち，どれにあたりますか，答えなさい。 技

　ア 自分で作詞・作曲した歌を友だちと路上ライブをした。

　イ 家の商売を継がないで，会社員になった。

　ウ 大学で学んだ考古学の研究を卒業後も趣味として続けている。

　エ アルバイトの報酬で好きなゲームソフトを購入した。

> 何人も，公共の福祉に反しない限り，居住，移転及び職業選択の自由を有する。

(6) 下線部eについて，各問いに答えなさい。

　① 記述 社会権の1つである，生存権とはどういう権利ですか，簡単に書きなさい。 思

　② ①の権利を保障するために制定された法律を何といいますか。

　③ 記述 教育を受ける権利が社会権にふくまれる理由を，簡単に書きなさい。 思

　④ 労働基本権のうち，労働組合をつくる権利を何といいますか。

(7) 下線部fについて，次のア～オを，①参政権と②請求権に分類しなさい。 技

　ア 憲法改正の国民投票権　　イ 裁判を受ける権利　　　　ウ 請願権

　エ 刑事補償請求権　　　　　オ 最高裁判所裁判官の国民審査権

　成績評価の観点　技…資料活用の技能　　思…社会的な思考・判断・表現

❷ 次の文を読んで，問いに答えなさい。　16点

　日本国憲法では基本的人権が保障されているが，_a「公共の福祉」によって制限される場合がある。また，_b3つの国民の義務も定められている。

(1) 下線部 a について，右の表は，「公共の福祉」による人権の制限の例を示したものです。表中の A ～ C にあてはまる語句を，┊┈┈┊から選びなさい。技

（ A ）	・公務員のストライキを禁止
（ B ）の自由	・感染症による入院措置
（ C ）の自由	・選挙運動の制限

> 集会・結社　　居住・移転　　労働基本権　　表現　　職業選択

(2) 下線部 b について，国民の義務であると同時に権利でもあると憲法で定められているものを，ア～エから選びなさい。

　ア　教育を受ける　　イ　投票　　ウ　勤労　　エ　納税

❸ 次の文を読んで，問いに答えなさい。思 技　16点

　時代の変化とともに憲法に直接明記されていない_a新しい人権が主張されるようになった。また，_b人権保障の国際的広がりの動きも見られる。

(1) 下線部 a について，問いに答えなさい。

　① 情報公開制度は，どの新しい人権と関係が深いですか。書きなさい。

　② 医療の現場におけるインフォームド・コンセントとは，医師から十分な説明を受けた後に，治療方法を患者が（　　　　）という考え方です。（　　　　）にあてはまる内容を書きなさい。思

(2) 下線部 b について，次のア～ウは国際連合で採択された人権に関する条約です。採択された順に並べ替えなさい。技

　ア　子ども（児童）の権利条約　　イ　女子差別撤廃条約　　ウ　国際人権規約

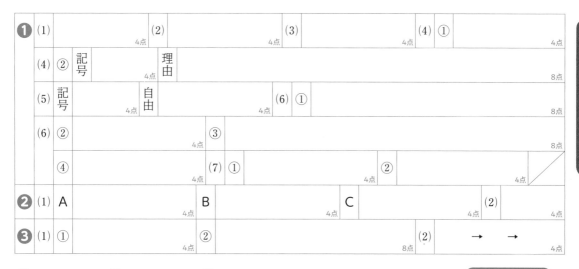

時間30分 ／100点 ｜ 合格70点

❶ **次の文を読んで，問いに答えなさい。** 36点

> 日本では_a選挙を通じて国民の代表者である国会議員を選ぶ。国会は二院制がとられ，いくつかの重要な点で_b衆議院の優越（ゆうえつ）が認められている。内閣は行政を担当し，国会との関係では_c議院内閣制をとっている。

(1) 下線部aについて，次の問いに答えなさい。

　① 右の表は，比例代表制の模擬選挙における得票数を示しています。定数を5人とすると，5人目の当選者が出る政党をA〜Cから選びなさい。技

	A党	B党	C党
得票数	2400	1800	960

　② 近年，投票率の低下が問題になっています。多くの人が投票を棄権（きけん）すると，どのような問題が起こりますか。簡単に書きなさい。思

(2) 下線部bが認められているものを，ア〜オから2つ選びなさい。

　ア　弾劾裁判所（だんがい）の設置　　イ　内閣総理大臣の指名　　ウ　国政調査権の行使

　エ　憲法改正の発議　　オ　予算の議決

(3) 下線部cについて，次の憲法の条文中の（ A ）・（ B ）にはあてはまる語句を，（ C ）にはあてはまる内容を答えなさい。思

> 第68条　（ A ）は，国務大臣を任命する。但し，その過半数は，（ B ）の中から選ばなければならない。
> 第69条　内閣は，衆議院で不信任の決議案を可決し，又（また）は信任の決議案を否決したときは，10日以内に（ C ）。

❷ **右の図を見て，問いに答えなさい。** 20点

(1) 右の図の裁判の種類を何といいますか。技

(2) この裁判が行われている裁判所の名前を書きなさい。

(3) 図中のA〜Cにあてはまる語句を，それぞれ書きなさい。技

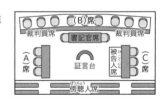

❸ **右の図のX，Y，Zは，国会，内閣，裁判所のいずれかです。この図を見て，問いに答えなさい。** 16点

(1) 図中の@，ⓑが示す仕事としてあてはまるものを，ア〜オから1つずつ選びなさい。技

　ア　内閣総理大臣の指名　　イ　衆議院の解散の決定

　ウ　最高裁判所長官の指名　　エ　違憲審査（しんさ）　　オ　弾劾裁判所の設置

(2) 三権分立制がとられている理由を，「濫用」という語句を使って，簡単に書きなさい。思

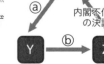

内閣不信任の決議

成績評価の観点　技…資料活用の技能　思…社会的な思考・判断・表現

❹ 次の文を読んで，問いに答えなさい。　28点

> <u>a地方自治</u>は，地方公共団体を単位として行われている。住民には，<u>b直接請求権</u>などが認められている。また，<u>c地方財政</u>については，<u>d多くの問題をかかえている</u>のが実情である。

(1) 下線部 a について，右の図は，地方自治の仕組みを示しています。図中の@はどのような働きを示していますか。ア〜ウから選びなさい。[技]

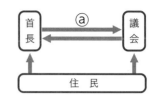

　ア　不信任決議　　イ　監査請求　　ウ　議会の解散

(2) 下線部 b について，有権者数30000人の市において条例の制定を請求する場合の手続きについて述べている次の文中の（　A　）・（　B　）にあてはまる数字や語句を答えなさい。[技]

> （　A　）人以上の有権者の署名を集めて，（　B　）に請求する。

(3) 下線部 c について，右の 3 府県の歳入とその内訳について述べた次の文中の（　C　）・（　D　）にあてはまる府県名を答えなさい。[技]

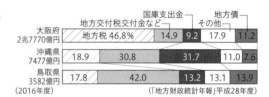

> 　3 府県を比べると，地方税収入の格差をなくすために国から配分される資金の割合が最も大きいのは（　C　）である。また，地方税の割合が国庫支出金の割合より大きい府県の中で，地方債の割合が小さいのは（　D　）である。

(4) [記述] 下線部 d について，どのような問題がありますか。「自主財源」という語句を使って簡単に書きなさい。[思]

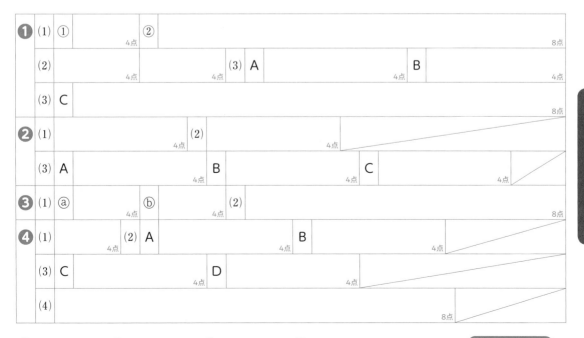

解答▶▶ p.28

時間 30分　合格 70点
／100点

❶ 次の文を読んで，問いに答えなさい。　　　　　　　　　　　　40点

> 私たちは，さまざまな _a商品を購入し消費して生活している。家族や個人といった，_b消費生活の単位を _c家計という。

(1) 下線部 a について，次の問いに答えなさい。

① 次の文は，Kさんのある日の行動の記録です。この中で，Kさんが財とサービスを購入した場面はそれぞれいくつありますか，答えなさい。技

> Kさんは，近くの歯科医院で治療を受けた後，バスに乗って駅前まででかけた。駅前の本屋で参考書を1冊買ってから美容院で髪を切ってもらった。その後，コンビニエンスストアでアイスを1個買い，歩いて家まで帰った。

② 商品を購入するとき，売る側と買う側で何をいくらで売買するかの合意が成立している。このような当事者間での合意を何といいますか。漢字2文字で書きなさい。

③ 右の資料Iのようなカードを機械にかざすことでお金が支払われます。このように，デジタルデータにお金としての価値をもたせたものを何といいますか。

資料I

(2) 下線部 b について，問いに答えなさい。

① 製造物責任法（PL法）について説明した次の文中の（　　）にあてはまる内容を，「過失」と「救済」という語句を使って，簡単に書きなさい。思

> 製品の欠陥によって消費者が被害を受けた場合，
> （　　　　　）。

資料II

> **通知書**
> 次の契約を解除することを通知します。
> 契約年月日　〇〇年〇月〇日
> 商品名　　　〇〇〇〇〇〇〇
> 販売会社　　株式会社〇〇〇　〇〇営業所
> 　担当者　〇〇〇〇
> クレジットカード会社　△△△株式会社
> 　支払った代金〇〇円を返金し，商品を引き取ってください。
> 　　　　　　　　　　〇〇年〇月〇日
> 　　　　　　　　　　〇〇〇〇

② 右上の資料IIに関係の深い制度を何といいますか，答えなさい。技

③ 次のA，Bのうち，流通の合理化を示した図はどちらですか。技

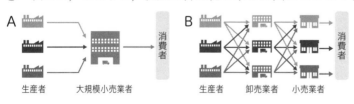

A　生産者　大規模小売業者　消費者
B　生産者　卸売業者　小売業者　消費者

(3) 下線部 c について，右の表はある家庭の1か月の家計の支出を表したものです。この表を見て，問いに答えなさい。

① この家庭の消費支出は全部でいくらですか。技

② この家庭の貯蓄は全部でいくらですか。技

項目	金額
食料費	74,000
住居費	20,000
水道・光熱費	22,000
被服・はき物費	15,000
教育費	20,000
交通・通信費	42,000
税金	43,000
社会保険料	60,000
生命保険料	12,000
銀行預金	15,000

成績評価の観点　技…資料活用の技能　思…社会的な思考・判断・表現

❷ 次の文を読んで，問いに答えなさい。　　　　　　　　　　60点

> 　a企業には，国や地方公共団体が営む（　X　）と，b株式会社などの，（　Y　）を目的として経済活動を行う私企業がある。私企業は最近，c社会に対して積極的に果たすべき役割が期待されるようになった。労働者には，憲法で労働基本権が保障され，dさまざまな法律が定められている。また，e労働環境が変化し，f課題も見られるようになった。

(1)　文中の（　X　）・（　Y　）にあてはまる語句を，それぞれ答えなさい。

(2)　下線部aについて，新しいアイデアや技術をもとに革新的な事業展開をしている中小企業を何といいますか。

(3)　下線部bについて，右の図はその仕組みを大まかに示したものです。図中のA〜Dにあてはまる語句を，説明を参考にして，それぞれ答えなさい。技
　　A…資金を提供した人
　　B…株式会社が発行した証書　　　C…（　Y　）の一部
　　D…会社の方針や役員選出を行う場
　　E…AにBの売買や分配金の支払いを行う会社

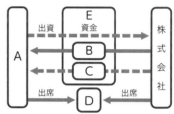

(4)　下線部cについて，このことを，「企業の（　　　　）」といいます。（　　　　）にあてはまる語句を書きなさい。

(5)　下線部dについて，労働条件の最低基準を定めている法律を何といいますか。

資料Ⅰ　雇用形態別労働者の割合の推移

非正規労働者
1996年（4843万人）　正規労働者 78.4%　21.6
2006年（5092万人）　67.1　32.9
2016年（5372万人）　62.5　37.5
（「労働力調査」）

(6)　下線部eについて，労働時間を短くして，仕事と生活を両立させようとする考え方を何といいますか。

資料Ⅱ　正規労働者と非正規労働者の年齢別平均年収
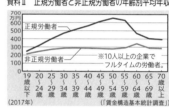

(7)　記述 資料Ⅰ，Ⅱから読みとれる非正規労働者の特徴について，正規労働者と比較して，それぞれ簡単に書きなさい。思

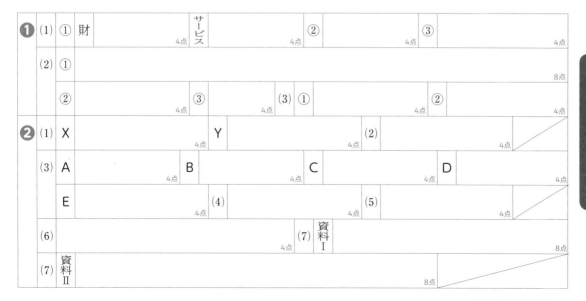

❶ 次の問いに答えなさい。 28点

(1) 右の図は，ある商品の需要量と供給量と価格の関係を示したものです。また，次の文は，この図について述べたものです。文中の（ A ）・（ B ）にあてはまる語句の組み合わせを，ア〜エから選びなさい。また，（ C ）にあてはまる語句を答えなさい。技

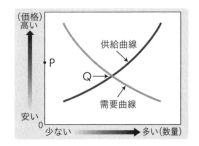

> 供給曲線は（ A ）の行動を表すもので，価格がPのとき，供給量は需要量より（ B ）ので，価格は下がる。結果として価格は，需要量と供給量の一致するQの価格に落ち着く。このQを（ C ）という。

ア　A−生産者　B−多い　　イ　A−生産者　B−少ない
ウ　A−消費者　B−多い　　エ　A−消費者　B−少ない

(2) 記述 少数の企業による市場支配が進むと，消費者はどのような不利益をこうむりやすいと考えられますか。思

(3) (2)のようなことが起こらないようにするため，市場での自由で公正な競争をうながすための法律と，その法律に基づいて企業を監視する機関を，それぞれ答えなさい。

(4) 需要と供給の関係で決めることのできない，生活に大きな影響をあたえる水道や電気などの価格は，政府や地方公共団体が決めています。この価格を何といいますか。

❷ 次の問いに答えなさい。 36点

(1) 企業が経営に必要な資金を株式や社債を発行して得る金融の方法を何といいますか。

(2) 次の①〜③の日本銀行の役割をそれぞれ何とよんでいますか。
　　① 紙幣の発行　　② 政府のお金の出し入れ　　③ 一般の銀行のお金の出し入れ

(3) 主に不景気（不況）のとき，物価が下がり続ける現象を何といいますか。

(4) 日本銀行の金融政策に関して述べた次の文中の①，②の（　　）内からあてはまる語句をそれぞれ選び，記号で答えなさい。技

> 景気が悪いとき，日本銀行は，銀行など金融機関を対象に国債などを①（ア　購入　イ　売却）し，市場に出回る通貨量を②（ウ　増や　エ　減ら）そうとする。

(5) 1ドル＝100円が，1ドル＝80円になることを何といいますか。

(6) 円安のときの状況を述べたものを2つ選んだ組み合わせとして正しいものを選びなさい。技
　　a　輸出が有利になる。　　　　　b　輸入が有利になる。
　　c　外国からの旅行者が増える。　　d　日本から海外への旅行が有利である。
　　ア　aとc　　イ　aとd　　ウ　bとc　　エ　bとd

❸ 次の文を読んで，問いに答えなさい。 36点

> 政府は，_a税金で収入を得ている。政府の重要な役割は，_b歳出を通じて，第一に道路などの（　A　）の整備や，_c社会保障などの（　B　）サービスの提供を行うことである。第二に，経済格差を是正する所得の（　C　）を行うことである。第三に_d財政政策を行うことである。

(1) 文中の（　A　）～（　C　）にあてはまる語句を，それぞれ漢字で書きなさい。

(2) 下線部aについての説明として正しいものを，ア～ウから選びなさい。

　　ア　納税者と担税者が同じ税金を間接税，一致しない税金を直接税という。

　　イ　所得税は，所得が多くなればなるほど税率が高くなる累進課税の方法がとられている。

　　ウ　消費税は，所得の少ない人ほど所得に占める税負担の割合が低くなる傾向がある。

(3) 下線部bについて，右の表は国の歳出の内訳について，2000年度と2020年度を比べたものです。表中のX～Zにあてはまる項目の組み合わせとして正しいものを，下のア～ウから選びなさい。技

項目	2000年度	2020年度
地方交付税交付金	16.7%	15.2%
X	13.3	6.7
文教及び科学振興費	7.7	5.4
Y	24.0	22.7
防衛関係費	5.5	5.2
Z	19.7	34.9
その他	13.1	9.9

（「日本国勢図会」2020/21年版）

	X	Y	Z
ア	社会保障関係費	国債費	公共事業関係費
イ	公共事業関係費	社会保障関係費	国債費
ウ	公共事業関係費	国債費	社会保障関係費

(4) 下線部cについて，問いに答えなさい。

　① 日本の社会保障制度の説明として間違っているものを，ア～ウから選びなさい。

　　ア　公的扶助，社会保険，社会福祉，公衆衛生の４つの柱からなっている。

　　イ　医療機関を受診した際にかかる医療費は，すべて税金でまかなわれている。

　　ウ　40歳になると，介護保険制度に加入することが義務づけられている。

　② 記述 社会保障制度の課題を，「負担」という語句を使って簡単に書きなさい。思

(5) 下線部dについて，次のa～dの政策のうち，景気を回復させるための政策の組み合わせとして最も適当なものを，ア～エから選びなさい。技

　　a　政府の歳出を増やす　　b　政府の歳出を減らす　　c　増税する　　d　減税する

　　ア　aとc　　イ　aとd　　ウ　bとc　　エ　bとd

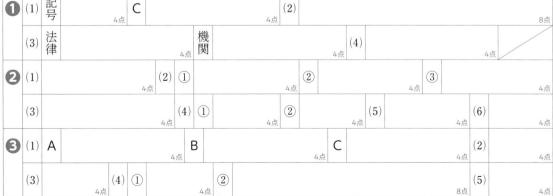

❶
(1) 記号		C			(2)		
	4点						8点

(3) 法律		機関		(4)		
		4点		4点		4点

❷
(1)		(2) ①		②		③	
	4点		4点		4点		4点

(3)		(4) ①		②		(5)		(6)	
	4点		4点		4点		4点		4点

❸
(1) A		B		C		(2)	
	4点		4点		4点		4点

(3)		(4) ①		②		(5)	
	4点		4点		8点		4点

❶　/28点　❷　/36点　❸　/36点

定期テスト予想問題

❶ 次の文を読んで，問いに答えなさい。　　　　　　　　　　　　　32点

> 　現在，世界には190余りの国がある。国として成り立つには，そこに住む国民，<u>a領域</u>，他国の支配や干渉（かんしょう）を受けず，他国と対等である（　Ａ　）の三つの要素が必要である。国どうしがたがいに（　Ａ　）を尊重し合うために，条約や国際慣習法などの（　Ｂ　）に基（もと）づいて，国際協調が求められている。世界のほとんどの国が加盟している<u>b国際連合</u>は，世界の平和と安全を維持（いじ）するために，さまざまな活動を行っている。

(1)　文中の（　Ａ　）・（　Ｂ　）にあてはまる語句を，それぞれ答えなさい。

(2)　下線部ａについて，領域を示した右の図を見て，問いに答えなさい。

　①　図中のア～エのうち，領空の範囲（はんい）を示したものを選び，記号で答えなさい。[技]

　②　図中のＣで示した水域は，沿岸国に水産資源や海底資源を利用できる権利が認められています。この水域を何といいますか。

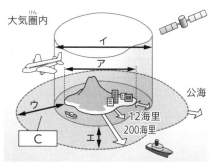

大気圏（けん）内

公海

12海里
200海里

Ｃ

(3)　下線部ｂについて，国際連合の仕組みを示した右の図を見て，問いに答えなさい。

　①　[記述] 図中の安全保障理事会の常任理事国には拒否権（きょひけん）があります。この拒否権とはどのような権限か，「１か国」と「決定」という語句を使って，簡単に書きなさい。[思]

　②　次のｘ～ｚにあてはまる機関を，図中のア～キから１つずつ選びなさい。

　　ｘ　発展途上国の子どもたちに，健康衛生に関する援助（えんじょ）や教育・職業訓練を行う。

　　ｙ　感染症（かんせんしょう）対策など，人々の健康の維持（いじ）と増進に取り組む活動を行う。

　　ｚ　世界遺産の決定や文化財保護，識字教育などの活動を行う。

　③　図中のPKOについて説明しているものを，ア～ウから選びなさい。

　　ア　紛争（ふんそう）地域での停戦や選挙の監視などを行っている。

　　イ　世界のさまざまな問題について話し合い，政策を決定する。

　　ウ　国家間の紛争を解決するための裁判を行っている。

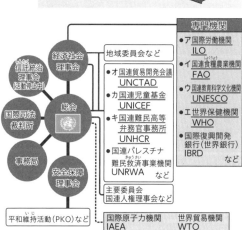

専門機関
・ア国際労働機関 ILO
・イ国連食糧農業機関（しょくりょう）FAO
・ウ国連教育科学文化機関 UNESCO
・エ世界保健機関 WHO
・国際復興開発銀行（世界銀行）IBRD　　など

信託統治（しんたく）理事会（活動停止中）
経済社会理事会
国際司法裁判所
総会
事務局
安全保障理事会

地域委員会など
・オ国連貿易開発会議 UNCTAD
・カ国連児童基金 UNICEF
・キ国連難民高等弁務官事務所 UNHCR
・国連パレスチナ難民救済事業機関（きゅうさい）UNRWA　　など
主要委員会
国連人権理事会など
平和維持（いじ）活動（PKO）など

国際原子力機関 IAEA
世界貿易機関 WTO

（2015年2月現在）

成績評価の観点　[技]…資料活用の技能　[思]…社会的な思考・判断・表現

❷ 次の文を読んで，問いに答えなさい。 9点

現在，世界ではグローバル化が進み，_a地域主義の動きがおこっている。一方で南北問題や_b南南問題もある。また，_c新興工業経済地域（NIES）やBRICSとよばれる国々も現れている。

(1) 下線部aについて，右のグラフは，EU，ASEAN，NAFTA，日本を比べたものです。グラフのX，Y，Zの組み合わせとして正しいものを，ア～エから選びなさい。技

	X	Y	Z
EU	10.4(32.8%)	16.5(21.7%)	5.1(6.9%)
ASEAN	2.2(7.1%)	2.6(3.4%)	6.4(8.6%)
NAFTA	5.3(16.6%)	21.2(28.0%)	4.9(6.5%)
日本	1.3(4.0%)	4.9(6.5%)	1.3(1.7%)

(2016年) ※（ ）内の数値は世界全体にしめる割合。※地域主義の名称は，2016年時点のもの。(世界銀行資料ほか)

ア　X-貿易額　Y-人口　Z-国内総生産　　イ　X-国内総生産　Y-貿易額　Z-人口
ウ　X-貿易額　Y-国内総生産　Z-人口　　エ　X-国内総生産　Y-人口　Z-貿易額

(2) 下線部bについて，右の表は各国の1人あたりの国民総所得（GNI）を示しています。ア～エから南南問題にあたるものを選び，記号で答えなさい。技

ア　①と②の経済格差
イ　①と③の経済格差
ウ　②と③の経済格差
エ　③と④の経済格差

	国名	地域	1人あたり国民総所得（ドル）
①	アメリカ合衆国	北アメリカ	61,247
②	ドイツ	ヨーロッパ	45,923
③	サウジアラビア	アジア	21,239
④	ニジェール	アフリカ	369

(2017年) (「世界国勢図会」 2019/20年版)

(3) 下線部cにあてはまる国（地域）を，ア～エから選びなさい。

ア　シンガポール　　イ　タイ　　ウ　インド　　エ　オーストラリア

❸ 地球環境問題に関する次のA～Cの資料を見て，問いに答えなさい。 15点

A　立ちがれた森林　　　B　砂にうもれた家　　　C　後退する氷河

(1) A～Cと関係の深い環境問題を，ア～エから選びなさい。
ア　オゾン層の破壊　　イ　砂漠化　　ウ　地球温暖化　　エ　酸性雨

(2) 地球温暖化防止への国際的な取り組みについて説明した次の①，②はそれぞれ何ですか。
① 1997年に採択したもので，温室効果ガスの排出量削減を先進国に義務付けただけでなく，その目標を初めて数値で定めた。
② 2015年に採択したもので，自ら温室効果ガスの排出量削減の目標を設定し，その目標達成のために努力していくことをすべての締約国に義務付けた。

❹ 次の文を読んで，問いに答えなさい。　　　　　　　　　　　　　　　　　　　44点

> 今，地球では，環境(かんきょう)問題や<u>a資源・エネルギー問題</u>，<u>b貧困(ふんそう)問題</u>などがある。地域紛争や<u>cテロリズム</u>など「新しい戦争」とよばれる問題も起こっている。これらの問題を解決し，（　A　）な社会を実現するためには，文化の多様性を守り，一人一人の人間の生命や人権を大切にする「（　B　）」の考え方で，平和と安全を実現することが求められている。

(1)　文中の（　A　）・（　B　）にあてはまる語句を，それぞれ答えなさい。

(2)　下線部 a について，問いに答えなさい。

　①　世界で最も多く使われている石炭，石油，天然ガスなどの燃料を何といいますか。

　②　次の A〜C の**資料**にあてはまるものを，**ア〜エ**から選びなさい。

A 　　B 　　C

　　ア　太陽光　　**イ**　地熱　　**ウ**　バイオマス　　**エ**　風力

　③　再生可能エネルギーの利点と課題について，それぞれ答えなさい。

(3)　下線部 b について，その解決のため，途上国の農産物や製品を，その国の人々の労働に見合う適正な価格で取引が行われています。この運動を何といいますか。

(4)　下線部 c について，2001年9月11日のアメリカ同時多発テロが原因で起こった戦争を，**ア〜エ**から選びなさい。

　ア　イラク戦争　　**イ**　湾岸(わんがん)戦争　　**ウ**　第四次中東(ちゅうとう)戦争　　**エ**　朝鮮(ちょうせん)戦争

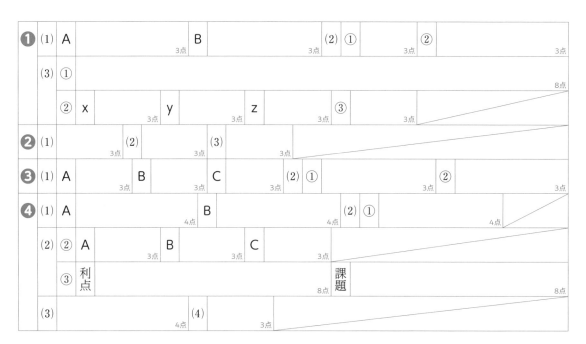

第1章 現代社会と私たち

p.6 ぴたトレ1

1 ①将来　②持続可能性　③大震災　④参画

2 ⑤情報　⑥国際競争　⑦国際分業　⑧自給率
⑨国際協力

p.7 ぴたトレ2

① (1)持続可能な社会　(2)社会参画　(3)エ

② (1)①競争　②分業
(2)(例)人や物，お金，情報などが国境などを
こえて世界的に広がること。
(3)ウ

書きトレ! (例)韓国・朝鮮籍の人の数は減少，中国籍
の人の数は増加している。

考え方

①(1)持続可能な社会の実現のためには，人権，
防災，環境，平和など，解決すべきさまざ
まな課題がある。
(3)町での清掃活動は生活環境を守る活動にな
るので，エの環境・エネルギーが正解。ア
は防災，復興，交通安全や防犯対策に関す
ることと関係が深い。イは電子技術や情報
技術，インターネットに関することと関係
が深い。ウは差別や人権侵害，戦争や紛争
に関することと関係が深い。

②(2)グローバル化とは，人や物や情報が，国境
をこえて世界的に広がることをいう。
(3)アの日本の食料自給率は近年低下しており，
2016年度は約38％となっている(カロリー
ベースで計算。「食料需給表」)ので誤り。
イの日本の国際協力については，ODA(政
府開発援助)や青年海外協力隊などを行っ
ているので誤り。

書きトレ! グラフから，2000年以降，韓国・朝鮮籍の
人が減少していること，中国籍の人は増加
していることを読み取ろう。

p.8 ぴたトレ1

3 ①少子化　②平均寿命　③高齢化
④核家族　⑤単独　⑥社会保障

4 ⑦情報通信技術　⑧人工知能　⑨電子マネー
⑩情報リテラシー

p.9 ぴたトレ2

① (1)①合計特殊出生率　②少子高齢
(2)X×　Y×　(3)核家族世帯

② (1)イ
(2)(例)情報を適切に選択，活用する力。
(3)ウ

書きトレ! (例)(1960年に比べ，2015年では)年少者の
割合が減少し，高齢者の割合が増加してい
る。

考え方

①(1)①合計特殊出生率とは，女性1人あたりが
一生のうちに生む子どもの数のことで，
2019年は1.36である。(総務省資料より)
②少子高齢社会が進むと，人口にしめる65
歳以上の高齢者の割合が増え，出生率の低
下により，人口は減少する。
(2)X日本では社会保障費は増加している。
Y共働き世帯は近年増加し，保育所に入れ
ない児童(待機児童)が発生している。
(3)戦後，夫婦だけ，または親と子の核家族世
帯は増加したが，近年は，一人暮らしであ
る単独世帯の割合が増加している。

②(1)イは，情報通信技術のことで正解。アは，
インターネットで交友関係を構築できる
Webサービスのこと。ウは人工知能のこと。
(2)情報を適切に選択することと，情報を活用
することの二つが書かれていれば正解。
(3)情報モラルとは，情報を正しく利用してい
く態度のこと。アとイは他人に迷惑をかけ
る行動であり，情報モラルに反している。

書きトレ! グラフから，年少者の割合が減少している
こと，高齢者の割合が増加していることを
読み取ろう。

1 2 ①科学　②宗教　③芸術　④年中行事
　　⑤アイヌ文化　⑥琉球文化　⑦文化財保護

3 ⑧もったいない　⑨ダイバーシティ
　　⑩多文化共生

◆ (1)①芸術　②伝統文化　(2)エ　(3)沖縄県

◆ (1)ウ　(2)ア　(3)ユニバーサルデザイン

書きトレ! (例)地域に住んでいる日本語のわからない
外国人が，ごみの分別のやり方を理解でき
るようにするため。

考え方
◆ (1)①文化には，科学，宗教，芸術などがあり，
芸術は，心や生活を豊かにする。
②長い歴史の中で受けつがれた歌舞伎，冠
婚葬祭などを伝統文化という。
(2)アの七夕は7月，イの端午の節句は5月，
ウの七五三は11月に行われる。

◆ (1)ワンガリ・マータイさんは，ケニア出身の
環境保護活動家。日本語の「もったいない」
を，リデュース・リユース・リサイクルの
3Rの考え方を含む言葉として紹介。
(2)「ダイバーシティ」とは，アの多様性という
意味。ウの世界の一体化は「グローバル」と
表される。
(3)ユニバーサルデザインは，多くの人々を対
象としたデザインとなっている。

書きトレ! 日本で暮らしていても，日本語が苦手な外
国人もいるため，各言語で説明がついてい
るのである。

1 ①家族　②地域社会　③学校(部活動)
　　④社会的存在　⑤対立　⑥合意

2 ⑦決まり　⑧責任　⑨全会一致
　　⑩少数意見の尊重

◆ (1)資料Ⅰ：地域社会　資料Ⅱ：家族　(2)ウ

◆ (1)①対立　②義務　(2)代表者
　　(3)(例)少数意見が反映されにくい。

書きトレ! (例)男女平等の家族制度に基づくものに
なっている。

考え方
◆ (1)資料Ⅰの地域社会とは，社会的ルールを身
に付け，暮らしを支え合う社会集団のこと。
資料Ⅱの家族とは，生まれて最初に属する
最も身近な社会集団のことをいう。
(2)資料Ⅰは地域社会なので，ウが正解。アは
家族，イは学校についての説明。

◆ (1)②一人一人が決まりを守るという義務や責
任を果たすことで，社会集団の秩序が保た
れていくのである。
(2)代表者が話し合うと，ある程度みんなの意
見が反映されるという長所がある。
(3)多数決の短所は，少数意見が反映されにく
いことである。そのため，多数決の際には，
少数意見を十分に聞き，できる限り尊重す
ることが大切である。

書きトレ! 資料から，戦前の民法では男性優位である
ことが，戦後の民法では個人が尊重され，
男女の差がなくなってきていることがわか
る。よって，戦後の民法の特徴として，男
女が平等の家族制度に基づくという内容が
書けていれば正解。

3 ①納得　②公正
　　③無駄
　　④全体(みんな)
　　⑤手続き
　　⑥結果

4 ⑦実態　⑧手段
　　⑨立場　⑩共生社会

⚠ミスに注意
効率と公正
◆意味と内容をおさえよう

効率	無駄を省くという意味。
公正	特定の人が不利な扱いを受けないという意味。

◆ (1)①合意　②機会　(2)A公正　B効率

◆ (1)Xウ　Yア　Zエ

書きトレ! (例)効率と公正の視点でみんなが納得でき
る解決策を考え，合意を導く。

考え方
◆ (1)①合意を導くには，自分の意見だけではな
く，相手の話をよく聞く必要がある。
②公正の視点には，手続きの公正さ，機会
や結果の公正さがある。
(2)Aは9個のいちごを3人に3個ずつ平等に
分けているので，公正ということになる。
Bは無駄がないように(あまりがでないよ
うに)分けているので，効率という考え方。

❷ (1)Xは，目的を実現するための手段を問うて
いるので，**ウ**が正解。Yは，だれかが不利
にならないようにする方法を問うているの
で，**ア**が正解。Zは，決まりの決定におけ
る適切な手続きを問うているので，**エ**が正
解となる。

<書きトレ！> 対立を解消して合意を導くには，みんなが
納得できる解決策を考える必要がある。そ
の判断基準として，効率と公正があること
が資料から読み取れる。この２つの視点を
入れてまとめる。

p.16〜17 ぴたトレ**3**

❶ (1)**A**グローバル　**B**共生
(2)①**エ**　②**イ**　③**ア**　(3)①○　②×　(4)**ウ**

❷ (1)**A**ウ　**B**イ　**C**エ　(2)**ア**
(3)少数意見(の尊重)

❸ (1)**A**2060年　**B**1960年　社会：少子高齢社会
(2)**ア**，**ウ**(順不同)
(3)(例)(現役世代一人あたりの負担は)重く
なっている。
(4)科学
(5)琉球(りゅうきゅう)文化　(6)１月**イ**　５月**ア**　11月**オ**

<考え方> **❶** (1)現代は，グローバル化の進展によって，異
なる文化を持つ人々が共生する，多文化共
生社会となっている。
(2)①のAIとは人工知能のことなので，**エ**が
正解。②の情報リテラシーとは，情報を適
切に選択し，利用する力のことなので，**イ**
が正解。③の情報モラルは，**ア**が正解。**ウ**
は電子マネーについての説明である。
(3)②グラフを見ると，2017年に日本で暮らす
外国人の割合で，最も多い国籍は中国なの
で誤り。
(4)資料は，多文化交流カフェで，外国人など
異なる文化を持つ人々が集まっている様子
である。そのため，多様性を意味するダイ
バーシティが正解となる。**ア**の「もったい
ない」という言葉は，ワンガリ・マータイ
さんが，物を大切にする日本人の価値観を
世界に紹介したもの。**イ**の「持続可能性」と
は，持続可能な社会を続けていく能力を指
す言葉。**エ**の国際競争は，各国がより良い
商品を，より安く提供できるように国家・
企業間で競うこと。

❷ (2)公正とは，特定の人が不利なあつかいを受
けないようにする考え方で，手続きの公正
さや機会の公正さや結果の公正さがある。
イ，**ウ**，**エ**の内容は公正の内容として正し
い。**ア**は，無駄を省くという効率の説明と
なるので，公正の内容として誤っている。
(3)多数決とは，多くが賛成する案を採用する
ことをいう。一定時間内で決められるとい
う長所があるが，少数意見が反映されにく
いという短所もある。そのため，多数決の
際には，少数意見を尊重する必要がある。

❸ (1)資料の**A**は2060年，**B**は1960年，**C**は2015
年のグラフである。2015年にあたる資料の
Cを見ると，子どもの数は減り，高齢者の
数が増えており，少子高齢社会となってい
る。
(2)核(かく)家族とは，夫婦のみまたは夫婦と子ども
の世帯を指すので，**ア**と**ウ**が正解。**イ**は一
人暮らしである単独世帯で，近年はその割
合が増加している。
(3)資料**Ⅱ**より，2010年度は2.6人で一人の高
齢者を支えているが，2050年では1.2人で
一人の高齢者を支える必要があり，現役世
代の負担が重くなっていることがわかる。
(5)琉球文化とは，沖縄(おきなわ)や奄美(あまみ)群島の人々に
よって受けつがれてきた文化のこと。エイ
サー(舞踏(ぶとう))やチャンプルー(炒め物)，資料
Ⅳの紅型(びんがた)(染物)などがある。
(6)**ア**の端午(たんご)の節句は５月，**イ**の初詣(はつもうで)は１月，
ウのお盆は８月(７月)，**エ**の節分は２月，
オの七五三は11月に実施(じっし)する年中行事。

単元のココがポイント！

現代社会の特色と私たちでは「グローバル化」，「情報
化」，「少子高齢化」を，私たちの生活と文化では「多文
化共生」を，現代社会の見方や考え方では「効率」，「公
正」をしっかりとおさえておこう！

第2章 個人の尊重と日本国憲法

p.18 ぴたトレ**1**

1 ①基本的人権　②独立宣言　③人権宣言
④ロック　⑤モンテスキュー　⑥ルソー
⑦自由権　⑧平等権　⑨社会権　⑩憲法
⑪立憲主義　⑫法の支配

ぴたトレ2

1 (1)①独立宣言 ②立憲 (2)ア (3)イ
(4)Xイ Yア Zウ (5)ドイツ

書きトレ！ (例)法の支配では，政治権力が法による制限を受けている。

考え方 1 (1)①人権思想の発達により個人の自由や平等な権利が主張され，独立宣言や人権宣言の中に取り入れられた。②立憲主義とは，人権を守るため，憲法によって権力を制限するという考え方。
(2)アがロックについての説明。イはルソー，ウはモンテスキューについての説明。
(3)ア～ウは，宣言や憲法の条文の一部である。アはアメリカ独立宣言，ウはワイマール憲法。イはフランス人権宣言の内容で，正解。
(4)資料のXには，最高法規である憲法があてはまる。Yには，次に効力の大きい法律，Zには条例があてはまる。
(5)ワイマール憲法は，1919年にドイツで制定された。

書きトレ！ 法の支配とは，国家(権力者)や国民は法によって支配されるという考えである。そのため，政治権力が法によって支配(制限)されるという内容が書けていれば正解となる。

ぴたトレ1

2 ①大日本帝国 ②天皇 ③日本国
④平和主義 ⑤行政権 ⑥三権分立

3 ⑦民主主義
⑧発議
⑨象徴
⑩国事行為

⚠ **ミスに注意**
◆天皇の地位について，大日本帝国憲法と日本国憲法の違いをおさえよう

大日本帝国憲法	国の統治権を持つ元首
日本国憲法	日本国・日本国民統合の象徴

ぴたトレ2

1 (1)①1946 ②国民主権 (2)イ
(3)(例)国民の人権を守る
2 (1)ウ→ア→イ (2)イ

書きトレ！ (例)憲法は国の最高法規なので，改正に主権を持つ国民の判断が必要となるため。

考え方 1 (1)①日本国憲法は，1946年11月3日(文化の日)に公布された。翌年の1947年5月3日(憲法記念日)に施行された。

②日本国憲法の三つの基本原理は，国民主権，基本的人権の尊重，平和主義である。
(2)アとウは，大日本帝国憲法の内容。そのため，イが正解。大日本帝国憲法の下では，国民の権利は，法律によって制限されていた。
(3)三権分立とは，権力の集中を防いで，国民の人権を守るという考え方。そのため，国民の人権(権利や自由)を守るという内容が書かれていれば正解。

2 (1)日本国憲法改正の手続きの流れをおさえよう。衆議院・参議院のそれぞれ総議員の3分の2以上の賛成により発議され，国民投票により有効投票の過半数の賛成が得られると，日本国憲法が改正される。その後，天皇が国民の名により公布する。そのため，正解はウ→ア→イの順番となる。
(2)天皇が国事行為を行うためには，内閣の助言と承認が必要になるので，イが正解となる。

書きトレ！ 日本国憲法の改正には，国民投票が必要である。なぜなら，国の最高法規である日本国憲法の改正には，主権者である国民の判断が必要とされるからである。そのため，国民の判断(賛成)が必要であるという内容が書けていれば正解。

ぴたトレ1

4 ①戦争 ②戦力 ③交戦権 ④自衛隊
⑤日米安全保障(日米安保) ⑥平和維持
⑦非核三原則

5 ⑧個人 ⑨法の下 ⑩子ども(児童)の権利

ぴたトレ2

1 (1)①平和主義 ②9 (2)ウ
(3)持たず，作らず，持ちこませず
2 (1)①法の下 ②人種 (2)ア

書きトレ！ (例)日本国内のアメリカ軍専用施設の面積の大部分を沖縄県が占めていること。

考え方 1 (1)①②平和主義は，戦争を放棄し，戦力を持たず，交戦権を認めないという考え。憲法第9条に規定されている。

(2)資料は，自衛隊による自然災害の発生時の救助活動の様子で，ウが正解。自衛隊の活動では，アの日本の防衛や，イの国際連合の平和維持活動への参加も重要な任務である。

(3)日本は唯一の被爆国として，非核三原則を国の方針としている。

② (1)①②資料は，憲法第14条の内容である。

(2)子ども(児童)の権利条約は，1989年に国連総会で採択され，日本は1994年に批准した。イの(子どもの)生きる権利，ウの育つ権利は含まれている。

書きトレ! 資料より，日本国内のアメリカ軍専用施設の面積に占める沖縄県の割合は70%であり，日本におけるアメリカ軍専用施設の大部分が沖縄県に集中していることがわかる。

---

p.24〜25 ぴたトレ**3**

❶ (1)①資料Ⅰフランス人権宣言
　　　資料Ⅱワイマール憲法
　　　資料Ⅲ権利章典　②社会権(生存権)
　　　③資料Ⅲ→資料Ⅰ→資料Ⅱ(完答)
　　(2)①エ　②X立法(権)　Y行政(権)

❷ (1)個人の尊重　(2)資料Ⅱ：エ　資料Ⅲ：ア

❸ (1)A国民主権　B大日本帝国
　　(2)①都市：広島市　原則：非核三原則
　　　②P戦争　Q放棄　③ア　④イ
　　(3)①(例)主権者から国と国民統合の「象徴」に変化した。
　　　②国事行為
　　(4)X 3分の2　Y発議　Z過半数

考え方

❶ (1)①資料Ⅰは，フランス人権宣言。資料Ⅱは，ワイマール憲法。資料Ⅲは，権利章典。
　　②資料Ⅱのワイマール憲法は，世界初の社会権(生存権)を規定した憲法である。
　　③資料Ⅰは1789年，資料Ⅱは1919年，資料Ⅲは1689年にそれぞれ発表されたもの。
　　(2)①モンテスキューは，フランスの思想家で，著作「法の精神」で三権分立を唱えた(資料Ⅳの内容)。三権分立は，資料Ⅴのように，日本の政治制度にも採用されている。ロックは，著作「統治二論」で抵抗権を唱え，その後，独立宣言や人権宣言に影響をあたえた。②Xは国会で立法権を，Yは内閣で行政権を，Zは裁判所で司法権を持つ。

❷ (1)個人の尊重とは，一人一人の個性を尊重して，かけがえのない人間としてあつかうという考えで，憲法第13条に定められている。

(2)資料Ⅱの「成長することができる」という内容から，正解はエの育つ権利となる。資料Ⅲの「保護される」という内容から，正解はアの守られる権利となる。イの生きる権利は，病気などで命を失わないことや治療を受けられること，ウの参加する権利は，自由に意見を言ったり，活動したりできることである。

❸ (1)Aは，日本国憲法の三つの基本原理の一つの国民主権である。Bは，明治時代に制定された大日本帝国憲法である。

(2)①1945年8月6日に原子爆弾が投下された都市は，広島市である。資料Ⅰのように，毎年，広島市では平和記念式典が開催されている。日本は唯一の被爆国として，非核三原則を国の方針としている。
②憲法9条の要点は，戦争を放棄すること，戦力を持たないこと，国の交戦権は認めないことである。そのため，Pには戦争，Qには放棄がそれぞれあてはまる。
③アは警察の役割，イとウは自衛隊の活動となる。そのため，自衛隊の活動として誤っているものは，アとなる。
④日本の防衛関係費の国の予算にしめる割合(%)は，毎年5%程度で推移している。そのため，資料Ⅲはイが正解となる。

(3)①天皇の地位は，大日本帝国憲法では国の統治権を持つ元首(主権者)であったが，日本国憲法では日本国・日本国民統合の象徴に変化したことが書かれていれば正解。
②日本国憲法では，天皇は政治についての権限を持たず，憲法に定められている国事行為のみを行う。

(4)資料Ⅳの憲法改正の手続きはよく出るので，流れをおさえよう。衆議院・参議院のそれぞれ総議員の3分の2以上の賛成により発議され，国民投票により有効投票の過半数の賛成が得られると，憲法が改正される。そのため，Xは3分の2，Yは発議，Zは過半数が正解となる。

人権の歴史では，人権思想家とその著作を，日本国憲法では，三つの基本原則の内容や憲法改正の手続きをしっかりとおさえよう。

p.26 ぴたトレ1

1 ①平等権 ②同和 ③解放令 ④解消推進
⑤先住民族 ⑥植民地

2 ⑦雇用機会均等（こよう） ⑧共同参画社会基本
⑨インクルージョン ⑩障害者基本

p.27 ぴたトレ2

◆ (1)①平等権 ②基本的人権 ③同和
(2)ウ

◆ (1)雇用機会均等
(2)(例)対等な立場で活躍（かつやく）する
(3)バリアフリー

書きトレ！ (例)各年代の女性の賃金が男性の賃金よりも低い傾向にある。

考え方

◆ (1)①すべての人間が平等なあつかいを受ける権利を平等権という。②憲法では，三つの基本原理の一つである，基本的人権の尊重が保障される。基本的人権の土台となる考えが，個人の尊重と法の下の平等(平等権)である。③被差別部落出身者(江戸時代のえた・ひにんの身分)に対する差別の問題を，同和問題という。

(2)明治時代，政府はアイヌの伝統的な文化や風習を否定し，同化政策を進めていた。1997年のアイヌ文化振興法（しんこう）は，アイヌ文化の振興と伝統を尊重するために制定されたもの。アイヌ民族の伝統は長年尊重されてはこなかったので，アの内容は誤り。全国水平社は，部落解放運動により1922年の大（たい）正時代に設立された。平成時代に設立されたのではないので，イの内容は誤り。在日韓国・朝鮮人（かんこく ちょうせん）の中には，日本の韓国併合(1910年)以降の日本の植民地支配の時代に日本へ連行された人々やその子孫も多いので，ウの内容は正しい。

◆ (1)資料は，1985年に制定された男女雇用機会均等法である。男女雇用機会均等法とは，雇用における男女の平等を目指した法律。

(2)男女共同参画社会基本法とは，男女が対等に社会に参画し活動できることを目指す法律である。対等(または平等)な立場で活躍（かつやく）するという内容が書かれていれば正解。

(3)バリアフリーとは，障がいのある人や高齢者の人たちが，快適で安全に暮らせるよう，身体的，精神的，社会的な障壁(バリア)を取り除こうという考えをいう。

書きトレ！ 資料は，男女の年齢別賃金である。男女の賃金を比べてみると，各年代の賃金が男性よりも女性の方が低くなっていることがわかる。

p.28 ぴたトレ1

3 ①自由権 ②経済活動 ③信教 ④表現
⑤令状（れいじょう） ⑥職業

4 ⑦社会権 ⑧生存権 ⑨教育基本 ⑩団結

p.29 ぴたトレ2

◆ (1)①経済活動の自由 ②精神の自由
③身体の自由 ④精神の自由
(2)経済活動の自由

◆ (1)①文化的 ②勤労
(2)(例)教育を受ける権利を守る
(3)団体行動権

書きトレ！ (例)表現の自由(精神の自由など)を侵害（しんがい）している。

考え方

◆ (1)自由権のうち，①職業を自由に選ぶことは，経済活動の自由，②学問の自由は，精神の自由，③裁判官が出す令状なしに逮捕（たいほ）されないのは，身体の自由，④集会に参加するのは，精神の自由にあたる。

(2)経済活動の自由に，職業選択（せんたく）の自由というものがある。しかし，すべての職業に自由に就くことができるわけではなく，医師や弁護士，薬剤師など高度な専門性を持つものについては，国による資格制となっている。経済活動の自由は，他の自由権に比べて，法律による制限を受けやすい。

◆ (1)①憲法第25条の空欄補充問題（くうらん ほ じゅう）である。「第25条 すべて国民は，健康で文化的な最低限度の生活を営む権利を有する。」という条文の中の，文化的という語句が書ければ正解。

②勤労の権利については，憲法第27条に，「すべて国民は，勤労の権利を有し，義務を負う。」とある。

(2)資料は，病院に入院しているため，学校に通えない小・中学生のために設置された院内学級である。憲法第26条では，すべての国民について教育を受ける権利が保障されているので，それを保障するため，院内学級が設置されている。よって，教育を受ける権利を守る（保障する・実現する）という内容が書けていれば正解。

(3)労働基本権（労働三権）とは，労働者（勤労者）に認められた権利で，団結権，団体交渉権，団体行動権の三つがある。団結権とは，労働者が自らの利益を守るため労働組合をつくること。その労働組合が，労働条件の改善を求めて使用者と対等に交渉を行うことが，団体交渉権。そして，その話し合いが決裂したときは，その要求の実現のために労働者らがストライキを行う権利を，団体行動権という。よって，正解は団体行動権。

書きトレ！ 日本国憲法では，表現の自由を保障しており，国が事前に本などの内容を確認する検閲を禁止している。教科書検定は，検閲にあたるものではない。ただし，資料から，家永氏の教科書に対する改善・修正意見の中に，文部省の裁量を逸脱したものがあり，裁判で違法と認められたということを読み取る。問題点として，表現（精神）の自由を侵害するものであったという内容が書けていればよい。

---

p.30 **ぴたトレ1**

5 ①参政権 ②選挙権 ③請願権 ④請求権
⑤裁判を受ける権利 ⑥国家賠償請求権

6 ⑦公共の福祉 ⑧精神 ⑨普通教育 ⑩納税

p.31 **ぴたトレ2**

❶ (1)①被選挙権 ②最高
(2)18 (3)×

❷ (1)社会全体の利益 (2)イ (3)エ

書きトレ！ (例)憲法は，国民の人権を守るためのものであるから。

考え方

❶ (1)①被選挙権とは，選挙に立候補できる権利のこと。
②最高裁判所裁判官の国民審査とは，その裁判官が適任であるかどうか，国民の投票により直接判断する制度である。国民審査による投票で，過半数の賛成があれば，その裁判官をやめさせることができる。

(2)国民の選挙権は，2016年より満18歳以上の男女に認められている。

(3)請求権には，裁判を受ける権利，国家賠償請求権，刑事補償請求権がある。問題文は，人権が侵害されても，国に対して賠償を請求することができないという内容が×となる。実際には，国民は請求することができる。

❷ (1)公共の福祉とは，社会全体の（みんなの）利益のために，個人の権利が制限されることがあるという考え方である。憲法第12条では，国民に自由及び権利を認めているが，「国民は，これを濫用してはならないのであって，常に公共の福祉のためにこれらを利用する責任を負う。」と書かれている。そのため，空欄には，公共の福祉の説明となる，「社会全体の利益」という内容が書けていれば正解。

(2)資料は，不備な建築の禁止を示している。住居は個人の財産となるが，憲法29条の②に「財産権の内容は，公共の福祉に適合するように，法律でこれを定める。」とあり，公共の福祉によって建築基準法という法律で制限される。

(3)国民の三大義務とは，アの子どもに普通教育を受けさせること，イの納税，ウの勤労である。エの兵役とは，一定の年齢になったら，兵隊として参加する義務のことである。日本国憲法では，兵役の義務については書かれていないので，国民の義務にはあてはまらない。

書きトレ！ 日本国憲法では，国民の義務よりも，国民の権利のほうが，多く規定されている。それは，憲法という性質上，個人の尊重を大切な価値として，基本的人権の内容が中心となっているからである。そのため，「憲法は，国民の人権を（権力から）守る」という内容が書けていれば正解。

1 2 ①環境権 ②アセスメント ③自己決定権
④コンセント ⑤知る権利 ⑥情報公開
⑦プライバシーの権利 ⑧個人情報保護
3 ⑨国際人権規約 ⑩NGO

1 (1)①情報公開 ②マスメディア
(2)(例)日本国憲法に直接的な規定はない
(3)ウ
2 (1)世界人権宣言 (2)NGO

書きトレ! (例)日照権(環境権)に配慮する必要がある
から。

考え方

1 (1)①国や地方が持つ情報の開示を求める仕組
みを、情報公開制度という。②マスメディ
アとは、新聞、雑誌、ラジオ、テレビなど
の、情報を大量に発信する媒体のこと。
(2)新しい人権は、憲法上直接的な規定はない
が、社会の変化により主張されるように
なった権利のこと。「憲法に直接的な規定
はない」という内容が書かれていれば、正解。
(3)新しい人権には、環境権、自己決定権、知
る権利、プライバシーの権利がある。アは、
環境権の内容、イは、プライバシーの権利
の内容、ウは、自己決定権の内容、エは、
知的財産権の一つである著作権の内容。
よって、ウが正解。
2 (1)資料は、1948年に国際連合で採択された世
界人権宣言の一部である。

書きトレ! 日照権とは、建物の日当たりを確保する権
利のこと。そのため、「日照権に配慮する」
という内容が書かれていれば正解。

1 (1)①○ ②× (2)ウ (3)経済活動
(4)①× ②× ③○
2 (1)A健康 B最低 種類：生存権
(2)教育基本法 (3)資料Ⅰ：ウ 資料Ⅱ：イ
(4)(満)18(歳以上) (5)ア、エ(順不同)
3 (1)(例)社会全体の利益を意味する。
(2)A表現 B集会・結社 C職業選択
D財産権
(3)イ (4)自己決定権 (5)国際連合

考え方

1 (2)アは、職場や学校で行われる性的嫌がらせ
のこと。イは情報通信機器(ICT)を活用し
て、自宅で仕事を行うこと。ウは、障がい
者などの社会的弱者を排除せず、社会に参
画するという考え。よって、ウが正解。
(3)自由権は、身体、精神、経済活動の自由が
あり、空欄には経済活動が入る。
(4)①は身体の自由、②はcの経済活動の自由
にあてはまる。
2 (1)A B日本国憲法第25条の生存権の内容であ
る。よく出る条文なので、おさえておこう。
(2)教育に関する法律は、1947年に制定された
教育基本法となる。
(3)資料Ⅰは、ウの団体行動権のストライキの
様子、資料Ⅱは、イの団体交渉権の様子で
ある。
(4)選挙権は、2016年より、満18歳以上の国民
にあたえられている。
(5)アとエは参政権、イとウは請求権の内容。
3 (1)公共の福祉とは、社会全体の利益という意
味である。その内容が書けていれば正解。
(2)公共の福祉による人権の制限の例をおさえ
よう。Aは表現の自由により、名誉が傷つ
けられることを禁止している。Bはデモを
禁止するということは、集会・結社の自由
が制限されてしまう。Cは職業選択の自由
はあるが、医師などの資格のない者には営
業を禁止している。Dの財産権は保障され
ているが、不備のある建築は禁止されてい
る。
(3)資料Ⅰは働いている様子を表しているので、
イの勤労の義務があてはまる。
(4)臓器提供意思表示カードは、死後の臓器の
提供を希望するか、あるいは希望しないか
という意思を示すカードであり、その人の
自己決定権を尊重するものの一つである。
(5)第二次世界大戦後、人権を世界共通のルー
ルとして、世界人権宣言を採択し、国際人
権規約を条約化するなど、人権保障を拡大
させたのは、国際連合である。

単元のココがポイント!

基本的人権の種類と内容をおさえよう。また、新しい
人権や、国際連合を中心に人権の国際化も確認しよう。

p.36 ぴたトレ1

1　①政治
　②民主主義
　③間接民主制
　④多数決
　⑤少数意見
2　⑥公職選挙
　⑦普通選挙
　⑧秘密選挙
　⑨小選挙区制　⑩比例代表制

⚠ミスに注意
日本の選挙制度
◆投票の仕方の違いをおさえよう

小選挙区制	人物に投票し，一つの選挙区から一人の議員を選出する。
比例代表制	政党に投票し，獲得した票に応じて議席を配分する。

p.37 ぴたトレ2

1　(1)リンカン　(2)①間接民主制　②直接民主制
2　(1)①平等選挙　②衆議院
　(2)(例)無記名で投票する原則。　(3)エ

書きトレ！ (例)女性に選挙権があたえられたから。

考え方
1　(1)アメリカ大統領のリンカンは，資料に見られる，南北戦争中のゲティスバーグの演説で「人民の，人民による，人民のための政治」という言葉を残した。
　(2)①間接民主制とは，選挙により代表者を選び，代表者が議会で決定する仕組み。②直接民主制は，人々が直接話し合いに参加する仕組みであるが，全員が集まって話し合いを持つことには限界がある。
2　(1)①選挙の四つの基本原則として，普通選挙・平等選挙・直接選挙・秘密選挙がある。一人一票は，平等選挙の内容である。②小選挙区比例代表並立制は，衆議院の選挙制度。
　(2)秘密選挙とは，投票の際に投票用紙に氏名を書かない(無記名)で投票することをいう。
　(3)小選挙区制とは，一つの選挙区で一人の代表者を選ぶ制度。エは小選挙区制の短所の説明となり，正解。アは大選挙区制の説明。イとウは比例代表制の説明。

書きトレ！ 資料を見ると，有権者の割合は1928年の約20%から，1946年の約50%まで増加している。それは，女性に選挙権があたえられたからである。

p.38 ぴたトレ1

3　①政党　②政党政治　③二党(二大政党)

④多党　⑤与党　⑥野党
⑦連立政権(連立内閣)
⑧自由民主党(自民党)
⑨民主党　⑩政権公約

p.39 ぴたトレ2

1　(1)①政権公約　②連立政権(連立内閣)
　(2)イ　(3)政党交付金
　(4)(例)政権を監視，批判する。
　(5)X×　Y○

書きトレ！ (例)二大政党制となっている(二つの政党が議席の大部分をしめている。)

考え方
1　(1)①政権公約とは，選挙の際に多くの政党が発表する，政権を担当したときに実施する政策を明記したもの。②複数の政党で内閣をつくることを，連立政権(連立内閣)という。
　(2)ア政党とは，政治理念や政策について同じ意見を持つ人たちの集まりなので誤り。ウ政党は，国民の意見を集めて政治に生かす働きをするので誤り。
　(4)野党は，政権に対してチェックする機能を持つため，「政権を監視・批判する」という内容が書けていれば正解。
　(5)X1990年代以降は，さまざまな政党による連立政権(連立内閣)が作られているので×。Y民主党は2009年から2012年まで政権を担当していたので○。

書きトレ！ 資料より，オランダは小党分立(多党制)となっているが，イギリスは二つの政党が議席の大部分をしめている(二大政党制)。

p.40 ぴたトレ1

4　①世論　②マスメディア　③表現
　④インターネット(SNS)
　⑤メディアリテラシー　⑥公正
5　⑦期日前投票　⑧一票の格差　⑨法の下
　⑩利益団体

p.41 ぴたトレ2

1　(1)(例)多くの人々に共有されている意見
　(2)X×　Y○
2　(1)①棄権　②期日前投票
　(2)イ　(3)ア

書きトレ！ (例)一票の価値が低くなっている。

❶(1)「人々に共有されている意見」ということが
書かれていれば正解。

(2)資料より，政党の新聞広告は9.8％，選挙
公報は15.5％なので，15.5÷9.8＝1.58倍。
そのため，Ｘは×。資料より，10％以上の
ものは八項目中五つあるので，Ｙは○。

❷(1)①有権者が選挙に行かないことを棄権とい
う。②投票日前に投票できる制度を期日前
投票という。

(2)議員に立候補できる権利を被選挙権という。
ア，ウの被選挙権の年齢は満25歳以上。参
議院議員と都道府県知事のみ満30歳以上な
ので，イが正解。

(3)アは，政治参加の例とはならないので，誤
り。イとウは政治参加の例である。

書きトレ！ 資料より，東京１区と宮城５区を比べると，
東京１区のほうが，宮城５区よりも，議員
一人当たりの有権者が多いので，一票の価
値が低く(軽く)なっていることがわかる。
その内容が書かれていれば正解となる。

(3)①小選挙区制では，当選者は一人のため，
落選者の票はすべて死票となり，死票が多
く出る。②Ｐ小選挙区制が導入されている
のは衆議院。Ｑ全国を一つの選挙区とする
比例代表制が導入されているのは，参議院。

(4)①女性の選挙権は，1946年から認められた
ので○となる。②1946年の選挙権は満20歳
以上の男女にあたえられたので○となる。

(5)被選挙権の年齢は，Ｙの参議院議員と都道
府県知事が満30歳以上となっており，それ
以外は満25歳以上。

(6)資料Ⅱより，「年代が低くなるほど投票率
が低くなる」傾向が見られるので，その内
容が書かれていれば正解となる。

❸(1)①Ａは政権を担当する与党，Ｂは政権を担
当しない野党となる。②複数の政党で政権
を担当することを，連立政権(連立内閣)と
いう。③資料より，日本では複数の政党が
議席を分けているので，多党制といえる。
④政権を担当したときに実施する政策を明
記したものを政権公約という。⑤政党に支
給される国からのお金を，政党交付金とい
う。

(2)①多くの人々に共有されている意見を，世
論という。②アは新聞，イはテレビ，ウは
ラジオ，エはインターネットの説明である。

単元のココがポイント！

直接・間接民主制と選挙の４つの原則の種類と内容，
日本の衆議院と参議院の選挙制度(小選挙区制・比例
代表制)の定数や選出方法をおさえよう。

p.42～43　　ぴたトレ3

❶(1)直接民主制　(2)議会　(3)のための

❷(1)Ａ平等　Ｂ秘密　Ｃ期日前
(2)利益団体(圧力団体)
(3)①(例)死票が多くなる。
②Ｐ衆議院　Ｑ参議院
(4)①○　②○
(5)Ｘ25　Ｙ30
(6)(例)年代が低くなるほど投票率が低くなっ
ている。

❸(1)①Ａ与党　Ｂ野党　②連立政権(連立内閣)
③多党制　④政権公約　⑤政党交付金
(2)①世論　②新聞：ア　インターネット：エ

❶(1)資料のように，スイスの一部の州は直接民
主制が採用されている。
(2)間接民主制の別称を，議会制民主主義とい
う。
(3)「人民のための政治」を目指す言葉である。

❷(2)立場や利害を同じくする人々の集まりを利
益団体(圧力団体)という。

p.44　　ぴたトレ1

1 ①立法権　②国権　③立法機関　④全体
⑤二院制(両院制)　⑥解散　⑦比例代表
⑧常会(通常国会)　⑨臨時会(臨時国会)
⑩特別会(特別国会)

p.45　　ぴたトレ2

❶(1)①最高　②立法　③主権　(2)イ
(3)Ｘ参議院　Ｙ衆議院
(4)(例)もう一方の議院の行き過ぎを防止する
ため。
(5)ウ

書きトレ！ （例）国会議員の仕事に<u>専念</u>するため。（国会議員としての活動を自由に行い，<u>専念</u>できるようにするため。）

考え方 ❶(1)①②憲法第41条の「国会は国権の最高機関であって，国の唯一の立法機関である」より，①は最高，②は立法。国会が国権の最高機関である理由は，主権者である国民の代表者が集まっているためで，③は主権。
(2)国会議員には，ウの議員の不逮捕特権がある。アは正しい。イは誤り。
(3)X議員定数が少ないのは，参議院。Y任期の途中で解散があるのは，衆議院。
(4)二院制（両院制）を採用しているのは，慎重に審議できることや，一方の議院の行き過ぎを防止するという働きがあるため。
(5)アは特別国会の内容，イは臨時国会の内容，ウは通常国会の内容。よって，ウが正解。

書きトレ！ 国会議員の歳費が高いのは，人件費や交通費などの費用の補助や，研究や調査などの活動に専念できるようにするためである。

p.46	ぴたトレ1

2 ①予算 ②憲法（日本国憲法） ③国会議員
④委員会 ⑤公聴会 ⑥本会議
⑦内閣総理大臣 ⑧優越

3 ⑨国政調査 ⑩弾劾

p.47	ぴたトレ2

❶ (1)①過半数 ②優越 (2)X委員会 Y公聴会
(3)両院協議会 (4)ア

❷ (1)国政調査権 (2)（例）辞任させるかどうか

書きトレ！ （例）衆議院は任期も短く解散もあるので，<u>国民の意見が反映されやすい</u>から。

考え方 ❶(1)①法律や予算の議決は，本会議で出席議員の過半数の賛成が必要。②衆議院の意見を優先させることを，衆議院の優越という。
(2)本会議の前に，Xの委員会で審議され，Yの公聴会を開き，専門家等の意見を聞く。
(3)衆議院と参議院の意見が異なるときに，意見を調整するために開く会議をいう。
(4)衆議院の優越には，イやウなどがある。
❷(1)国の政治について調査する権限をいう。
(2)国会の設置する弾劾裁判所で，裁判官を辞めさせるかどうか判断する。

書きトレ！ 衆議院の優越がある理由は，任期が短く解散もあり，より国民の意見が反映されるからである。

p.48	ぴたトレ1

4 ①内閣総理大臣（首相） ②条約 ③指名
④国務大臣 ⑤議院内閣制 ⑥内閣不信任
⑦総辞職

5 ⑧奉仕者 ⑨財政 ⑩規制緩和

p.49	ぴたトレ2

❶ (1)①大統領 ②閣議 (2)X過半数 Y責任
(3)（例）総辞職しなければならない (4)イ

❷ (1)公務員 (2)X× Y○

書きトレ！ （例）（法律案の提出数が少なく，）法律案の<u>成立した割合が高い</u>。

考え方 ❶(1)①アメリカは大統領制，イギリスや日本は議院内閣制を採用している。②行政の運営を決める内閣の会議を閣議という。
(2)Xの国務大臣の過半数は国会議員である。Yの議院内閣制では，内閣は国会に対して連帯して責任を負う仕組み。
(3)内閣不信任の決議が可決した場合，内閣は10日以内に衆議院を解散するか，総辞職しなければならない。
❷(1)憲法第15条では，公務員は全体の奉仕者であり，一部の奉仕者ではないとある
(2)Xは「小さい政府」の説明となるので×。Yの内容は正しいので○となる。

書きトレ！ 資料より，国会議員提出の法律案よりも，内閣提出の法律案の成立した割合が高いことをおさえよう。

p.50	ぴたトレ1

6 ①法 ②下級裁判所 ③高等裁判所
④三審制 ⑤控訴 ⑥上告 ⑦独立

7 ⑧原告 ⑨検察官 ⑩弁護人

p.51	ぴたトレ2

❶ (1)①最高裁判所 ②良心 (2)ウ
(3)（例）裁判を公正に行うため。

❷ (1)X原告 Y和解 (2)イ

書きトレ! (例)(慎重に裁判を行って)誤った判決を防ぎ，人権を守るため。

考え方

❶ (1)①最高裁判所と下級裁判所があり，下級裁判所には高等・地方・家庭・簡易裁判所がある。②裁判官は良心に従い，憲法と法律のみに拘束される。

(2)ア民事裁判では第三審が高等裁判所になる場合があるので誤り。イ裁判は内容によって第一審が異なるので誤り。

(3)裁判を公正に行うための原則の一つである。

❷ (1)民事裁判では，Xの訴えた人を原告，訴えられた人を被告という。判決以外に，Yの争いを自主的に解決する和解がある。

(2)ア令状なしに捜索はできないので誤り。ウ黙秘権は認められているので誤り。

書きトレ! 三審制の目的は，誤った判決を防ぐため裁判を慎重に行い，人権を守ることである。

p.52　ぴたトレ1

8 ①司法制度　②法テラス　③裁判員制度
④裁判員　⑤えん罪　⑥参加制度

9 ⑦三権分立　⑧国民審査　⑨違憲審査制
⑩憲法の番人

p.53　ぴたトレ2

❶ (1)①司法制度　②法テラス　(2)ア　(3)ウ

❷ (1)Xオ　Yア

(2)(例)合憲か違憲か判断をする最終決定権

書きトレ! (例)10万人あたりの弁護士の数が非常に少ない。

考え方

❶ (1)①裁判の問題点(利用のしにくさや費用や時間)を改善するための司法制度改革。②日本司法支援センターを法テラスという。

(2)イ裁判員は満20歳以上の国民から選ばれるので誤り。ウ裁判員も刑罰の内容を決めるので誤り。

(3)ア被害者が被告人や証人に質問できる制度。イ検察官が起訴しなかった場合，それが正しかったのかを審議する機関。

❷ (2)最高裁判所は，法律が最終的に合憲か違憲かの最終決定権を持つため，憲法の番人とよばれる。

書きトレ! 資料より，他国に比べて日本の10万人あたりの弁護士の割合が非常に少ないとわかる。

p.54〜55　ぴたトレ3

❶ (1)A二院(両院)　B150　C大統領

(2)委員会

(3)(例)(国務大臣の)過半数を国会議員から選ばなければならないという条件。

(4)ウ，エ(順不同)

❷ (1)①三審制

②簡易裁判所：ウ　高等裁判所：ア

③イ　④XA　YB　ZA　(2)イ

❸ (1)Xe　Yd　Za　(2)ウ

(3)①大きな政府　②公務員　③規制緩和

(4)①違憲審査制　②番人

考え方

❶ (1)B通常国会の会期は150日である。

(2)委員会で審議された後，本会議に送られる。

(3)国務大臣は，内閣総理大臣が指名し，その過半数は国会議員である必要がある。

(4)ア・イは国会の権限，ウ・エは内閣の権限。

❷ (1)①3回まで裁判できるので三審制。②第一審は，裁判の内容により，簡易・家庭・地方裁判所と分かれる。③第一審から第二審が控訴，第二審から第三審が上告。④民事裁判はXとZ。刑事裁判はYである。

(2)ア刑事裁判の第一審，ウ弁護人は被告人席に座る，エ検察官は検察官席に座るので，それぞれ誤り。

❸ (1)Xは内閣の権限。Yは国会の権限。Zの内閣不信任案の可決は国会の権限。

(2)国民審査は国民の持つ権利で，国民の投票で裁判官をやめさせることのできる仕組み。

(3)①図Ⅱより，多様な仕事を行うのは「大きな政府」。③行政の無駄を省くのが規制緩和。

(4)①資料の，薬事法(法律)の内容について，憲法に違反する(無効)と判断しているのは裁判所である。裁判所による，この制度を違憲審査制という。

単元のココがポイント!

国会，内閣，裁判所の各機関の役割を整理しよう。

p.56　ぴたトレ1

1 ①地方公共団体　②学校　③道路
④地方分権

2 ⑤地方議会　⑥条例　⑦首長
⑧二元代表　⑨直接請求権　⑩リコール

① (1)ア　(2)イ，エ(順不同)
② (1)①首長　②リコール
(2)(例)法律の範囲内で制定しなければならない。
(3)X 18　Y 30

書きトレ! (例)住民が首長と地方議員をそれぞれ選挙で選出する制度である。

考え方 ① (1)アの政令指定都市の行政区は市の一部である。ウの東京都の特別区(23区)は，市町村と同じく一定の権限を持ち，住民の選挙で選ばれた首長(区長)と地方議員(区議会議員)がいるため，地方公共団体にふくまれる。
(2)外交と司法は国の仕事なので，イ，エが正解。地方公共団体の仕事には，イの警察のほか，消防，エの(公立の)小・中学校の設置など住民の生活に密接なものが多い。
② (1)②首長や地方議員たちの解職請求をして辞めさせたり，地方議会の解散を請求したりすることをリコールという。
(2)日本の法の構成において最も上に日本国憲法があり，そのすぐ下に国権の最高機関である国会が制定した法律がある。条例はその下にあるので法律の範囲内で制定しなければならない。
(3)Y 地方公共団体の首長の被選挙権は都道府県知事のみ30歳以上で，それ以外は25歳以上である。

書きトレ! 資料から，首長と地方議員がそれぞれ選挙で選出されていることがわかる。

単元のココがポイント!

国の行政の長である内閣総理大臣(首長)が，国会議員の中から国会によって指名されるのに対し，地方公共団体の首長は住民の選挙で選出され，地方議員も選挙で選出されるので，二元代表制になっている。

③ ①地方財政　②歳出　③地方税　④地方債
⑤合併　⑥過疎
④ ⑦住民投票　⑧ボランティア　⑨NPO
⑩持続可能

① (1)①歳入
②依存
(2)イ
(3)X ○
Y ×

⚠ミスに注意
地方財政
◆地方交付税交付金と国庫支出金

地方交付税交付金	格差の抑制のために国から配分。
国庫支出金	特定の費用を国が支給。

② (1)ア
(2)(例)利益を目的としないで公共の仕事を行う団体である。

書きトレ! (例)地方税の割合が低く，地方交付税交付金などの割合が高い。

考え方 ① (1)①歳入は，地方財政のうち1年間に得るお金。一方，歳出は，1年間に使うお金。
②依存財源は，歳入の不足分などを国などから補う財源。
(2)国庫支出金は，教育など特定の仕事の費用の一部を国が負担するお金なので，イが正解。アは地方債，ウは地方交付税交付金の説明。
(3)市町村の仕事の効率化や財政の安定化を目的に，1990年から2010年にかけて多くの市町村の合併が行われた。これを「平成の大合併」という。これによって，複数の町村が一つになり，市町村全体の数は減少しているので，X は正解。ただし，市の数はやや増加しているのでY は誤り。
② (1)アの情報公開制度により，住民は地方公共団体を監視できる。
(2)NPOは非営利組織の略称で，地方公共団体と協力しながら利益を目的としないで公共の仕事を行う団体である。

書きトレ! 資料から，鳥取県は東京都と比べて地方税の割合が低く，地方交付税交付金などの割合が高いことがわかる。逆に東京都は，多くの人や企業が集まり，地方税を多く集めることができるので，地方交付税交付金などの割合が非常に低くなっている。

① (1)地方自治法
　(2)(例)住民の生活に密接な民主主義を行う
　　(学ぶ)場であるから。
　(3)①×　②×　(4)ア
② (1)A二元代表　B条例　Cリコール
　(2)(都道府県)知事
　(3)①2人　②イ，エ(順不同)
　(4)署名数：20000(2万)人
　　請求先：選挙管理委員会
③ (1)地方財政　(2)歳入　(3)Aア　Cウ
　(4)地方債　(5)イ　(6)合併　(7)ボランティア
　(8)ウ　(9)住民投票

考え方

① (1)地方自治法に仕事や仕組みなどが定められ
　　ているほか，日本国憲法にも原則など基本
　　的なことがらが定められている。
　(3)①割合が上位5つの項目のうち警察が関係
　　するのは「防犯対策」と「交通安全対策」の2
　　つで，「交通安全対策」は35%未満なので×。
　　②割合が下位3つの項目のうち特に高齢者
　　に関係する項目はないので×。
② (1)B地方独自の法は条例で，有権者の数の50
　　分の1以上の署名を集めれば，首長に改廃
　　を請求することができる。
　(3)①都道府県議会議員の被選挙権は25歳以上
　　で，Y・Zの2人である。　②地方議会は
　　条例・予算の議決や首長の不信任決議の可
　　決を行うことができるので，イ，エが正解。
　(4)署名数：首長である市長の解職請求には原
　　則，有権者の数の3分の1以上の署名が必
　　要であり，市の有権者の数が6万人の場合，
　　2万人以上である。
③ (3)A地方財政で依存財源であるのは，主に地
　　方交付税交付金など，国庫支出金，地方債
　　である。このうち国が格差を抑制するため
　　に支給しているのは地方交付税交付金。C
　　地方財政で自主財源であるのは，地方税。
　　なお，Bには地方債，Dには国庫支出金が
　　あてはまる。
　(5)地方の地方公共団体では少子化や，人口の
　　流出による人口の減少が問題になっていて，
　　人口密度は低下しているので，イが正解。
　(8)非営利組織はNon-Profit-Organizationの
　　略称なので，ウが正解。アは情報通信技術，
　　イは国連平和維持活動。

第4章 私たちの暮らしと経済

1 ①サービス　②経済　③家計　④消費支出
　⑤貯蓄　⑥希少性　⑦選択
2 ⑧消費者主権　⑨契約　⑩消費者問題

① (1)①家計　②貯蓄　(2)サービス
　(3)イ，エ(順不同)
② (1)(例)契約を守る義務が発生する
　(2)X○　Y×

書きトレ！ (例)求める量(求められる量)が多いのに，
実際の量が少ないから。

考え方

① (2)形のある商品を財，形のない商品をサービ
　　スという。
　(3)消費支出は食品，衣類，教育など生活に必
　　要な財やサービスに使うもの，非消費支出
　　は税金や社会保険料など。貯蓄は収入から
　　消費支出・非消費支出を引いたもので，預
　　金や株式などの形で将来に残すもの。よっ
　　て，非消費支出はイ，エが正解。アの教育
　　費は消費支出，ウの(銀行)預金は貯蓄。
② (1)契約自由の原則は，売る側と買う側など契
　　約の当事者が，契約の内容や方法などを自
　　由に選べるというものであり，契約を結ん
　　だあとは守る義務が発生し，勝手な理由で
　　取り消すことは原則できない。なお，契約
　　は口頭のみでも成立する。
　(2)X資料に「原材料に含まれるアレルギー物
　　質」が載っているので○。Y食品表示は，
　　売る側が示すものだが，誤った情報などが
　　載ってしまう可能性もあるので×。

書きトレ！ 資料から，ダイヤモンドは，求める量(求
められる量)が多く，実際の量が少ないと
いう場所に位置していることがわかる。

単元のココがポイント！

家計は消費生活の単位で，給与，事業，財産により収
入を得て，食料，衣類，教育などの消費支出，税金や
社会保険料などの非消費支出などを支出している。

ぴたトレ1

3 ①消費者の権利
②ケネディ
③クーリング・オフ
④製造物責任(PL)
⑤消費者基本
⑥消費者庁
⑦自立

4 ⑧流通　⑨商業　⑩合理化

⚠ミスに注意

消費者の保護
◆消費者を保護する法律

消費者保護基本法	1968年に制定。
消費者基本法	2004年に消費者保護基本法を改正して制定。

ぴたトレ2

1 (1)①PL　②自立　(2)消費者庁
(3)(例)無条件で契約を解除できる

2 (1)X ×　　Y ×　(2)ウ

書きトレ! (例)流通における労力や費用を節約することができる。

考え方

1 (1)①製造物責任法(PL法)は，消費者が欠陥商品で被害を受けたときの企業の責任を定めたもの。
(2)消費者庁は，2009年に設置された国の役所である。それまで消費者行政は，さまざまな役所が分かれて行っていたが，消費者庁の設置により統一的に行うことができるようになった。
(3)訪問販売のトラブルは，消費生活相談でも上位の相談件数となっている。クーリング・オフ制度は，この訪問販売や電話勧誘などで商品を購入したとき，8日以内なら消費者が無条件で契約を解除できるという制度。

2 (1)X百貨店は1990年の少しあとまで販売額が3つの店の中で最も多かったが，その後，減少し続け，代わって大型スーパーマーケットが最も多くなり，2017年も最も多い。Yコンビニエンスストアは販売額が1980年代に急成長し，2010年の少し前に百貨店をぬかしており，2017年には大型スーパーマーケットにせまっている。
(2)POSシステムは，販売時点情報管理システムといい，店でバーコードを読み取った情報をもとに，本部が商品の販売動向を分析したり，販売戦略を立てたりするのに活用されている。

書きトレ! 資料IIから，資料Iの卸売業者が関係する経路が省略されていることがわかる。

ぴたトレ1

1 ①分業　②交換　③企業　④利潤
⑤資本主義　⑥技術革新

2 ⑦私企業　⑧公企業　⑨大企業　⑩中小企業

ぴたトレ2

1 (1)①分業　②資本主義　(2)Xウ　Yア　Zイ
(3)技術革新

2 (1)ア，ウ(順不同)　(2)公共　(3)下請け

書きトレ! (例)中小企業1社あたりの売上高が低く，従業員1人あたりの売上高も低くなっている。

考え方

1 (1)①一人一人が物を専門的に作ることである分業により，自給自足のときよりも少ない手間と時間ですみ，大量に生産できるようになった。
(2)X〜Z生産要素は，工場を建てるなど生産を行う場が土地，機械など生産のときに使うのが設備，雇われて実際に生産を行うのが労働力である。
(3)技術革新は，効率的な生産方法を生みだすものである。たとえばコンピューターの発達で，生産技術などが大幅に改良された。

2 (1)私企業は利潤を目的とした企業であり，農家などの個人企業，株式会社などの法人企業がふくまれるので，ア，ウが正解。イの独立行政法人とエの地方公営企業は公共を目的とした公企業である。
(2)利潤を目的としない公企業には，水道・バスなどの地方公営企業，造幣局・国際協力機構(JICA)などの独立行政法人がある。
(3)中小企業は，自動車会社と自動車部品メーカーのように，大企業の仕事の一部を下請けすることが多い。

書きトレ! 資料を見ると，中小企業の企業数は99.7%であるのに対して売上高は50%未満であり，中小企業1社あたりの売上高が低いことがわかる。また，従業員数は約70%であるので，従業員1人あたりの売上高も低いことがわかる。

単元のココがポイント!

私企業は利潤を目的とする企業で，法人企業である株式会社が代表的な私企業。また，公企業は，利潤を目的としないで公共を目的とした企業である。

ぴたトレ1

2　①起業　②ベンチャー　③公害　④高度経済
　　⑤社会的
3　⑥株式　⑦株主　⑧株主総会　⑨配当
　　⑩証券取引所

ぴたトレ2

1　(1)エ　(2)イ
2　(1)①株主総会　②配当
　　(2)(例)投資した金額以上の負担　(3)株価

書きトレ! (例)(日本のベンチャー企業に投資する会社の)投資規模は,他国と比べて小さい。

考え方

1 (1)ベンチャー企業は,独自技術や経営ノウハウを利用して起業する革新的な中小企業である。ベンチャー企業にはさまざまな関連産業があるものの,特にインターネットなどの情報通信産業が多いので,エが正解。
(2)企業の社会的責任(CSR)は,法令の遵守や情報の公開,消費者の安全,従業員の生活の安定などさまざまな責任を負ったり,役割を果たしたりすることである。利潤の追求は社会的責任(CSR)とは異なり,企業の本来の目的なので,イが正解。

2 (1)①株主総会は,株主が参加して株式会社の経営方針や役員の選任などを行うことができる。②株式を持つ株主は,利潤の一部を配当として受け取ることができる。
(2)株主は,会社が倒産しても投資した金額以上の負担は不要である。
(3)新聞の株式市況欄には,企業名である銘柄,その日の最初と最後に売買された値段である始値・終値,その日に売買された最も高い値段・最も低い値段である高値・安値などが掲載されており,株主たちが株の取り引きを行うときの参考にする。

書きトレ! 資料から,日本のベンチャー企業に投資する会社の投資規模はイスラエルやアメリカ,韓国などと比べて非常に小さく,投資があまり積極的でないことがわかる。

単元のココがポイント!

株式,株主,株主総会,配当,取締役会など株式会社の基本的な用語をおさえ,株式会社の仕組みを理解しておこう。

ぴたトレ1

4　①収入
　　②労働組合
　　③労働基準法
　　④労働関係調整法
　　⑤ワーク・ライフ・
　　　バランス
5　⑥年功序列
　　⑦非正規
　　⑧セーフティネット
　　⑨外国人　⑩女性(障がいのある人々)

⚠ミスに注意

労働者の権利
◆労働三法

労働基準法	労働時間などの基準を示す。
労働組合法	労働組合などについて定める。
労働関係調整法	労働争議の予防などを定める。

ぴたトレ2

1　(1)ウ　(2)(例)仕事と生活を両立
2　(1)①終身　②非正規　(2)X×　Y×

書きトレ! (例)正社員の割合が非常に低く,非正規労働者の割合が非常に高い。

考え方

1 (1)労働基準法は,使用者と労働者が対等であることや,労働時間週40時間以内,1日8時間以内であること,週最低1日の休みを得られることなどを定めているので,ウが正解。アは労働関係調整法,イは労働組合法の内容。これら三つの法律を労働三法という。
(2)ワーク・ライフ・バランスは,仕事と生活を調和(両立)すること。育児・介護などの休暇を充実させて,労働者一人一人が生きがいを持って働きつつ,家庭生活や地域生活といった個人の生活と両立できるようにすることである。

2 (1)①一つの会社で定年まで勤めることを終身雇用という。年功序列賃金は,年齢とともに賃金が上昇する制度である。②非正規労働者にはパート・アルバイトや派遣労働者などがふくまれる。多くは正規労働者(正社員)よりも賃金がおさえられている。
(2)X…2016年の正社員の人数の割合は,派遣社員の人数の割合より,約25倍なので誤り。
Y…2016年のパート・アルバイトの人数の割合は26.0%,1996年は18.0%で,およそ1.4倍なので誤り。

書きトレ! 資料から,女性は正社員の割合が男性よりも30%以上低い一方で,非正規労働者の割合が30%以上高く,雇用が不安定な女性が多いことがわかる。

❶ (1)Aサービス　B財　(2) ウ
(3)(例)<u>収入から消費支出と非消費支出を引い</u>
<u>た残り。</u>
(4)クレジット

❷ (1)A消費者基本　B自立　(2)ケネディ
(3)イ　(4)①流通　②ウ，エ(順不同)　③POS
(5)環境
_{かんきょう}

❸ (1)①A私企業　B株主総会
②X売上高　Y従業員数　Z企業数　③ア
(2)①イ　②ア
③法律名：労働基準法　記号：イ

考え方
❶ (1)Aは鉄道で，輸送という形の無い商品なの
でサービス。Bは家電を販売している店で，
家電という形のある商品なので財。
(2)下線部は土地という財産から得られる収入
なので，ウが正解。メモの「夫が経営する
店からの収入」はイの事業収入，「従業員と
して働く会社からの収入」はアの給与収入
_{きゅうよ}
にあたる。
(3)貯蓄は，将来のために残すものであり，預
_{ちょちく}
金や株式などの形をとる。
❷ (1)A消費者基本法は，1968年に制定された消
費者保護基本法を改正して成立した。
(2)アメリカのケネディ大統領は，1962年に「安
全を求める権利」，「知らされる権利」，「選
_{せん}
択する権利」，「意見を反映させる権利」と
_{たく}
いう四つの権利を唱えた。
(3)PL法は製造物責任法のことで，欠陥商品
_{けっかん}
による被害についての企業の責任を定めた
ものなので，イが正解。アは，クーリング・
オフ制度の内容。
(4)②流通の合理化の例である図では，卸売業
者に代わって物流センターが入っている。
このように効率的な方式にすることで運送
業にかかる費用や，倉庫業にかかる費用が
_{さくげん}
削減できるので，ウ，エが正解。
(5)図は，環境ラベルの一つで，環境に配慮し
た商品であることがわかる。
❸ (1)①B経営方針の決定や役員の選任などが行
われるのは株主総会。仕事の具体的な決定
を行う取締役会とは区別できるようにする
こと。②Xは中小企業の割合が50％未満な
ので売上高，Yは中小企業の割合が約70％
なので従業員数。Zは99％以上なので企業
数。

(2)①日本は1990年前後に年間労働時間が最も
長く，近年は継続的に減少する傾向にある
ものの，まだ多く，イにあたる。アはアメ
リカ，ウはフランス，エはドイツ。③労働
三法は，資料Ⅲの労働基準法，労働組合法，
労働関係調整法なので，イが正解。

❶ ①市場　②需要　③供給
_{しじょう}　_{きんこう}
④均衡価格

❷ ⑤市場価格
⑥独占
_{どくせん}
⑦寡占
_{かせん}
⑧独占禁止
⑨公正取引委員会
⑩公共料金

⚠ミスに注意

価格
◆独占と寡占

| 独占 | 商品の供給が一つの企業だけの状態。 |
| 寡占 | 商品の供給が少数の企業だけの状態。 |

❶ (1)X需要　Y供給　Z均衡

❷ (1)①寡占　②公正取引委員会
(2)語句：公共料金　記号：イ
(3)(例)消費者が高い価格で商品を購入しなけ
ればならないことが多い。

書きトレ! (例)(トマトケチャップには)価格の変動が
あまり見られず，安定している。

考え方
❶ (1)X　A曲線は価格が下落するほど数量が増
加するので，需要曲線。Y　B曲線は価格
が下落するほど数量が減少するので，供給
曲線。
❷ (1)①商品の供給が少数の企業だけなので，寡
_{きぎょう}
占の状態。
(2)記号：公共料金には電気料金，都市ガス料
金，鉄道運賃，(乗合)バス運賃，郵便料金
などがあるので，あてはまらないのはイ。
(3)市場が独占の状態などのとき，一つの企業
または少数の企業が独断で価格を決定でき
るので，高い価格になるおそれがある。

書きトレ! 農産物であるトマトは出荷量の変動により
価格が上下するのに対し，工業製品である
トマトケチャップは計画的に出荷できるの
_{けいかく}
で，変動が少ない。

ぴたトレ1

3 ①貨幣
②金融
③直接金融
④間接金融

4 ⑤銀行
⑥為替
⑦利子　⑧預金通貨
⑨発券銀行　⑩銀行の銀行

⚠ミスに注意

金融の方法
◆直接金融と間接金融

直接金融	銀行が間に入らない方法。
間接金融	銀行が間に入る方法。

ぴたトレ2

❶ (1)ア　(2)債券
❷ (1)①預金　②利子(利息)　(2)為替　(3)ウ

書きトレ! (例)貸し手(預金者)と借り手の間に金融機関が入り，お金を融通している。

考え方

❶(1)貨幣には，財・サービスの価値を表す，財・サービスと交換する手段となる，価値を貯蔵するといった役割がある。

(2)債券は，お金を貸したことを証明するものである。企業は社債，国は国債，地方公共団体は地方債を発行し，売買することもできる。

❷(1)①②銀行は，人々の貯蓄を預金として集めて利子(利息)を支払う。またその預金を企業などに貸し出し，元金以外に利子(利息)を受け取っている。通常，銀行が貸した相手側から受け取る利子(利息)は，預金している人々に支払う利子(利息)よりも高く，その差が銀行の収入の一つとなっている。

(2)為替による送金は銀行の仕事の一つであり，振りこみなどの為替を使った送金の仲立ちを行っている。

(3)日本銀行は日本の中央銀行であり，紙幣を発行する発券銀行，政府の預金を出し入れする政府の銀行，一般の銀行にお金の貸し出しや預金の受け入れをする銀行の銀行という役割を果たしている。日本銀行に預金ができるのは，政府と一部の金融機関のみである。

書きトレ! 資料Ⅰは，借り手(企業など)が株式や債券などにより預金者(貸し手)から資金を集める方法である(直接金融)。資料Ⅱは，貸し手(預金者)と借り手(企業など)の間に金融機関が入り，資金を融通する方法である(間接金融)。

ぴたトレ1

5 ①景気　②景気変動　③好景気　④不景気
⑤物価　⑥インフレーション(インフレ)
⑦デフレーション(デフレ)　⑧経済成長
⑨高度経済成長　⑩バブル経済　⑪金融政策
⑫公開市場操作

ぴたトレ2

❶ (1)Aイ　Bア　(2)①D　②C
(3)ウ→ア→エ→イ　(4)日本銀行
(5)aZ　bY

書きトレ! (例)1990年代以降は，消費者物価指数に大きな変化がない。(消費者物価指数が停滞している。)

考え方

❶(1)A景気変動で後退する直前で好景気(好況)にあたるので，イが正解。B景気変動で回復する直前で不景気(不況)にあたるので，アが正解。

(2)①は家計の所得減少・企業の生産減少などから不景気(不況)に向かっている時期のものなので，Dが正解。②は家計の所得増加・企業の生産増加などから好景気(好況)に向かっている時期のものなので，Cが正解。

(3)ア の(第一次)石油危機の発生は1973年，イ の平成不況の開始は1991年(1990年代前半)，ウ の高度経済成長の開始は1955年(1950年代半ば)，エのバブル経済の開始は1980年代後半なので，古い順にウ→ア→エ→イ。

(5)a 企業に必要なお金が集まりすぎたとき，日本銀行は公開市場で国債などを(一般の)銀行に売って資金量が減るようにするので，好景気(好況)のときにあたるZが正解。
b企業が必要なお金を手に入れにくいとき，日本銀行は公開市場で国債などを(一般の)銀行から買って資金量が増えるようにするので，不景気(不況)のときにあたるYが正解。

書きトレ! 日本がバブル経済であった1990年代前半まで消費者物価は上昇していたが，その後は大きな変化がないことをとらえる。

単元のココがポイント!

日本銀行が不景気(不況)のときに(一般の)銀行から国債などを買うこと，好景気(好況)のときに(一般の)銀行に国債などを売ることを確認しておこう。

6 ①貿易　②分業　③加工　④黒字
　　⑤空洞化（くうどう）　⑥赤字　⑦為替相場（かわせ）　⑧円高
　　⑨不利　⑩有利　⑪円安　⑫多国籍（たこくせき）
　　⑬金融危機

1 (1)①加工　②金融危機　(2)イ
　　(3)X○　Y×
　　(4)(例)国内の産業が衰退（すいたい）する

書きトレ! (例)自動車の海外生産が国内生産を上回るようになった。

考え方

1 (1)①加工貿易は，第二次世界大戦後の長い間行われてきた，原材料を輸入し，それを製品にして輸出するもの。現在も行われているものの，近年は工業製品の輸入が増加している。②世界金融危機は，2007年にアメリカで住宅価格が下落して低所得者向けの住宅ローンが崩壊（ほうかい）したことを背景に，2008年に大手投資銀行が破産したことをきっかけに深刻化して発生した。日本では円高が進み，輸出を中心に不振（ふしん）となった。

(2)1ドル＝100円から1ドル＝80円になるのは，円高である。日本からアメリカに輸出した120万円の自動車は1ドル＝100円のとき12000ドルであったが，1ドル＝80円のとき15000ドルである。円高のとき，アメリカで日本の自動車の価格が上昇（じょうしょう）するので，売れにくくなる。このように円高のとき，日本にとって一般に輸出は不利になる。

(3)1997年から2017年にかけて海外進出の日本企業数は大幅（おおはば）に増加している。最も増加しているのはアジアに進出した日本企業数であるが，ヨーロッパに進出した日本企業数も増加している。

書きトレ! 日本の自動車メーカーはアメリカなどとの貿易摩擦（まさつ）の解消のため，1980年代からアメリカなどで海外生産を行ってきた。2000年代以降は費用が安くすむ，経済成長により市場として有望であるなどの理由で，アジアでの海外生産が非常に増加している。

単元のココがポイント!

円安のとき，日本にとって輸出が有利，海外旅行が不利，円高のとき，その逆であることをおさえておこう。

1 ①財政
　　②予算
　　③国税
　　④直接税
　　⑤間接税
　　⑥累進課税（るいしん）

⚠ミスに注意

税金の種類
◆直接税と間接税

直接税	納税者と担税者が同じ税金。
間接税	納税者と担税者が異なる税金。

2 ⑦社会資本　⑧公共サービス
　　⑨財政政策　⑩公債（こうさい）

1 (1)①予算　②地方税
　　(2)説明：(例)納税者と担税者が異なる税金である。
　　　記号：ア
　　(3)社会保障関係費

2 (1)社会資本（インフラ）　(2)X×　Y○

書きトレ! (例)(課税対象の)所得(額)が高いほど，税率が高くなっている。

考え方

1 (1)①国で予算は内閣が作り，国会が審議（しんぎ）して議決することで成立する。②地方税は，地方公共団体に納める税金。道府県民税や事業税，市町村民税，固定資産税，入湯税などがある。

(2)説明：直接税が納税者と担税者が同じ税金であるのに対し，間接税は納税者と担税者が異なる税金である。　記号：間接税には消費税や揮発油税（きはつゆ），関税などがあてはまるので，アが正解。イの法人税，ウの所得税は，相続税などとともに直接税。

(3)2017年度の国の一般会計（いっぱん）（当初予算）の歳出（さいしゅつ）は，上位から社会保障関係費，国債費，地方交付税交付金など，公共事業関係費，文教および科学振興費，防衛関係費である。上位3つの項目（こうもく）は覚えておこう。

2 (1)政府が提供する道路や公園などの社会資本（インフラ）に対し，教育や社会保障などを公共サービスという。

(2)X 日本の財政のうち歳出は2000年度以降，2010年度直前まで停滞していたものの，2010年度直前に増加して約100兆円になっている。

書きトレ! 資料から所得(額)が高いほど，税率が高くなっていることがわかる。これは，累進課税の方法が導入されているためである。

3 ①社会保障　②25　③社会保険　④公的扶助
　　⑤社会福祉（ふくし）　⑥公衆衛生
4 ⑦介護保険（かいご）　⑧後期高齢者（こうれいしゃ）　⑨高負担
　　⑩消費税

1 (1)①イギリス　②社会福祉
　　(2)(第)25(条)　(3)ア
2 (1)(例)(現役世代一人あたりの年金の保険料（げんえき）
　　などは)重くなっている。　(2)〇

書きトレ! (例)フランスは<u>社会保障負担</u>(の比率)も，
　　<u>税負担</u>(の比率)もアメリカより重くなって
　　いる。

考え方

1 (1)①20世紀に社会保障制度を最初に確立した
　　　イギリスでは，「ゆりかごから墓場まで」と
　　　いうスローガンがかかげられ，生まれてか
　　　ら死ぬまで続く社会保障制度が目指された。
　　　②社会福祉は弱い立場の人を支援（しえん）する制度
　　　で，高齢者福祉や児童福祉，障がい者福祉
　　　などがある。
　　(2)日本国憲法第25条①に「健康で文化的な最
　　　低限度の生活を営む権利」と，社会権の中
　　　心である生存権についての規定がある。ま
　　　た，第25条②に「社会福祉，社会保障及び（およ）
　　　公衆衛生の向上及び増進に努めなければな
　　　らない。」と社会保障制度についての規定が
　　　ある。
　　(3)公的扶助は，最低限の生活ができない人に
　　　生活保護法により生活費などを給付するも
　　　のであるので，**ア**が正解。**イ**は公衆衛生，
　　　ウは社会福祉についての説明。
2 (1)日本は少子高齢化が進み，子どもの数が減
　　　少する一方，人口にしめる高齢者の割合が
　　　増加している。年金の保険料などを納める
　　　現役世代の割合も減少し，一人あたりの保
　　　険料などは重くなっている。

書きトレ! 資料から，低福祉低負担であるアメリカと
　　比べて，高福祉高負担であるフランスは，
　　社会保障負担(の比率)も，税負担(の比率)
　　も重くなっているとわかる。

1 ①公害
　　②住民
　　③公害対策基本
　　④環境基本（かんきょう）
　　⑤省資源・
　　　省エネルギー
　　⑥循環（じゅんかん）
　　⑦リサイクル
2 ⑧国内総生産　⑨地域　⑩まちづくり

⚠ミスに注意

循環型社会
◆3R

リデュース	ごみを減らすこと。
リユース	使えるものを何度も使うこと。
リサイクル	ごみを再資源化すること。

1 (1)①住民　②環境
　　(2)X 水俣病（みなまた）　Y 四日市ぜんそく（よっかいち）
　　　Z イタイイタイ病
　　(3)ア
2 (1)GDP　(2)コンパクトシティ

書きトレ! (例)一人あたりの年間の労働生産性を向上（りくしょう）
　　させること。

考え方

1 (1)①1960年代前後には，公害や消費者問題な
　　　どに関連する住民運動が起こった。②環境
　　　庁は，公害対策や自然環境の保護に関連す
　　　る仕事を行う役所として1971年に設置され，
　　　2001年に省に格上げされた。
　　(2)X 新潟水俣病は新潟県で，水俣病は熊本県
　　　などで有機水銀(メチル水銀)による水質汚（お）
　　　濁（だく）が原因で発生した。Y 四日市ぜんそくは，
　　　三重県で二酸化硫黄（いおう）などによる大気汚染が
　　　原因で発生した。Z イタイイタイ病は，富
　　　山県でカドミウムによる水質汚濁が原因で
　　　発生した。
　　(3)リユースは使えるものは繰り返し何度も使
　　　うことなので，**ア**が正解。**イ**はリサイクル，
　　　ウはリデュースについての説明。
2 (1)国内総生産は<u>G</u>ross <u>D</u>omestic <u>P</u>roductな
　　　ので，略称はGDP。
　　(2)市街地や鉄道の駅周辺に住宅地や病院など
　　　の社会資本(インフラ)を集中させ，効率的
　　　に利用しようという考えをコンパクトシ
　　　ティという。

書きトレ! 資料からアメリカやフランスなどと比べ，
　　日本の一人あたりの年間の労働生産性が低
　　いことがわかる。このことから一人あたり
　　の年間の労働生産性を向上させることが課
　　題であると判断できる。

❶ (1)①減少する　②20万個　③200円
　 (2)寡占(かせん)
　 (3)(例)価格の変動(へんどう)が国民の生活に大きな影響(えいきょう)
　　　をあたえるから。

❷ (1)A利子(利息)　B為替(かわせ)　C発券
　 (2)間接金融　(3)①中央銀行　②ア
　 (4)①インフレーション(インフレ)
　　　②X円安　Y円高

❸ (1)①直接税　②低い　③法人税　(2)ウ
　 (3)①40　②ア　③イ　(4)①カ　②ウ
　 (5)リユース

考え方

❶ (1)①需要量は，商品の価格が上がるほど減少
　　　し，価格が下がるほど増加する。③需要量
　　　と供給量が一致(いっち)したときの価格を均衡価格
　　　といい，図の商品の場合，200円である。
　 (2)市場で商品を供給するのが一つの企業だけ
　　　である状態を独占，少数の企業だけである
　　　状態を寡占という。
　 (3)公共料金となっているものは，電気・ガス・
　　　水道など私たちの生活に関係が深いもので
　　　ある(ただし，電気・ガスの小売りは自由
　　　化されている)。

❷ (1)B為替(かわせ)を使った送金の仲立(なかだ)ちは，お金の貸
　　　し出しなどとともに，銀行の仕事の一つで
　　　ある。C日本銀行の役割には，発券銀行や
　　　政府の銀行，銀行の銀行などがある。
　 (3)②日本銀行は不景気のとき，一般の銀行か
　　　ら国債などを買い取り，銀行の資金量を増
　　　やそうとするので，アが正解。日本銀行は，
　　　一般の企業や家計とやり取りしない。
　 (4)①物価が上昇し続けることをインフレー
　　　ション(インフレ)，物価が下落し続けるこ
　　　とをデフレーション(デフレ)という。

❸ (1)②消費税など間接税は，所得が低い人ほど，
　　　所得にしめる税金の割合が高くなる逆進性
　　　がある。
　 (2)政府の経済関係の役割には，社会資本や公
　　　共サービスの提供，格差の是正，景気の安
　　　定化，市場経済での公正さの確保などがあ
　　　り，ウはあてはまらない。
　 (3)①介護保険制度は，40歳以上の人が加入を
　　　義務付けられている。介護が必要になった
　　　ときは，居宅サービス，施設サービス，地
　　　域密着型サービスなどを受けることができ
　　　る。

②公衆衛生は，生活環境の改善や感染症の
予防などを行うものなので，アが正解。イ
は社会福祉，ウは公的扶助の内容。
(4)①水俣病は熊本県などで発生したので，カ
が正解。　②イタイイタイ病は，富山県で
発生したので，ウが正解。

第 5 章　地球社会と私たち

■ ①国民　②主権国家　③領空
　④排他的経済水域(はいた)　⑤日章旗　⑥国際法
　⑦国際協調
■ ⑧竹島(たけしま)　⑨北方領土　⑩尖閣諸島(せんかく)

❶ (1)①主権　②公海　(2)ウ
　 (3)(例)争っている相手国の同意が必要
❷ (1)Aイ　Bア　(2)ロシア(ロシア連邦)

書きトレ! (例)島の消失を防ぎ，周辺の(領海や)排他
的経済水域を維持(いじ)するため。

考え方

❶ (2)排他的経済水域は，沿岸から200海里(かいり)(約
370km)までの領海を除く範囲で設定でき
るので，ウが正解。日本は，領海を沿岸か
らアの12海里までの範囲で設定している。
❷ (1)A島根県に属し，韓国(かんこく)に不法に占拠(せんきょ)され
ている竹島なので，イが正解。日本が支配し，
領土問題は存在しないものの，中国と台湾(たいわん)
が領有権を主張している尖閣諸島なので，
アが正解。ウは，沖縄県に属する日本西端(せいたん)
の島。
　 (2)ロシア(ロシア連邦(れんぽう))に占拠されている北方
領土には，択捉島(えとろふとう)，国後島(くなしりとう)，色丹島(しこたんとう)，歯舞(はぼまい)
群島(ぐんとう)がふくまれる。

書きトレ! 沖ノ鳥島は東京都に属し，日本の南端の島。
満潮時(まんちょう)にわずかに島の一部が海面上に出る
だけなので，島の消失を防ぐために，護岸
工事がされている。沖ノ鳥島があることで，
周辺の(領海や)排他的経済水域を維持する
ことができる。

3 ①国際連盟

②国際連合

③ニューヨーク

④国連教育科学

文化機関

⑤世界保健機関

⑥総会　⑦安全保障理事会(安保理)

⑧フランス　⑨常任理事国　⑩非常任理事国

⑪拒否権　⑫平和維持活動

⑬持続可能な開発目標

⚠ミスに注意
国際連合の機関 ◆UNESCOとUNICEF

UNESCO (ユネスコ)	国連教育科学文化 機関の略称。
UNICEF (ユニセフ)	国連児童基金の略 称。

1 (1)①アメリカ(アメリカ合衆国)　②総会

(2)(例)世界の平和と安全を維持する

(3)X ×　Y ×　(4)エ

(5)国連教育科学文化機関(UNESCO, ユネスコ)

書きトレ! (例)常任理事国であるロシア連邦と中国は, 拒否権を行使したから。

考え方

1 (1)①1920年に成立した国際連盟の本部がスイスのジュネーブにあったのに対し, 1945年に成立した国際連合の本部はアメリカ(アメリカ合衆国)のニューヨークにある。

②総会で全加盟国が平等に一票を持つのは, 主権平等の原則による。

(3)X 1945年から1960年にかけてアジアの加盟国数が14か国増加したのに対し, アフリカの加盟国数は22か国増加した。これには, 1960年は「アフリカの年」とよばれ, 多くの国が独立したことも関係している。

Y 1980年から1992年にかけてオセアニアの加盟国数が3か国増加したのに対し, ヨーロッパ・旧ソ連の加盟国数は16か国増加した。これには, 1991年にソ連が解体したことなどが関係している。

(4)国際連合の安全保障理事会の常任理事国は, アメリカ, ロシア連邦, イギリス, フランス, 中国の5か国なので, あてはまらないエが正解。

(5)世界遺産をふくむ文化財の保護, 識字教育などを行っているのはUNESCOである。

書きトレ! ロシア連邦と中国は, 国際連合の安全保障理事会の常任理事国で, 1か国でも反対すると重要な問題を決定できなくなるという拒否権を持っている。

4 ①相互依存　②地域主義(リージョナリズム)

③ヨーロッパ連合(EU)　④ユーロ

⑤東南アジア諸国連合(ASEAN)

⑥APEC

5 ⑦南北問題　⑧新興工業経済地域(NIES)

⑨BRICS　⑩南南問題

1 (1)①地域

②東南アジア諸国連合(ASEAN)

(2)ユーロ　(3)ア

2 (1)南北　(2)BRICS　(3)A○　B ×

書きトレ! (例)ヨーロッパ連合(EU)の加盟国間に経済格差が存在する。

考え方

1 (1)②東南アジア諸国連合(ASEAN)は1967年に成立し, 当初はタイやマレーシアなど加盟国は5か国であったが, 現在は10か国にまで拡大している。

(2)ユーロはヨーロッパ連合(EU)の共通通貨で, 加盟国の大半で正式導入されている。

(3)11か国が加盟する環太平洋経済連携協定を, 「TPP11」という。イはアジア太平洋経済協力会議, ウは新興工業経済地域の略称。

2 (1)発展途上国(途上国)の多くが南, 先進工業国(先進国)の多くが北に位置することから南北問題という。

(2)BRICSは, ブラジル, ロシア連邦, インド, 中国, 南アフリカ共和国のアルファベットの頭文字から取ったものである。

(3)B ブラジルの国内総生産は, 2008年に発生した世界金融危機のときや2015年の前後に0%を下回っている。

書きトレ! 資料から, ヨーロッパ連合(EU)の加盟国間に経済格差が存在していることがわかる。ヨーロッパ連合(EU)に早くから加盟した西ヨーロッパの国の一人あたりの国民総所得は比較的高く, 近年に加盟した東ヨーロッパの国は比較的低い。

単元のココがポイント!

ヨーロッパ連合(EU)や東南アジア諸国連合(ASEAN)などがどの地域の組織か確認しておこう。

1　①酸性雨　②オゾン層　③温室効果ガス
　④国連環境開発会議(地球サミット)
　⑤京都議定書　⑥パリ協定
2　⑦化石燃料　⑧水力発電　⑨東日本大震災
　⑩再生可能エネルギー

1　(1)①砂漠　②二酸化炭素　(2)イ　(3)ウ
2　(1)化石
　(2)発電方法:風力発電
　　エネルギー:再生可能エネルギー

書きトレ! (例)温室効果ガスの増加を原因とする地球
温暖化で海面が上昇すると,国土が水没し
てしまうから。

考え方

1　(1)①砂漠化は森林伐採,放牧のやりすぎなど
　　が原因で,アフリカ北部などで発生してい
　　る。②二酸化炭素(CO₂)は,地球温暖化に
　　温室効果ガスの中でも最も影響をあたえて
　　いる気体。
　(2)酸性雨は自動車の排気ガスや工場のばい煙
　　などが原因で,ヨーロッパや東アジアなど
　　で発生しているので,イが正解。アのフロン
　　ガスはオゾン層の破壊や地球温暖化の原因。
　(3)2015年に採択され,途上国をふくめて排出
　　削減に取り組むことを定めたものはパリ協
　　定なので,ウが正解。
2　(1)化石燃料である石炭,石油,天然ガスのう
　　ち特に石炭,石油は二酸化炭素(CO₂)など
　　を多く発生し,地球温暖化に影響をあたえ
　　ている。
　(2)発電方法:資料は風力発電の施設である風
　　車。
　　エネルギー:太陽光や風力,地熱,バイオ
　　マスなどが,くり返し使うことができる再
　　生可能エネルギー。

書きトレ! ツバルは,太平洋上にあるオセアニア州の
島国。国土全体が低地にあるため,地球温
暖化で海面が上昇すると,国土が水没する
おそれがある。

単元のココがポイント!

砂漠化や酸性雨,オゾン層の破壊,地球温暖化などの
地球環境問題の原因や発生地域,結果などをそれぞれ
おさえておこう。

3　①貧困　②飢餓
　③フェアトレー
　　ド(公正貿易)
　④マイクロクレ
　　ジット
4　⑤地域紛争
　⑥テロリズム(テロ)
　⑦核拡散防止
5　⑧難民　⑨避難民
　⑩国連難民高等弁務官事務所

⚠ミスに注意

軍縮
◆核軍縮などのための条約

核拡散防止条約	1968年に採択。
核兵器禁止条約	2017年に採択。

1　(1)ウ　(2)ア
2　(1)民族　(2)核拡散防止条約
3　(1)ア

書きトレ! (例)途上国の人々による農作物などを適正
な価格で購入しようとする商品に付けられ
ている。

考え方

1　(1)貧困は,1日に使うことのできる金額が1.9
　　ドル未満の状態で,アフリカ南部などに多
　　いので,ウが正解。アのヨーロッパ西部や
　　イの北アメリカ東部は経済が発達した国・
　　地域。
　(2)マイクロクレジットは,途上国の人々の自
　　立のために少額の融資を行うことなので,
　　アが正解。
2　(1)1989年の冷戦終結後に宗教や民族などによ
　　る対立が表面化するようになり,国内や周
　　辺国を巻きこんで起こっている。
　(2)1968年に採択された,アメリカ合衆国やソ
　　連(当時)などの核兵器保有国以外の保有を
　　禁止するのは核拡散防止条約である。
3　(1)国連難民高等弁務官事務所を表すアが正解。
　　イのWHOは世界保健機関,ウの
　　UNESCOは国連教育科学文化機関の略称。

書きトレ! 資料は,国際フェアトレード認証ラベルで
ある。途上国の人々が生産したものを,先
進国の人々が適正な価格で購入することで,
途上国の人々の生活を支えることができる。

1 ①平和主義　②非核三原則
③政府開発援助(ODA)
④アジェンダ(行動計画)　⑤日米安全保障
⑥朝鮮民主主義人民共和国(北朝鮮)

2 ⑦多様性
⑧UNESCO(国連教育科学文化機関)
⑨世界遺産
⑩人間の安全保障

1 (1)①平和　②ODA　(2)イ

2 (1)世界遺産
(2)(例)一人一人の<u>人間</u>の<u>生命・人権</u>を守るという考え。

書きトレ! (例)<u>アジア</u>の割合が減少し，中東・北アフリカの割合やサハラ以南アフリカなどの割合が増加している。

考え方
1 (1)①平和主義は，日本国憲法の前文と第9条に規定がある。②日本はアジアを中心に政府開発援助(ODA)を行ってきたものの近年は割合が減少している。
(2)**ア**は，日本の自衛隊は東南アジア，南アジア，西アジアで国連平和維持活動(PKO)を行っているので，間違っている。**ウ**は，日本の国際緊急援助隊はオセアニア州のニュージーランドなどに派遣されているので，間違っている。よって，**イ**が正解。
2 (1)世界遺産の保護などの仕事は，国連教育科学文化機関(UNESCO)が行っている。日本の法隆寺や，バチカン市国のサン・ピエトロ大聖堂などが世界遺産に登録されている。

書きトレ! 資料から，アジアの割合が減少し，アフリカ周辺の中東・北アフリカやサハラ以南アフリカの割合が増加していることを読み取る。

1 (1)A国民　B領空　C平和　(2)イ　(3)日章旗
(4)公海自由の原則　(5)①**ウ**　②**イ**

2 (1)①**ウ**　②**ア**　③**オ**　(2)**ア**
(3)(例)限られた農産物や鉱産資源の輸出による経済である。
(4)**エ**

3 (1)①**ウ**　②温室効果ガス　③**ア，エ**(順不同)
(2)①**Y ウ**　**Z イ**

(3)①地雷　②**ア→ウ→イ**　③難民

考え方
1 (1)B領空は，領土と領海の上空である。
(2)**ア**は，北方領土を占拠しているのはロシア連邦なので，間違っている。**ウ**は，竹島を占拠しているのは韓国なので，間違っている。**エ**は，日本の東端は南鳥島で与那国島は日本の西端なので，間違っている。よって，**イ**が正解。
(5)①**X**はアメリカ，**Y**は中国，**Z**は日本なので，**ウ**が正解。近年，中国の割合が増加している。②WHOは世界保健機関の略称で，医療や衛生などの活動を行っているので，**イ**が正解。**ア**は国連児童基金(UNICEF)，**ウ**は国連教育科学文化機関(UNESCO)，**エ**は国際労働機関(ILO)の活動。
2 (1)①USMCAは米国・メキシコ・カナダ協定なので，**ウ**が正解。②AUはアフリカ連合の略称なので，**ア**が正解。③ASEANは東南アジア諸国連合の略称なので，**オ**が正解。
(2)南北問題は先進工業国と発展途上国の間の経済格差なので，**ア**が正解。**ウ**は，南南問題の内容。
3 (1)Aは中国，Bはアメリカ，Cはヨーロッパ連合(EU)なので，**ウ**が正解。
(2)①**Y** 近年，人口が2番目に多く，急激に増加しているのは，**ウ**のアフリカ。**Z** 人口が最も多いのは，**イ**のアジア。**X**にあてはまるのは**ア**のヨーロッパ。
(3)②採択されたのは**ア**の核拡散防止条約は1968年，**イ**の核兵器禁止条約は2017年，**ウ**の包括的核実験禁止条約は1996年なので，古い順に**ア→ウ→イ**。

終章 より良い社会を目指して

1 ①課題
2 ②テーマ　③資料　④考察　⑤レポート

1 (1)レポート　(2)B**ウ**　C**イ**

考え方
1 (2)B・Cレポートの流れは，探究の課題の設定とその理由→**ア**の(探究の)方法→**ウ**の(探究の)内容→**イ**の(探究の)まとめと構想。

出題傾向

＊現代社会と私たちでは，グローバル化，少子高齢化，情報化の出題が多い。少子高齢化がかかえている問題について理解しておこう。

＊私たちの生活と文化では，年中行事，多文化共生をするための取り組み事例を確認しておこう。

＊現代社会の見方や考え方では，対立と合意，その際の重要な視点である効率と公正について理解しておこう。採決の仕方での多数決，少数意見の尊重が大切であることを覚えておこう。

❶ (1)①米：ア　魚介類：ウ

　　②(例)相手国の事情で食料の安定確保ができなくなること。

　(2)(例)働く世代の負担が重くなる

　(3)①格差　②個人情報

❷ (1)①(例)初詣　②(例)お盆(盂蘭盆会)

　　③(例)七五三

　(2)あん入りの丸もちをにる・白みそ

　(3)B

　(4)(例)多文化共生のまちづくり。

❸ (1)A 対立　B 合意

　(2)(例)人間は，社会の一員としてでなくては生きていくことができないから。

　(3)①公正　②公正　③公正

　　④公正　⑤効率

　(4)(例)少数の意見を尊重する

　(5)(例)多くなるとは限らない

考え方

❶ (1)①米は唯一自給できている農産物で，いちばん割合の高いア。イは自給率の割合が比較的高く新鮮さを要求される野菜。残ったウとエは小麦か魚介類。小麦はほとんど輸入しているので，自給率の割合のいちばん低いエ。残ったウが魚介類である。

　②食料自給率が低いと，輸入相手国の自然災害や政治体制の転換などにより，輸入が止まってしまう危険がある。少しでも自給率を高める工夫が必要。

(2)高齢者の数が増えると，高齢者の生活を支える公的年金や医療，介護などの社会保障にかかる費用が増大する。その一方で，それを支える生産年齢人口が減少するため，働く世代1人あたりの負担が重くなる。

(3)生活の中で情報の役割が大きくなってくると，情報を正しく活用する力である情報リテラシーや，情報を正しく利用する態度である情報モラルが求められる。

❷ (1)年中行事も伝統文化の一つである。1月は神社や寺院などへの初詣，7・8月は先祖の供養を行うお盆，11月は7歳，5歳，3歳の子の成長を祝う七五三などがある。

(2)地図を見ると，香川県のところに▲の印があり，全国的には少ないあん入りもち・白みそ仕立てのお雑煮であることがわかる。

(3)Aは沖縄の伝統的衣装の紅型，Bはアイヌ民族の伝統的衣装のアットゥシである。

(4)神戸市中央区の住人の約1割が外国人なので，だれもが住みやすいまちの実現に向けて，多言語のごみ分別リーフレットなどが用意されているのである。

❸ (1)私たちが属している社会集団の中で，考え方の違いから「対立」が生じた場合，話し合いで「合意」を目指す必要がある。

(2)人間はさまざまな社会集団に属し，全くの孤立状態では生きていけないからである。

(3)対立を合意に導く考え方として「公正」と「効率」という2つの視点が重要。①は手続きの公正さ，②は結果の公正さ，③は機会の公正さ，④は結果の公正さ，⑤は無駄がないかという効率の視点にたっている。

(4)多数決の場合，一定時間内に採決できるが，少数意見が反映されにくいという欠点がある。

(5)例えば，X，Y，Zの3つの案があってそれぞれに賛成する票が40票，30票，30票のとき，多数決で決まったXに賛成の票を入れた人の数は40人，賛成の票を入れなかった人の数は60人(YとZの合計)となり，決まった結果に賛成の票を入れた人の数より賛成の票を入れなかった人の数が多くなってしまう場合がある。

出題傾向

＊人権と日本国憲法では，日本国憲法の三つの基本原理の出題が多い。大日本帝国憲法とのちがいも，象徴天皇制を中心におさえておこう。また，憲法改正の際の手続きも出席議員なのか総議員なのか間違いやすいところである。最近は，法の支配についての出題も多い。

❶ (1)①Aウ　Bア　Cイ　Dエ　②A
　　③Pエ　Qウ　Rア　Sイ
　　④世界人権宣言
　(2)イ
　(3)保障されること：(例)国民の権利
　　制限されること：(例)政府の権利
　(4)(例)臣民の権利として法律の範囲内で認められていた。

❷ (1)何の日：憲法記念日
　　(例)日本国憲法が(1947年5月3日に)施行された日。
　(2)A象徴　B主権　C内閣
　(3)①ア　②(第)9(条)
　(4)記号：エ　語句：天皇

考え方

❶ (1)①Aは「経済生活」「生存を保障する」からワイマール憲法。1919年にドイツで制定され，初めて社会権をもりこんだ憲法である。Bは条文形式で「自由で平等な権利」から人権宣言。フランス革命勃発直後の1789年に出された。Cは「議会の同意なしに」から権利章典。イギリス名誉革命時に制定された，王権の制限，議会の権限を定めたもの。Dはアメリカ独立宣言。独立戦争時の1776年，イギリスからの独立を宣言した。
③国王の圧政に対する革命は，イギリスで貴族たちが国王に不当な課税や逮捕などの禁止を認めさせることから始まった。そしてアメリカ独立戦争，フランス革命へと続くが，ここまでは自由権と平等権の獲得にすぎず，産業革命後の貧富の差の拡大による社会権獲得は20世紀まで待つことになる。
④国際連合憲章の中に人権についてもりこまれていなかったため，国際連合はその制定を課題とし，1948年の総会で世界人権宣言を採択した。

(2)それぞれの権力がたがいに他の権力の濫用をおさえて，バランスを取るようにするしくみを三権分立といい，18世紀のフランスの思想家モンテスキューが著書『法の精神』で唱えた。アのマルクスは資本主義を批判し，社会主義をとなえたドイツの経済学者。ウのロックは『統治二論』で抵抗権を唱えたイギリスの思想家。エのルソーは『社会契約論』で人民主権を唱えたフランスの思想家。

(3)図の上下の位置関係を見ると，人の支配では君主が法を用いて国民を支配しているが，法の支配では国民が(代表者を通じて)法を制定して政府といえども法の支配下にあることがわかる。保障されること，制限されることのどちらも，「誰の何」という観点から説明するとよい。

(4)大日本帝国憲法では，国民のことを天皇の臣民と位置づけ，人権には，法律による制限があった。

❷ (1)5月3日は憲法記念日で，1947年5月3日に日本国憲法が施行された日を記念して国民の祝日になっている。公布日の1946年11月3日も，文化の日として祝日になっている。

(2)大日本帝国憲法で主権者とされていた天皇は，日本国憲法では「日本国の象徴であり日本国民統合の象徴」とされ，主権は国民が持つとされた。よく出題されるので覚えておこう。天皇の国事行為には，内閣の助言と承認が必要であり，内閣が全ての責任を負うことになっている。

(3)憲法第9条は，平和主義ではよく出題される。どの項目が空欄になってもよいように，覚えておこう。

(4)憲法改正もよく出題される。憲法は国の最高法規のため，改正するには複雑で慎重な手続きが必要とされる。法律案の場合は出席議員の過半数で表決されるが，憲法改正の場合は総議員の3分の2以上の賛成が必要とされる。

＊人権と共生社会では，基本的人権，なかでも男女平等に関する問題はよく出題される。また，インクルージョン，ダイバーシティ，ユニバーサルデザイン，バリアフリーなどの新語は意味もしっかり理解しておこう。公共の福祉による制限も一緒に確認しておこう。
＊これからの人権保障では，憲法に規定のない新しい人権の背景にある現代社会の変化を理解しておこう。

❶ (1)永久　(2)幸福追求　(3)法の下（もと）
　(4)①インクルージョン
　　②記号：B
　　理由：(例)結婚や出産を経ても，<u>仕事を続ける女性が増えた</u>ため。
　(5)記号：イ　自由：経済活動の自由
　(6)①(例)健康で文化的な最低限度の生活を営む権利。
　　②生活保護法
　　③(例)(教育を受ける権利を保障することで)生きていくために必要な知識や判断力などを身に付けさせたいから。
　　④団結権
　(7)①ア，ウ，オ　②イ，エ

❷ (1)A労働基本権　B居住・移転　C表現
　(2)ウ

❸ (1)①知る権利　②(例)自ら決める
　(2)ウ→イ→ア

考え方

❶ (1)(2)(3)基本的人権の尊重は，日本国憲法の三大原則の一つである。第11条で「侵す（おか）ことのできない永久の権利」として保障し，憲法第13条の個人の尊重の考え方に基づいている。また，個人の尊重は，「法の下（もと）の平等」と深く関わっている。
　(4)①インクルージョンは，さまざまなちがいを認め，みんなが参加し支え合っていくことである。
　　②Aが1975年，Bが2017年を示している。女性の大学進学率に触れて，仕事をする人が増えたことや，未婚化の進展で長く仕事を続ける人が増えたことについて書いてもよい。

(5)資料は，憲法第22条の条文で，経済活動の自由にあたる。アとウは精神の自由にあたる。イとエは経済活動の自由にあたるが，イの方が職業を選んでいるので，この条文にあてはまる。エは第29条の財産権の保障。
(6)②生存権は，病気や失業などで生活に困っている人々にとって重要で，その支えになる法律が生活保護法である。
　③教育の主な目的は，学校教育を通して，子どもたちが生活に必要な知識や力を身につけさせること，平和で民主的な社会を築く人間を育てることである。
(7)参政権には，選挙権，被選挙権（ひせんきょけん）のほか，最高裁判所裁判官の国民審査（しんさ）権，地方自治特別法の住民投票権，憲法改正の国民投票権，請願権が含まれるので，ア・ウ・オが正しい。請求権は，裁判を受ける権利のほか，国家賠償請求権，刑事補償請求権がある。よって，イ・エになる。

❷ (1)人権が公共の福祉によって制限される程度は，経済活動の自由については，広く認められている。公務員のストライキを禁止しているのは，社会生活が麻痺（まひ）してしまうからで，労働基本権の制限の例。現在，世界中で問題となっている感染症は，他人の健康被害（ひがい）をまねくため，隔離（かくり）して感染拡大を防ごうとしているので，居住・移転の自由が公共の福祉によって制限される例。大声でよびかけている選挙カーも，時間帯によっては，迷惑行為（めいわくこうい）になる。これは表現の自由の制限にあたる。

❸ (1)①日本国憲法が施行されてから70年余り，その間，社会は大きく変化し，憲法に明記されていない権利が主張されるようになった。情報公開制度は，1999年に公布された情報公開法に基づく。知る権利は，国や地方公共団体のさまざまな情報を手に入れる権利で，情報公開法や情報公開条例が定められている。ここで注意したいのは，知る権利は，国や地方公共団体などの行政機関を対象にしたものであり，個人を対象にしたものでないことである。

出題傾向

＊現代の民主政治では，選挙の課題についての出題が多い。投票率の低下がまねく問題点についておさえておくとよい。　比例代表制の議席配分の計算もできるようにしておこう。

＊国の政治の仕組みでは，国会，内閣，裁判所の働きが出題されやすい。衆議院の優越（ゆうえつ）の内容，議院内閣制の仕組み，裁判員制度の内容，三権分立の図とねらいを理解しておこう。

＊地方自治と私たちでは，直接請求権（せいきゅう）と地方財政についての出題が多い。直接請求権の種類，必要な署名数，提出先をおさえておこう。地方交付税の目的，地方財政の問題点も理解しておこう。

❶ (1)①Ｂ　②(例)一部の人たちによって，国の政治が動かされる。
　　(2)イ，オ（順不同）
　　(3)Ａ内閣総理大臣　Ｂ国会議員
　　　Ｃ(例)衆議院が解散されない限り，総辞職をしなければならない
❷ (1)刑事裁判　(2)地方裁判所
　　(3)Ａ検察官　Ｂ裁判官　Ｃ弁護人
❸ (1)ⓐウ　ⓑエ　(2)(例)権力の濫用（らんよう）を防ぐため。
❹ (1)ウ　(2)Ａ600（六百）　Ｂ首長（市長）
　　(3)Ｃ鳥取県　Ｄ大阪府
　　(4)(例)自主財源が少ないこと。

考え方

❶ (1)①比例代表制ではドント式の方法をとる。まず，得票数を１，２，３…の整数で割る。得られた答えの大きい順に，定数まで各政党に配分する。ここでは定数が５議席なので，次の表のようになる。よって，５人目の当選者はＢ党。

	Ａ党	Ｂ党	Ｃ党
得票数	2400	1800	960
÷1	2400①	1800②	960④
÷2	1200③	900⑤	480
÷3	800	600	320

注)①，②，…は議席が決まる順番。

　　(2)任期が短く解散もあるため，衆議院が参議院より優先される衆議院の優越が認められている。内容としては，予算の先議，予算の議決，条約の承認，内閣総理大臣の指名，

法律案の議決，内閣不信任の議決の６項目である。よって，イとオ。

　　(3)Ａ国務大臣を任命するのは内閣総理大臣である。Ｂ国務大臣の過半数は国会議員の中から選ばなければならないとしている。ここでの国会議員は，衆議院議員と参議院議員のことである。Ｃ憲法の条文に，10日以内に衆議院を解散しない限り，内閣は総辞職するとある。

❷ (1)裁判員がいるので，刑事裁判である。
　　(2)裁判員が参加するのは地方裁判所で行われる第一審だけである。
　　(3)傍聴人席（ぼうちょうにん）の向かい側に裁判官がいる。被告（ひこく）人席（にん）の後ろが弁護人席である。

❸ (1)内閣不信任の決議は国会から内閣へ行われるものなので，Ｚが国会，Ｘが内閣，残ったＹが裁判所になる。アは国会から内閣へ，イは内閣から国会へ，ウは内閣から裁判所へ，エは裁判所から国会・内閣へ，オは国会から裁判所へ対して行われるものである。よって，ⓐは内閣から裁判所に対して行うものなのでウ，ⓑは裁判所から国会に対して行うものなのでエ。

❹ (2)条例の制定・改廃は，有権者の50分の１以上の署名を集めて首長に請求する。有権者３万人の50分の１は，30000÷50＝600(人)である。よって，Ａは600，請求先のＢは首長（市長）である。

　　(3)地方公共団体間の財政格差をおさえるために国から配分されるのは地方交付税交付金で，その割合が最も大きいのはグラフから鳥取県である。また，地方税の割合が国庫支出金の割合より大きい府県は，大阪府と鳥取県であるが，そのうち，地方債の割合が小さいのは大阪府である。

　　(4)地方公共団体の収入には，地方公共団体が独自に集める地方税などの自主財源と，国などから配分される依存財源がある。依存財源には地方交付税交付金や国庫支出金，借金である地方債がある。少子化や都市への人口移動などで，多くの地域では人口減少にともなう過疎（さい）の問題がおこっており，自主財源である地方税収入が少ないことが問題になっている。

出題傾向

＊消費生活と市場経済では，消費者の権利を守るための製造物責任法(PL法)についての出題が多い。内容を理解しておこう。また，流通の合理化についても，どのようにしてコストをおさえる努力をしているか，理解しておこう。

＊生産と労働では，株式会社と労働環境についての問題が出題されやすい。株式会社の仕組みと雇用の非正規労働者の問題を理解しておこう。また，ワーク・ライフ・バランスや企業の社会的責任もねらい目！

❶ (1)①財：2 (つ)　サービス：3 (つ)
　　②契約　③電子マネー
　(2)①(例)企業の過失を証明できなくても，企業に被害の救済を求められる
　　②クーリング・オフ(制度)　③A
　(3)①193,000円　②27,000円

❷ (1)X：公企業　Y：利潤　(2)ベンチャー企業
　(3)A株主　B株式　C配当　D株主総会
　　E証券会社
　(4)社会的責任(CSR)　(5)労働基準法
　(6)ワーク・ライフ・バランス
　(7)資料Ⅰ：(例)非正規労働者が増えている。
　　資料Ⅱ：(例)年齢が上がっても賃金が上がりにくい。

考え方

❶ (1)①財は形のあるものなので，「参考書を1冊買って」と「コンビニエンスストアでアイスを1個買い」の行為があてはまる。サービスは形のないものなので，「歯科医院で治療を受けた」「バスに乗って」「美容院で髪を切ってもらった」の行為があてはまる。
　②電子マネーは，専用のカードやそれに相当するスマートフォンのアプリを機械にかざすことで，代金の支払いができ，現金を持ち歩かなくてもよいという利点がある。プリペイドカードとの違いは，金額分をチャージすれば何度でも使える点である。

(2)②資料の通知書からクーリング・オフと判断できる。お店での購入やインターネットの通信販売などは，購入者が自らの意思で判断しているため，クーリング・オフの対象にならない。
　③Bの図には，卸売業者が間に入っているので，合理化する前の図である。流通の合理化は，いかにして無駄を省いてコストをおさえるかにかかっている。
(3)①消費支出は，生活に必要な財やサービスに対する支出なので，食料費から交通・通信費までを足せばよい。
　②貯蓄は，将来の支出に備える財産で，銀行預金，郵便貯金，株式，土地，生命保険料などが貯蓄にあたる。ここでは生命保険料と銀行預金が貯蓄である。

❷ (3)株式会社は，株式(B)の発行によって集めた資金をもとにつくられる会社である。資金を提供して株式を購入した者を株主(A)といい，会社の経営方針などを話し合う株主総会(D)に出席することができる。また，株主は，企業が得た利潤の一部を配当(C)として受け取ることができる。さらに，株主は自分の持っている株式を，証券会社(E)を通じて自由に売買することができる。
(4)現代の企業は，利潤追求の生産活動だけでなく，人々の暮らしを向上させる社会的責任(CSR)を負っている。
(6)近年，年間労働時間はしだいに短くなり，週休2日制を採用する企業も増えているが，欧米諸国と比べると依然として長い。そのため，過労死が社会問題になったケースも多く，労働時間を短くして，仕事と個人の生活を両立したワーク・ライフ・バランスが提唱されている。
(7)近年，グローバル化が進み，国際競争が激しくなったことを背景に，正規労働者の数をおさえ，非正規労働者を雇うことで賃金をおさえようとする企業が増えている。非正規労働者は，正規労働者と同じ仕事をしていても賃金がおさえられたり，企業の業績が悪化すると契約解除されたりするなど，安定した生活が送りにくいことが指摘されている。

出題傾向

＊市場経済の仕組みと金融では，価格の働きと日本銀行，為替相場についての出題が多い。需要と供給のグラフと，日本銀行の公開市場操作，円高・円安について理解しておこう。
＊財政と国民の福祉では，国の財政と社会保障についての出題が多い。財政・社会保障と少子高齢化の関係をおさえておこう。

❶ (1)記号：ア　С：均衡価格
　 (2)(例)高い商品を買わされること。
　 (3)法律：独占禁止法　機関：公正取引委員会
　 (4)公共料金
❷ (1)直接金融
　 (2)①発券銀行　②政府の銀行
　　　③銀行の銀行
　 (3)デフレーション(デフレ)
　 (4)①ア　②ウ　(5)円高　(6)ア
❸ (1)A社会資本　B公共　C再分配
　 (2)イ　(3)ウ
　 (4)①イ　②(例)現役世代の<u>負担</u>が重くなる。
　 (5)イ

考え方

❶ (1)供給曲線は生産者の売りたい量を示している。価格がPのとき，供給量が需要量(消費者が買いたい量)より多いので，商品が余ることになり，価格は下がっていく。需要量と供給量が一致するQの価格に落ち着き，このQを均衡価格という。
　 (2)少数の企業による市場支配が進むと，価格競争が弱まり，少数の企業が足並みをそろえて，価格や生産量を決めることになりがちである。このような価格を寡占価格という。寡占価格は，自由競争のもとでの需要量と供給量によって決まる市場価格に比べて高く設定されがちである。
　 (4)電気，ガス，水道，鉄道，バス，郵便などの価格は，国民生活に大きな影響をあたえるため，国や地方公共団体の認可や決定が必要とされている。
❷ (1)金融には，企業が株式や債券を発行して資金を集める場合のように，貸し手と借り手が直接貸し借りを行う直接金融と，銀行などの金融機関を仲介して行われる間接金融がある。

(4)日本銀行が行う景気の安定策が金融政策で，公開市場操作という。不景気のとき，銀行がもつ国債などを買いとり，代金を支払う。一般の銀行は貸し出せるお金が増え，積極的に貸し出そうと，貸し出すときの金利を下げる。企業はお金を借りやすくなり生産が活発になって景気が回復する。好景気はその逆である。
(5)外国との貿易や海外旅行の際，円と外国の通貨を交換する必要がある。その交換比率を為替相場という。1ドル＝100円が1ドル＝80円になると，それまで100円していたアメリカ製の1ドルの商品が80円で買えることになり，円の価値が上がったことを意味し，これを円高という。
(6)円安のとき，アメリカからの輸入が減少し，日本からの輸出は増加する。外国からの旅行者は，日本で使える円が多くなるので，日本に旅行する人が増える。
❸ (1)A社会の全ての人が利用できる施設などを社会資本という。B警察，消防，教育などの，民間では提供しにくい公共サービスも政府や地方公共団体の仕事である。C累進課税制度や社会保障，雇用対策を行うことで，所得格差を減らすことができ，これを所得の再分配という。
(3)少子高齢化にともない年金や医療費などの社会保障関係費の割合が年々高くなっているのでZにあたる。国債費はその借金の返済のための費用で，元金や利子の支払いがあたるのでYが該当する。残ったXが公共事業関係費である。
(4)②高齢者の人口が増えるため社会保障に必要な費用は増大する。しかし，高齢者を支える現役世代の人口が減少していくため，社会保障制度をこのまま続けると，現役世代の負担が重くなっていく。
(5)政府が歳入や歳出を通じて景気を安定させる政策を財政政策という。不景気のときには，歳出面で公共事業への支出を増やす。歳入面では減税を行う。減税によって(可処分)所得が増えるので，消費が増えることが期待される。

＊国際社会の仕組みでは，国際連合についての出題が多い。安全保障理事会の常任理事国の拒否権（きょひ）について理解しておこう。

＊さまざまな国際問題では，地球環境問題についての出題が多い。地球温暖化を防ぐための取り組みをおさえておこう。貧困問題もねらい目！フェアトレードについて理解しておこう。

＊これからの地球社会と日本では，日本の国際貢献（こうけん）への取り組みをおさえておこう。人間の安全保障，持続可能な社会について理解しておこう。

❶ (1)A主権　B国際法
　(2)①イ　②排他的経済水域（はいた）
　(3)①（常任理事国の）（例）1か国でも反対すると決定できない。
　　②x カ　y エ　z ウ　③ア

❷ (1)ウ　(2)エ　(3)ア

❸ (1)Aエ　Bイ　Cウ
　(2)①京都議定書　②パリ協定

❹ (1)A持続可能　B人間の安全保障
　(2)①化石燃料　②Aエ　Bア　Cイ
　　③利点：（例）自然エネルギーを利用し，温室効果ガスを排出しない。
　　課題：（例）発電コストが高く，電力供給が自然条件に左右される面もある。
　(3)フェアトレード　(4)ア

考え方

❶ (1)A主権は，内政不干渉（かんしょう）の原則と主権平等の原則からなっている。B国際法は，条約や国際慣習法からなっている。
　(2)①領空は領土と領海の上空なのでイ。
　　②領海の外側の沿岸から200海里（かいり）までの水域が排他的経済水域である。
　(3)①国際連合の安全保障理事会の常任理事国5か国は，重要事案に対して1か国でも反対すると決定できない拒否権を持っている。
　　② x はUNICEF（国連児童基金），y はWHO（世界保健機関），z はUNESCO（国連教育科学文化機関）の内容。
　　③PKO（平和維持活動）の内容はア。イは総会，ウは国際司法裁判所の内容。

❷ (1)Zは単位が億人なので人口を表している。ASEANの人口が多い。残り2つについては，金額の大きいYが国内総生産と判断できる。よって，ウが正解。
　(2)南南問題は，発展途上国間の経済格差なので，③と④の組み合わせが正解。
　(3)新興工業経済地域（NIES）は1960年代以降急速に工業化した，韓国（かんこく），台湾（たいわん），ホンコン，シンガポールなどがあてはまる。

❸ (1)Aは工場のばい煙などによる酸性雨で被害（ひがい）を受けた森林，Bは森林の伐採や過耕作などで砂漠化が進んでいる状況，Cは地球温暖化の進行により氷河（ひょうが）が少なくなっている状況（じょうきょう）を示している。
　(2)①1997年，先進国に温室効果ガスの排出削減（はいしゅつさくげん）を義務付ける京都議定書が採択されたが，アメリカの離脱（りだつ）や先進国と途上国との利害対立が起きた。
　　②2015年，パリ協定が採択され，産業革命前からの気温上昇（じょうしょう）を2度より低くおさえるという目標に向けて，途上国をふくむ196か国・地域がそれぞれ削減目標を立てて取り組むことになった。

❹ (1)A「持続可能な社会」とは，将来の世代も現在の世代もどちらも満足させられる社会のこと。B「人間の安全保障」とは，だれもが飢餓（きが）や病気，抑圧（よくあつ）から自由に生きられる社会を目指すということ。
　(2)②Aは風力発電所が林立している，Bは太陽光パネルが設置されている，Cは地熱の水蒸気があがっているところから判断する。
　　③再生可能エネルギーの最大の利点は，資源を確保する必要がなく，温室効果ガスを排出しないことである。課題は，発電コストが高いことである。
　(3)発展途上国の原料や製品を適正な価格で継（けい）続的に購入（こうにゅう）することにより，立場の弱い途上国の生産者や労働者の生活改善を目指す運動で，国際価格が下落しても一定の価格で取り引きされる。
　(4)アメリカ同時多発テロにより，アメリカはテロ組織を支援（しえん）したアフガニスタンを攻撃（こうげき），次にイラク戦争へとつながった。

東京書籍版・中学社会公民